Mich wirft so schnell nichts um

Dr. phil. Doris Märtin schreibt, berät und coacht als Autorin, Texterin und Trainerin in den Bereichen Kommunikation und Persönlichkeitsentwicklung. Sie hat bereits mehrere erfolgreiche Ratgeber veröffentlicht, u.a. den Bestseller *Small Talk – Die hohe Kunst des kleinen Gesprächs.* Bei Campus erschien bisher von ihr *Smart Talk – Sag es richtig!* und *Love Talk – Der neue Knigge für zwei.* www.dorismaertin.de.

Doris Märtin

Mich wirft so schnell nichts um

Wie Sie Krisen meistern und warum
Scheitern kein Fehler ist

Campus Verlag
Frankfurt / New York

Bibliografische Information der Deutschen Nationalbibliothek:
Die Deutsche Nationalbibliothek verzeichnet diese Publikation in der
Deutschen Nationalbibliografie. Detaillierte bibliografische Daten sind im
Internet unter http://dnb.d-nb.de abrufbar.
ISBN 978-3-593-38551-8

Umschlaggestaltung: R.M.E, Roland Eschlbeck und Rosemarie Kreuzer
Bildmotiv: Rutz Botzenhardt
Satz: Campus Verlag GmbH, Frankfurt am Main
Druck und Bindung: Beltz Druckpartner, Hemsbach
Gedruckt auf säurefreiem und chlorfrei gebleichtem Papier.
Printed in Germany

Besuchen Sie uns im Internet: www.campus.de

Inhalt

Fehlschläge passieren

Man hat sich auf Anhieb verliebt in das Grundstück am Wald, doch den Zuschlag dafür bekommt ein Paar, das großzügiger planen kann als man selbst. Man hat einen guten Studienabschluss hingelegt, aber mehr als ein paar schlecht bezahlte Praktika waren bisher nicht drin. Man hält sich für kommunikativ, friedliebend und tolerant, doch mit dem neuen Projektleiter kommt man einfach nicht klar. Man wünscht sich ein Kind, seit Jahren schon, aber was alle schaffen – bei einem selbst klappt es nicht.

Dumm gelaufen. Pech gehabt. Abgestürzt. Aus der Traum. Wie man es auch nennt, so viel ist klar: Niederlagen, Rückschläge und Enttäuschungen gehören zu den Erfahrungen, die man lieber verdrängt. Und wenn man sie überhaupt erörtert, dann nur im engsten Kreis. Denn ob die Beziehung vor sich hin dümpelt, das Aktiendepot an Wert verliert, der Chef den Entwurf verreißt oder das Baby einfach nicht durchschläft: Wer eine Chance verpatzt, ein Ziel nicht erreicht oder hinter einer Erwartung zurückbleibt, fühlt sich schnell als Versager.

Die meisten von uns setzen deshalb alles daran, möglichst nicht in Turbulenzen zu geraten. Auf der Suche nach dem Glück fürs Leben strebt die Hochglanzgesellschaft ein Maximum an Erfolg, Status und Wohlbefinden an und würde Rückschläge und Misserfolge am liebsten ganz aus dem Leben verbannen.

Es gibt im Leben Höhen und Tiefen. Ich will nur die Höhen.

Lucy in den Peanuts

Leider können wir unser Glück nur versuchen – darauf verlassen können wir uns nicht. Zwar beugt kluge Lebensplanung, vom DIN-geprüften Fahrradhelm bis zum Investmentfonds mit eingebauter Verlustgrenze, vielen Krisen vor. Doch eine Garantie gegen Rück-, Fehl- und Nackenschläge gibt es bei aller Vorsorge nicht: Egal, wie sehr Sie Risiken vermeiden, Enttäuschungen verschweigen oder Flops überspielen, ganz gleich, wie informiert, aufmerksam oder vernetzt Sie sind – wer lebt, macht Fehler, und versichern kann man sich zwar gegen den Verlust der Skiausrüstung, nicht aber gegen den des Gesichts. Ausrutscher und Enttäuschungen gehören zum Leben wie Grippeviren und CO_2-Ausstoß. Erst recht, wenn für viele der Wohlstand prekär wird und die Berufswege und Lebenslinien immer seltener schnurgerade nach oben verlaufen.

»Shit happens – mal sind Sie die Taube, mal das Denkmal«, ulkt der Kabarettist Dr. med. Eckart von Hirschhausen. Fehlschläge passieren, jedem von uns. Die Frage ist: Wie gehen wir damit um?

- Wirft Sie ein Rückschlag aus der Bahn oder gehen Sie gestärkt daraus hervor?
- Geben Sie auf, wenn ein Lebensplan enttäuscht wird, oder spinnen Sie Stroh zu Gold?
- Hadern Sie mit der Ungerechtigkeit des Schicksals oder wachsen Sie nach einer Weile in die neue Situation hinein?
- Lernen Sie aus einem Misserfolg oder haken Sie ihn ab, als sei nichts geschehen?

»Wer immer siegt, braucht keinen Charakter. Erst in der Niederlage zeigt der Mensch sein wahres Ich«, sagt der Psychoanalytiker Wolfgang Schmidbauer. Mit anderen Worten: Echte Größe besitzt nur, wer damit zurecht kommt, manchmal zu kentern.

Ein angenehmes Erlebnis sind die unfreiwilligen Wasserbäder des Lebens nicht. Zum Glück bedeuten sie aber selten den Untergang. In den allermeisten Fällen erschöpft sich das Malheur darin, dass man in ruhigem Wasser triefnass wird und sich wie ein begossener Pudel fühlt. Viel seltener wird man ernsthaft verletzt, gerät in Untiefen oder treibt richtungslos auf stürmischer See. Und nur in ganz wenigen Fällen strandet man wie Robinson Crusoe auf einer unbewohnten Insel, allein, ohne Aussicht auf Rettung, zurückgeworfen auf nichts anderes als die eigene Überlebenskunst.

Das Leben ist seinem inneren Wesen nach ein ständiger Schiffbruch. Aber schiffbrüchig sein heißt nicht ertrinken.
José Ortega y Gasset

Wir Menschen sind zäh. Irgendwie behalten wir fast immer den Kopf über Wasser, irgendwie geht das Leben trotz alledem weiter. Dennoch geht es Ihnen vielleicht wie den meisten Menschen: Ausgerechnet, wenn Sie am dringendsten einen kühlen Kopf und kreative Lösungen bräuchten, hemmen die alten Gehirnteile Ihr Handeln. »Ich war wie vor den Kopf gestoßen«, »Ich wusste nicht, wohin ich schauen sollte«, »Mir war einfach nur schlecht« oder »Ich bin wie in Trance nach Hause gefahren«, so beschreiben Menschen die Fassungslosigkeit, die nicht nur nach schweren Schlägen, sondern oft schon nach kleinen Schlappen lähmt.

Betäubung, Angst und Scham sind schlechte Ratgeber. Zwar haben Sie vermutlich die meisten Krisen in Ihrem Leben am Ende aus eigener Kraft und mit der Hilfe nahestehender Menschen überwunden. Aber vielleicht wäre es Ihnen im Rückblick eine Beruhigung gewesen, auf eine Rettungsleine vertrauen zu können: Mit mehr psychologischem und praktischem Know-how hätten Sie das rettende Ufer vermutlich oft schneller oder weniger traumatisiert erreicht.

Eine solche Rettungsleine möchte Ihnen dieses Buch sein. Es gibt Ihnen das Wissen und den Rückhalt, Zurücksetzung, Widrigkeiten und Fehlschläge – vom peinlichen Ausrutscher bis zur dramatischen Havarie – mit Haltung, Zuversicht und Kreativität zu bewältigen. Es vergrößert Ihr Gedanken- und Handlungsrepertoire und unterstützt Sie dabei,

- in einer Krisensituation den Kopf über Wasser zu halten,
- den Glauben an sich selbst zu bewahren,
- Kontrolle im Strudel des Unkontrollierbaren zurückzugewinnen,
- den Schaden zu begrenzen,

- Freunde um sich zu scharen,
- neue Perspektiven zu finden,
- das Leben neu zu erobern, wenn nach einem Tiefschlag nichts mehr so ist, wie es vorher war,
- und am Ende vielleicht sogar zu neuen Ufern aufzubrechen.

Eine Einschränkung gibt es allerdings: *Mich wirft so leicht nichts um* ist eine Rettungsleine, mit der Sie sich aus eigener Kraft in Sicherheit bringen können, kein Bungee-Seil, das Sie nach dem Absturz ohne Ihr Zutun nach oben zieht. Damit haben Sie wahrscheinlich auch nicht gerechnet, denn schließlich wissen Sie aus Erfahrung: Ein Schiffbruch ist erstens kein Freizeitspaß und zweitens eine zutiefst subjektive Erfahrung, die jeder anders erlebt. Deshalb hilft eine fertige Strategie nicht weiter. Letztlich muss jeder seine eigene Formel finden, sich nach einem Fehlschlag zu fangen und weiterzumachen. Was dabei hilft, was nur bedingt und was überhaupt nicht – das sagt Ihnen dieses Buch.

Eines sei dabei schon einmal vorweggenommen: Auch wenn Sie es im Moment vielleicht nicht glauben können – sehr häufig folgt auf einen Rückschlag ein Comeback, und ein Scheitern geht in eine glückliche Veränderung über. Schon Shakespeare schrieb in *Cymbeline*: »Erheitre deinen Blick: Ein tiefer Fall führt oft zu höherem Glück.«

Wer scheitern kann, hat mehr vom Leben

Was Misslingen heißt, was es bringt und warum es auch Gewinner betrifft

Scheitern ist besser als sein Ruf. Richtig verarbeitet macht es uns klüger, kreativer und stärker. Trotzdem wollen die meisten nichts davon wissen.

Largo: Verlieren Sie genauso
elegant, wie Sie gewinnen?
Bond: Das weiß ich nicht, ich
habe noch nie verloren.
James Bond 007, Sag niemals nie

»Scheitern ist das letzte große Tabu der Moderne«, schreibt der amerikanische Soziologe Richard Sennett in seinem Bestseller *Der flexible Mensch*. Wie sie zurechtkommen, mit den Ängsten, der Unsicherheit und Ohnmacht, die mit einer Krise verbunden sind, darüber breiten die meisten Menschen den Mantel des Schweigens. Man zeigt keine Schwäche. Dafür sind Pleiten und Pech, Misslingen und Misserfolg, Verzweiflung und Versagen in der Erfolgsgesellschaft zu schambesetzt.

Die fehlende Selbstverständlichkeit macht Scheitern doppelt schwer. Denn auch wenn uns nicht jeder Gegenwind gleich umfegt, irgendwann, irgendwie sind wir alle mal Verlierer. Spätestens – allerspätestens – wenn wir älter werden und mit Krankheit und Tod konfrontiert sind, können sich auch die Glücklichsten und Meistgefeierten den Stürmen des Lebens nicht mehr entziehen. »Nu liegste wieder flach / Nu liegste wieder wach / Nu fragste wieder: Warum ich?«, schreibt Robert Gernhardt, an Krebs erkrankt, in einem seiner letzten Gedichte. »Und hörst als Antwort: Warum nich?«

Holen wir also, als ersten Schritt, das Scheitern in die Normalität. Nehmen wir ihm seine Unsäglichkeit. Hören wir auf, die Möglichkeit des Misslingens zu leugnen und persönliches Versagen totzuschweigen. In diesem Kapitel geht es um die Erkenntnis, dass man verlieren kann und trotzdem kein Loser ist.

Verlieren hat viele Gesichter

Wann hat man eigentlich versagt? Wann erlebt man sich als gescheitert? Wirklich schon, wenn man sich einmal einen kleinen Fehler erlaubt? Oder doch erst, wenn man am Boden liegt: wenn die Ehe am Ende ist oder der Insolvenzberater vor der Tür steht, wenn man seit drei Jahren im Call-Center jobbt, obwohl man eigentlich Kunsthistorikerin ist, oder wenn eine schwere Krankheit neben Lebensangst und Desorientiertheit auch Verlierergefühle wachruft?

Die Frage ist nicht einfach zu beantworten: Denn Scheitern ist eher ein gefühlter als ein objektiv messbarer Zustand. Für den einen ist es schmerzhaft, wenn er bei der Stadtratswahl nur auf einen der hinteren Listenplätze gesetzt wird, für die andere, wenn Schwager und Schwägerin sich abfällig über den Fußbodenbelag im neuen Haus äußern. Eine Umstrukturierung in der Firma kann uns einen Schlag versetzen, ebenso wie eine verlorene Liebe, ein verpatzter Vortrag, ein Bandscheibenvorfall oder ein Kursrutsch an der Börse. Selbst winzige Fehlleistungen kränken das Selbstwertgefühl: zum Beispiel, wenn man beim Skifahren aus dem T-Lift fällt oder im Café mit einer unbedachten Bewegung den Vanilla Latte über das Polohemd des Sitznachbarn gießt.

Manchmal fühlt man sich sogar dann als Versager, wenn man an einer misslichen Lage völlig unschuldig ist: zum Beispiel, wenn einen ein Betrunkener in der U-Bahn bedrängt, das sorgfältig gewählte Urlaubshotel sich als Flop erweist oder die ebenso geschmacklose wie unvorhersehbare Gartenneugestaltung der Nachbarn die eigene Aussicht verunstaltet.

Scheitern, so viel steht fest, ist ein weiter und subjektiver Begriff, der sich nur schwer in eine Definition fassen lässt: Es reicht von der XS-Frustration bis zum XXL-Trauma, es kann absolut sein oder relativ, man kann es verschuldet, womöglich sogar verdient haben oder aber Opfer unglücklicher Umstände geworden sein. Etymologisch geht der Begriff auf das althochdeutsche *scit = Gespaltenes, Abgetrenntes* zurück und bedeutet *in Stücke (Scheite) gehen*. Der Duden erklärt ihn mit *ein angestrebtes Ziel nicht erreichen, missglücken, fehlschlagen.* Scheitern bezeichnet demnach keineswegs nur den persönlichen Super-GAU – das Scheitern auf der ganzen Linie, an der Welt, an der Realität oder an sich selbst. Schei-

In den Ferien unglücklich zu sein, ist ja beinahe schon ein persönliches Versagen.

Rachid Amirou, französischer
Schriftsteller und Soziologe

tern kann man auch an Bagatellen. Ein vergessener Geburtstagsgruß, ein liebloser Kommentar, ein gesellschaftlicher Fauxpas – schon fühlt man sich schuldig, gedemütigt, hilflos, beschämt. Der Sprachgebrauch bestätigt die persönliche Erfahrung: »Eine Studie hat jetzt gezeigt, dass zwei Drittel der Anwender schon daran *scheitern*, auf einem fremden Handy eine Kurznachricht zu verfassen«, heißt es zum Beispiel in einem Artikel über Handys und Mobilfunk.

Verständigen wir uns also auf die simple Definition: Scheitern ist, wenn etwas nicht klappt wie gewünscht, erhofft oder erwartet. Unabhängig davon, ob man deshalb am Boden zerstört ist oder nur (und vielleicht übertrieben) frustriert.

Scheitern geht leichter denn je

Scheitern gibt es in allen Formen und Größen. Trotzdem wiegen wir uns gern in der Illusion, alles sei möglich. Und wenn schon nicht möglich, dann wenigstens lösbar. Gepolt auf Vorankommen und Glück, schieben wir den Gedanken an Misserfolg weit von uns weg, und werden doch immer wieder davon eingeholt: Auch Erfolgsverwöhnte quält die Angst, ob sie im Job gut genug sind, die Kinder optimal fördern, den sozialen Status halten oder die Erwartungen erfüllen, die man in sie setzt. Die Selbstzweifel – Psychologen sprechen von Hochstapler-Neurose – sind kein Zeichen mangelnder Leistungsfähigkeit. Hauptsächlich rühren sie daher, dass Misserfolg als beschämende und unbedingt zu vermeidende Ausnahme im Auf und Ab des Lebens empfunden wird. So entsteht die paradoxe Situation, dass wir das Scheitern fürchten, gleichzeitig aber so wenig darauf vorbereitet sind, als würden eine gute Fee oder überragende Fähigkeiten uns auf immer davor bewahren. Klug ist das nicht. Denn das Leben, das wir heute führen, fordert den Misserfolg geradezu heraus.

Störanfällige Lebensläufe. Die freiberufliche Webdesignerin, die mit dem Lebenspartner, ihrer Tochter aus erster Ehe und dem gemeinsamen Sohn eine Patchwork-Familie bildet, kann ihre Potenziale individueller entfalten als alle Generationen davor. Doch mit den Chancen steigen die Risiken: dass Aufträge ausbleiben, die Liebe ihren Glanz verliert, ein Kind das Abitur vermasselt, das Bild von der gut gelaunten Allrounderin zu bröckeln beginnt. Hinter der sorgsam gepflegten Erfolgsfassade lauert die Gefahr des Abstiegs.

Hohe Erwartungen. Ob für die Kinder oder die Karriere, ob beim Sex oder beim Sport, wir bringen vollen Einsatz und erwarten volle Rendite: soziale Anerkennung, inneren Frieden, glückliche Zufriedenheit. Nur den wenigsten ist dabei bewusst: Je ehrgeiziger man nach den Sternen greift, desto unsanfter landet man auf dem Boden, wenn Pläne misslingen und Erwartungen unerfüllt bleiben. Es sei denn, man versteht es, den Fall sportlich abzufedern.

Geringe Frustrationstoleranz. Jede Erfahrung, besiegt, überstimmt oder übergangen zu werden, bedeutet eine narzisstische Kränkung. Leistungsträger tun sich damit besonders schwer. Wer hauptsächlich auf der Sonnenseite des Lebens steht, entwickelt wenig Widerstandskraft gegen das, was Glücklosere täglich trainieren müssen: Niederlagen einzustecken und Kränkungen zu verarbeiten. »Ehrverletzt ist heute schon, wer hinter die selbst gesteckten Erfolgsziele zurückfällt, wer nicht erreicht und nicht ausfüllt, was er für sich für angemessen hält«, beobachtet der Soziologe Martin Hecht.

Wer scheitern kann, hat mehr vom Leben

Es gibt eine Eigenschaft, die den Gegenwinden des Lebens etwas von ihrem Schrecken nimmt. Psychologen bezeichnen sie als *Resilienz*, Personalmanager sprechen von *Nehmerqualitäten*. Gemeint ist in beiden Fällen das Gleiche: die physische und psychische Stabilität, Widrigkeiten, Tiefschläge und Abstürze durchzustehen und sogar gestärkt daraus hervorzugehen. Zum Teil ist uns diese innere Stärke durch unsere genetische Ausstattung in die Wiege gelegt, vor allem aber können wir sie wie einen Muskel aufbauen. Denn jedes Mal, wenn Sie einen kleinen oder größeren Rückschlag überwinden, bewältigen Sie nicht nur das akute Problem, Sie schulen auch Ihre Krisenkompetenz: Sie erlernen neue Lösungsstrategien, erschließen ungenutzte Kraftquellen und steigern Ihre Zuversicht, dass Sie es immer wieder schaffen können. Beim nächsten Tief können Sie diese Erkenntnisse konkret für sich nutzen.

Schwierigkeiten und Niederlagen besitzen also durchaus einen Sinn. Richtig verarbeitet treiben sie die persönliche Entwicklung voran und machen klüger, freier, kreativer, sympathischer, interessanter und reifer. Wie ein Hanteltraining stärken sie unser Geschick zu stemmen, womit das Leben uns konfrontiert.

Scheitern macht klüger

Viele Misserfolge sind zunächst einmal nichts anderes als der Hinweis: So geht es nicht. Ein gedanklicher Ansatz führt in die Irre, die Vorhand war technisch schlecht ausgeführt, das schauspielerische Talent hat zwar am Schultheater überzeugt, reicht aber für die Aufnahme an der Schauspielschule nicht aus. Hinterher ist man immer schlauer, heißt es in solchen Fällen resigniert. Aber die wenigsten Menschen erkennen in der Enttäuschung über das Nicht-Gelingen an: Nach einer Niederlage wissen sie mehr als davor. Sie haben eine zusätzliche Information gewonnen, können ihre Möglichkeiten sicherer als vorher einschätzen und ihr Handeln besser als vorher darauf abstimmen. Fast jeder Fehlschlag hat auch einen nützlichen Aspekt. Sofern wir ihn produktiv nutzen.

Scheitern macht freier

Wer nicht verlieren kann, geht Niederlagen ängstlich aus dem Weg. Die Ersparnisse werden auf Tagesgeldkonten geparkt, die Einladung zur Vernissage sagt man ab, weil man da »ja doch niemanden kennt«, die Gelegenheit, das Forschungsprojekt im Lenkungsausschuss vorzustellen, lässt man aus, weil man »so weit noch nicht ist«. Lieber bescheidet und beschneidet man sich, als dass man Geld, Sicherheit oder Ansehen aufs Spiel setzt. Menschen mit Nehmerqualitäten dagegen sind in ihren Entschlüssen und Möglichkeiten deutlich (angst-)freier. Natürlich fallen auch sie nicht gern auf die Nase, aber im Gegensatz zu Versagensängstlichen schüchtert sie die Furcht vor der Niederlage nicht ein. Falls es hart auf hart kommt, wissen sie, wie man Rückschläge managt und Ablehnung wegsteckt.

Scheitern weckt kreative Kräfte

Die defekte PowerPoint-Präsentation, der verregnete Urlaub, der kaputte Fernseher, das weggefallene 13. Gehalt: Sie alle können ein Kick für überraschende Einfälle und unerwartete Lösungen sein. Malheurs wohnt ein positives Potenzial inne – wenn wir es erkennen und nutzen. Dass das Prinzip auch bei Schicksalsschlägen greift, zeigt die Geschichte der Holländerin Sophie van der Stap. Als 21-jährige krebskranke Studentin verdeckt sie die Kahlheit nach der Chemotherapie mit verschiedenen Perücken, denen sie Namen gibt und von denen keine der anderen ähnelt. Die ungleichen Looks verändern ihr Bewusstsein: »Als Daisy mag ich ganz andere Dinge, als wenn ich Sue, Stella oder Blondie bin. Aber eins haben die vier Damen gemeinsam: Hinter allen verbirgt sich ein bisschen Sophie. Eine Sophie, die ihnen etwas abschaut und sich dadurch weiterentwickelt.« Heute, drei Jahre später, gilt Sophie van der Stap als geheilt. Ihren unkonventionellen Kampf gegen den Krebs hat sie für ihr Debüt als Autorin genutzt. Ihr Buch *Heute bin ich blond* avancierte in den Niederlanden zum Bestseller.

Scheitern bringt Sympathiepunkte

Scheitern bringt Sympathiepunkte. Kann das wirklich sein? Steht man nach einer Niederlage nicht als unattraktiver Versager da? Wenn man jammert und hadert, ja. Wenn Sie sich als guter Verlierer zeigen, nein. Denn mal ehrlich: Leute, die nie patzen, wirken zwar beeindruckend, können aber auch ziemlich nerven. Pannen und Schwächen wohnt dagegen eine entwaffnende Wirkung inne. Experimenten des Psychologen Joseph Vandell an der University of South Florida zufolge solidarisieren sich die meisten Menschen mit der Seite, die sie als benachteiligt oder schwächer wahrnehmen. Im Vergleich zu ihren siegreichen Widersachern wird den erfolglosen Underdogs mehr Herz und Engagement zugesprochen. Ein Beispiel dafür ist das Ansehen der Deutschen im Ausland, das sich 2006 deutlich und bis heute nachwirkend verbessert hat. Zu verdanken ist die positive Entwicklung der verlorenen Fußballweltmeisterschaft, bei der sich Land und Elf als lächelnder Dritter präsentierten.

> *Ich habe eine Schwäche für Verlierer – für Invaliden, Ausländer, den Dicken in der Klasse und alle, mit denen keiner tanzt.*
>
> Peter Høeg, Fräulein Smillas Gespür für Schnee

Scheitern macht uns interessanter

Von James Stewart als Captain Towns in *Der Flug des Phoenix* bis Anne Hathaway als mausgraue Redaktionsassistentin in *Der Teufel trägt Prada* – das Kino liebt Helden, die Bruchlandungen hinlegen, Durststrecken durchstehen, wachsen, dazulernen und schließlich ein beeindruckendes Comeback schaffen. Im wahren Leben verhält es sich ähnlich: Stromlinienkarriere und Bausparkassenfamilie sind zwar eine wunderbare Lebensform, und wenn Sie beides haben, werden Sie es vermutlich gegen nichts auf der Welt tauschen wollen. Bemerkenswerter sind allerdings oft die Menschen, die Schwierigkeiten bewältigen, die sich keiner für sein Leben wünscht. Selbst bei Bewerbungen gelten allzu geradlinige Biografien neuerdings als glatt, Brüche dagegen als Motor des Lernens und Ausweis für Erfahrung. Das Wirtschaftsmagazin *brand eins* spitzt den Trend griffig zu: »Nur Doofe glauben, perfekt zu sein.«

Erfolgreich zu sein ist irgendwie langweilig.
Atari-Gründer Nolan Bushnell

Scheitern macht reifer

Widrigkeiten, sagen viele Psychologen, sind eine Art Lebensschule. Menschen, die Nackenschläge verarbeiten, durchleben einen Häutungsprozess, an dessen Ende womöglich etwas steht, das für ein gelungenes Leben wenigstens genauso viel zählt wie das ungestörte Wohlfühlglück der Siegertypen: seelisches Wachstum. Es zeigt sich zum Beispiel darin, dass man aufhört, weiter gedankenlos nach dem Immer-Mehr oder Immer-Besseren zu streben und stattdessen Wertschätzung für anderes entwickelt.

Sebastian, IT-Manager, ist ein Beispiel dafür: Ob auf dem Rennrad, am Konferenztisch oder bei der Projektabwicklung vor Ort – bis vor drei Jahren war er einer, der immer ganz vorn dabei war. Bis irgendwann der hohe Anspruch verbunden mit dem Mix aus ständiger Erreichbarkeit, widersprüchlichen Anforderungen und unsinnigen Kostenlimits nicht nur ihn, sondern auch seine Familie zermürbte. Lange sperrte sich Sebastian gegen die Erkenntnis, dass seine Akkus leer gebrannt waren. Doch inzwischen hat er sein Leben umgemodelt: Äußerlicher Ausdruck ist der konturenreiche Garten aus Buchskegeln und Buchenhecken, den Sebastian während der Zwangspause ausgegrübelt und angelegt hat. »Heute agiere ich weniger tough, dafür aber professioneller«, sagt er. »Beruflich wäre ich ohne den Burnout sehr wahrscheinlich einen Schritt weiter. Andererseits habe ich gelernt: Garten heißt warten. Im Job gilt das Gleiche: Richtig gut kann man nur sein, wenn man sich Zeit und Luft zum Atmen gibt.«

»Schöner scheitern« heißt: Verlieren können, ohne ein Loser zu sein

Fassen wir zusammen: Nicht wegplanbare Schicksalsschläge, immer höhere Ansprüche in immer mehr Lebensbereichen und gefühlte Unsicherheit bis in die gehobene Mittelschicht hinein machen das Misslingen zu einem Thema, das jeden betreffen kann. Intelligent mit der Verliererrolle umzugehen, gehört deshalb zu den Schlüsselfertigkeiten des persönlichen Risikomanagements. Auch und gerade in der Erfolgsgesellschaft gilt: Wenn man schon scheitern muss, dann wenigstens gescheit: sportlich, organisiert, mit Einsicht, Gelassenheit und Selbstvertrauen.

Geht das überhaupt? Kann man »schöner« scheitern? Ist es realistisch zu hoffen, man könne Pech in Gold verwandeln oder nach einem Absturz ein grandioses Comeback inszenieren? Leicht ist das nicht. Aber es geht. Denn was immer man von Krisen halten mag: Sie fordern uns heraus, zu voller Form aufzulaufen.

Ein prominentes Beispiel dafür ist die Lebensgeschichte von Harry-Potter-Erfinderin Joanne K. Rowling: Mit 28, sieben Jahre nach dem Studium, war sie, wie sie selbst sagt, auf der ganzen Linie gescheitert. Was Versagen heißt, wie es sich anfühlt und was es in einem freisetzen kann, daran lässt sie den Abschlussjahrgang 2008 der Universität Harvard im Rahmen der traditionellen Verabschiedungsrede teilhaben: »Eine außergewöhnlich kurzlebige Ehe war implodiert, und ich war arbeitslos, alleinerziehende Mutter und so arm, wie man im modernen Großbritannien überhaupt nur sein kann, ohne obdachlos zu sein. Nach jedem normalen Standard war ich die größte Versagerin, die ich kannte.« Die Erfahrung von Armut empfand sie als zutiefst entwürdigend: »Diese Phase meines Lebens war bitter, und ich hatte keine Ahnung, dass sie, wie die Presse es darzustellen pflegt, so glücklich wie im Märchen enden würde.« Doch wie alle Menschen mit Nehmerqualitäten rang Rowling dem Scheitern etwas ab: »Ich hörte auf, mir vorzumachen, ich sei etwas anderes, als ich bin, und begann, alle meine Energie darauf zu richten, die einzige Arbeit zu beenden, die mir etwas bedeutete. Ich war befreit, weil meine größte Furcht bereits wahr geworden war, und ich trotzdem noch am Leben war und trotzdem noch meine Tochter hatte und eine alte Schreibmaschine und eine große Idee. Und so wurde der Tiefpunkt das Fundament, auf dem ich mein Leben wiederaufbaute.«

Fehler, Pech und Widrigkeiten sind keine schönen Erfahrungen. Sie tun weh, verunsichern und bringen die Welt und das Selbstbild aus den Fugen. Das Modewort vom »Schöner scheitern« kann deshalb nicht bedeuten, sich das Scheitern schönzureden. Es bedeutet, aus einer schwierigen Situation das Bestmögliche zu machen:

- Bilanz zu ziehen und den Kurs zu korrigieren,
- den Kopf oben zu behalten und weiterzumachen,
- zu fallen und wieder aufzustehen,
- verlieren zu können, ohne ein Loser zu sein.

Die Fähigkeit dazu ist nicht Ausnahmeerscheinungen wie Joanne K. Rowling vorbehalten. Sie ist in jedem von uns angelegt. Einen Eindruck davon vermitteln die beiden Gesprächsprotokolle auf den Seiten 103 und 205 in diesem Buch. Die Physiotherapeutin Katja Vossthal und der Topmanager Bernhard Schuster (beide Namen von der Autorin geändert) sprechen dort ungeschönt darüber, wie man es aushält, wenn einem der Verrat des Partners oder eine Mobbing-Intrige den Boden unter den Füßen wegzieht, und schildern die Strategien, mit denen sie sich aufgebaut und neu aufgestellt haben. Mit großer Offenheit machen sie die Anpassungskraft erlebbar, die Menschen selbst in bedrohlichen Krisen mobilisieren: indem sie sich ablenken, aktiv werden, an eine bessere Zukunft glauben, alternative Lösungen suchen oder auch allzu Belastendes ausblenden – vorübergehend, vielleicht sogar für immer.

Selbstcoaching: Workout für die Seele

Es braucht Kraft und Stärke, Widrigkeiten zu stemmen oder nach einer Niederlage wieder auf die Beine zu kommen. Ein Teil davon ist uns in die Wiege gelegt: Vielleicht reagieren Sie besonders gelassen auf Stress, sind von Natur aus optimistisch und extrovertiert oder Sie lieben Herausforderungen und packen Schwieriges von Haus aus mutig oder risikofreudig an. Über solche angeborenen Stärken hinaus können Sie bereits dann, wenn alles glattläuft, einiges tun, um Ihre Nehmerqualitäten wie einen Muskel immer weiter aufzubauen. Am besten fangen Sie gleich heute damit an.

Entwickeln Sie ein dickes Fell – bei jeder sich bietenden Gelegenheit. Dazu gehört es zum Beispiel, Berührungsängste zu überwinden oder auch einmal auf gewohnte Bequemlichkeiten zu verzichten. Ergreifen Sie, auch wenn es schwerfällt, im Seminar als Erster das Wort, fahren Sie im ICE in der unruhigen zweiten statt in der gedämpften ersten Klasse, ringen Sie sich durch, die tote Maus vor der Haustür oder die Riesenspinne im Keller selbst zu entsorgen statt wie üblich den Partner darum zu bitten – jede kleine, alltägliche Selbstüberwindung trainiert Ihr emotionales Sixpack.

Raus aus dem Opfermodus, rein in die Organisatorrolle. Egal, ob die U-Bahn verspätet ist oder der Urlaub verregnet, sehen Sie sich nicht als Opfer (»Warum nur ...?«), sondern als Organisator (»Wie kann ich jetzt ...?«). Auf diese Weise üben Sie die gute Gewohnheit ein, Ihre Aufmerksamkeit zügig auf das zu richten, was Sie verändern und gestalten können.

Bleiben Sie cool. Resilient ist, wer Widrigkeiten mit kühlem Kopf begegnet und schwierige Situationen auch mal aussitzen kann. So trainieren Sie die Fähigkeit im Alltag: Reagieren Sie nicht spontan auf jeden Reiz, atmen Sie drei Mal tief durch und schieben Sie eine Denkpause zwischen Impuls und Aktion. »In der Zeit zwischen Reiz und Reaktion liegt unsere menschliche Größe, unsere Macht und unsere Freiheit«, schrieb der Wiener Psychologe und Holocaust-Überlebende Victor Frankl.

Bauen Sie sich körperlich auf. Mit der körperlichen Fitness steigt auch die seelische Belastbarkeit. Muten Sie sich bei jedem Satz im Fitness-Studio zwei Wiederholungen mehr zu, als Sie gerade noch angenehm finden, halten Sie die Yoga-Positionen ein paar Sekunden länger, laufen Sie drei Kilometer anstelle der üblichen zwei. Die zusätzliche Anstrengung trainiert nicht nur Ausdauer und Muskeln, sie stärkt auch die Entschlusskraft und das Selbstbewusstsein.

Regelmäßig in den Alltag eingebaut, sind diese vier Resilienz-Übungen kleine Schritte hin zu mehr innerer Kraft. Sie machen das Scheitern nicht angenehmer, statten Sie aber mit Fähigkeiten aus, die Sie jede Art von Krise leichter ertragen lassen:

- Sie werden unabhängiger davon, dass alles nach Ihren Wünschen geht,
- Sie suchen gezielt nach Lösungen, die Situation zu verbessern,
- Sie lassen sich weniger leicht von Panik oder Aggression steuern und
- Sie halten körperlich und seelisch mehr aus und sind besser gegen Widrigkeiten gewappnet.

Eiskalt erwischt

Wie man sich im Auge des Tornados zum Ruhig- und Dranbleiben motiviert

Es ist schwer, Größe zu zeigen, wenn einem die Felle davonschwimmen. Gelingt es aber doch, erringt man zumindest einen Achtungserfolg. Ein Triumph ist das nicht. Aber dass man sich die Tragödie erspart, ist auch nicht zu verachten.

Er geht mit fliegenden Fahnen unter, heißt es, wenn jemand todesmutig bis zum bitteren Ende kämpft. Möglicherweise geht die Redensart auf die Mannschaft des deutschen Kriegsschiffs S.M.S. Nürnberg zurück: Statt bei der Schlacht bei den Falklandinseln 1914 zu kapitulieren, ließ der Kapitän das schwer beschädigte Schiff sprengen. Während der Kreuzer sank, hielten mehrere Matrosen, so britische Berichte, auf dem Achterdeck stehend eine Seekriegsflagge hoch.

Die Kraft, auch dann noch Größe zu zeigen, wenn es einen eiskalt erwischt, zählt auch im zivilen Leben: zum Beispiel wenn man sich mit der Teilnahme am Marathonlauf übernommen hat, das Bewerbungsinterview nicht so läuft wie gewünscht oder man eine Abstimmungsniederlage zu erleiden droht. Zwar gibt es keine Gewähr, dass Ruhig- und Dranbleiben den Fehlschlag verhindern können. Aber Sie fühlen sich besser und wirken souveräner, wenn Sie auch bei einem Misserfolg berechenbar, stabil und besonnen bleiben. In diesem Kapitel geht es darum, wie Sie im Angesicht der Niederlage den Kopf über Wasser halten.

Comeback-Idee 1
Seien Sie auf alles gefasst

Schwarzmalerei ist schädlich. Aber Menschen, die bei aller Lebenszuversicht Erfolg und Lebensglück nicht als selbstverständlich voraussetzen, reagieren stabiler, wenn ein GAU tatsächlich eintritt. Studien zeigen zum Beispiel: Frauen, die sich schon lange vor dem Tod das Partners damit auseinandergesetzt haben, dass das Leben endlich ist und der Partner möglicherweise vor ihnen sterben wird, bewältigen den Verlust schneller und leichter als Witwen, die den Gedanken daran von sich weggeschoben haben. Offenbar ist am gefasstesten, wer auf alles gefasst ist. So gesehen ist es nicht morbide, sondern lebensklug, gelegentlich auch an Verlust und Versagen zu denken. Das können Sie dafür tun:

Nehmen Sie Warnzeichen ernst. Fast jedes Unheil kündigt sich durch winzige Kleinigkeiten an: Vielleicht stimmen die Nachbarn dem geplanten Umbau von vornherein nur mit gebremster Begeisterung zu, vielleicht werden in den Redaktionssitzungen schon eine ganze Weile lang die wirklich lohnenden Themen an andere vergeben, vielleicht spürt man bei der nächtlichen Autofahrt, dass man die Augen kaum mehr offen halten kann und sofort einschlafen würde, wenn man nur die Gelegenheit dazu hätte. Natürlich müssen die kleinen Anzeichen nichts bedeuten. Aber sie können ein Signal sein, dass Gefahr droht.

Denken Sie auch negativ. Die Strategie, optimistische Denkmuster zu pflegen, hebt die Ausstrahlung und steigert das Wohlbefinden. Einerseits. Andererseits birgt sie die Gefahr, dass man den Kopf in den Sand steckt und die Möglichkeit des Scheiterns erst gar nicht mehr einkalkuliert. Menschen mit Nehmerqualitäten verfolgen deshalb eine Doppelstrategie: Sie trauen sich etwas zu und verfolgen hochfliegende Pläne, bleiben aber gleichzeitig wachsam und federn den möglichen Absturz mit Netz und doppeltem Boden ab.

In der Redaktion empfiehlt es sich zum Beispiel, das Thema beizeiten anzusprechen. Mag sein, dass man dann zu hören bekommt: »Wenn du mich so fragst ... ich finde, in letzter Zeit fehlt deinen Beiträgen das gewisse Etwas.« Schön anzuhören ist solch ein negatives Feedback nicht. Aber wer es frühzeitig einholt, fällt wenigstens nur ins Netz. So peinlich und unangenehm der Absturz sich anfühlt, zumindest bleibt man unverletzt und hat die Chance, sich wieder aufzurappeln. Je länger man dagegen über die frühen Warnzeichen hinwegtänzelt, desto größer wird die Gefahr, dass man ins Bodenlose stürzt. Ein Comeback fällt dann erheblich schwerer.

Nur die Paranoiden überleben.
Andy Grove

Nehmen Sie Kritik an. Viele Menschen betrachten es bereits als ein Scheitern, kritisiert zu werden. Die Einschätzung ist nicht ganz richtig: Kritik ist in den meisten Fällen nur ein Zeichen, dass ein Problem auf Sie *zukommen* könnte. Allerdings vornehmlich dann, wenn Sie die Rüge oder Klage als überzogen, unverschämt oder Einzelmeinung abtun und weitermachen wie bisher. Nehmen Sie die Kritik dagegen an, haben Sie gute Chancen, das Ruder herumzureißen. Menschen mit Nehmerqualitäten hören deshalb interessiert und keinesfalls missmutig zu, wenn jemand eine Schwierigkeit anspricht, die ihnen selbst entgangen ist. Und sie überlegen sehr genau, wie sie den drohenden Misserfolg abwenden oder minimieren können.

Kalkulieren Sie den Worst Case ein. Egal, wie gut man ist oder zu sein glaubt, jeder kann baden gehen. Die Frage ist, wie man sich dabei verhält. Ein schlechtes Bild gibt ab, wer panisch nach Luft schnappt und wild mit den Händen rudert; eine gute Figur macht, wer den Kopf über Wasser hält und das bereits bereitstehende Rettungsboot nur heranwinken muss. Die gelassene Reaktion im Moment des Scheiterns setzt allerdings Planung voraus. Spielen Sie in Gedanken deshalb nicht nur erfolgreiche Verläufe durch, sondern entwickeln Sie auch Szenarien, was Sie tun, wenn Sie Ihr Ziel nicht erreichen. Im Idealfall wissen Sie in jeder Situation des Lebens auf die beiden folgenden Fragen eine Antwort:

1. Welche Schwierigkeiten / Störungen / Gefahren können auftreten?
2. Wie gehe ich damit um? Was unternehme ich, wenn die Gegenseite auf mein Angebot nicht eingeht? Wenn ich eine Frage nicht beantworten kann? Wenn die Niederlage unaufhaltsam ist, ich aber trotzdem nicht das Handtuch werfen kann?

Selbstcoaching: Fragen, die es in sich haben

»Aber nicht heute. Verschieben wir es auf morgen«, mit diesen Worten endet der Buchklassiker *Vom Winde verweht*. Seien wir ehrlich: Beim Ordnen der Zukunft sind die meisten von uns ein bisschen Scarlett. Die Autorin Micheline Rampe macht in ihrem Buch *Der R-Faktor*.

Das Geheimnis unserer inneren Stärke Schluss mit der Das-wird-sich-finden-Philosophie und stellt genau die Fragen, von denen wir hoffen, dass wir nie eine Antwort darauf wissen müssen. Ein paar solcher harter Nüsse finden Sie hier:

Was werden Sie tun, wenn...

- sich zeigt, dass Sie der neuen Aufgabe, die Sie übernommen haben, zeitlich nicht gewachsen sind?
- der Mitarbeiter kündigt, dessen Know-how für Ihren Betrieb unverzichtbar ist?
- die Chefin, mit der Sie sich so gut verstehen, das Unternehmen verlässt, um sich selbstständig zu machen?
- Sie für die Eigentumswohnung, die das neue Haus mitfinanzieren sollte, einfach keinen Käufer finden?
- Ihre Eltern Pflege brauchen?
- Ihre Tochter am Ende doch nicht den dringend benötigten Platz in der Ganztagsschule bekommt?
- sich herausstellt, dass der neue Mann in Ihrem Leben bei weitem nicht so erfolgreich ist, wie er Sie glauben ließ?

Welche inhaltsschweren Fragen stehen in Ihrem Leben gerade an? Welche Antworten wissen Sie darauf? Zugegeben: Allein der Gedanke an mögliche Krisen, Misserfolge und Widrigkeiten trübt die Stimmung. Trotzdem: Gescheiter stellen es die Menschen an, die, sollten sie tatsächlich scheitern, auf einen Notfallplan zurückgreifen können.

Comeback-Idee 2
Achten Sie den Achtungserfolg

Anna hat es schon während der Präsentation gespürt: Ihre Worte stießen auf taube Ohren. Die Kunden blätterten lustlos in den Unterlagen, gingen nicht mit, ein wichtiger Entscheider verließ den

Raum und ließ sich von da an nicht mehr blicken. Die Manöverkritik hinterher bestätigt den Eindruck: Ohne Kraft und Witz sei der Vortrag gewesen, schlecht getimt, ziellos und am Ende für alle Beteiligten enttäuschend. »Aber was hätte ich denn machen sollen?«, klagt Anna. »Die Stimmung im Publikum hat mich völlig demoralisiert. Dadurch bin ich immer unsicherer geworden.«

Es gibt Situationen, in denen man der empfundenen Schmach nicht entfliehen kann. Im Gegenteil: The show must go on, und obwohl man am liebsten das Weite suchen würde, gilt es, die kühle Maske der Professionalität zu wahren. Nur: Wie behält man den Kopf über Wasser, während einem die Felle davonschwimmen?

- Wie übersteht man als Trainerin ein Seminar vor unzufriedenen Teilnehmern oder als Student ein Kolloquium, bei dem man bisher nicht eben brilliert hat?
- Wie bringt man ein unglücklich verlaufendes Bewerbungsinterview mit Anstand zu Ende?
- Wie bedient man eine Kundin kompetent, die jeden unterbreiteten Vorschlag als unpassend zurückweist?
- Und wie hält man ein fünfstündiges Golfturnier durch, wenn man nach einem starken Anfang plötzlich jeden zweiten Schlag nach links verzieht?

Mit Selbstmitleid, Mutlosigkeit und Hinwerfen nicht. Gefragt sind dagegen die Fähigkeiten, die Sportprofis helfen, sich durchzubeißen, wenn nach einer katastrophalen ersten Halbzeit oder einer peinlich verpatzten Pflicht der Traum vom Sieg ausgeträumt ist. Die Niederlage ist absehbar, und doch liegt vor einem eine weitere Runde, eine kräftezehrende Bergstrecke oder eine anstrengende Kür, bei der Lächeln Pflicht ist, obwohl man heulen möchte. Bestenfalls die Totalblamage kann man noch verhindern …

Die Totalblamage abwenden – darin liegt der Schlüssel zum Weitermachen. Das ist Ihr neues Ziel. Die Möglichkeit des Siegens mag in die Ferne gerückt sein. Das ist die schlechte Nachricht. Die gute lautet: Noch haben Sie die Chance, als respektabler Verlierer vom

Platz zu gehen. Das klingt nach Trostpreis, und das ist auch ein Trostpreis. Doch wer sich darum bemüht, erzielt zumindest einen Achtungserfolg: Sich durch schwierige Zeiten zu beißen, wirkt um Klassen besser, als angesichts einer absehbaren Niederlage einzuknicken. Obendrein lenkt die Konzentration auf die Notlandung ab. Statt passiv in den Abgrund zu fallen, behält man das Steuer in der Hand – nur recht und schlecht zwar, aber immerhin.

Die folgenden Strategien helfen Ihnen dabei, wenn schon nicht mit Glanz und Gloria, so doch mit Anstand zu bestehen. Am besten machen Sie sie vor Situationen, die brenzlig werden könnten, zum festen Bestandteil Ihrer mentalen Vorbereitung.

Bleiben Sie am Ball. Haben Sie schon einmal einen Torwart gesehen, der das Spiel abbricht, weil er einen Ball nicht gehalten hat, den er eigentlich hätte halten müssen? Genau! Profis machen auch nach der Blamage weiter. Die Frage, ob Sie sich ausreichend vorbereitet oder mit einem Auftrag möglicherweise übernommen haben, muss zwar geklärt werden. Aber hinterher. Solange der Schlusspfiff nicht ertönt ist, lautet die Devise: Aufgeben gilt nicht.

> *Um nach vorne zu kommen und dort zu bleiben, kommt es nicht darauf an, wie gut du bist, wenn du gut bist, sondern wie gut du bist, wenn du schlecht bist.*
>
> *Martina Navratilova*

Fassen Sie sich. Wischen Sie mutlose Gedanken beiseite, ignorieren Sie aufsteigende Tränen, sammeln Sie Ihre Kräfte für das Hier und Jetzt. Nehmen Sie den Kopf hoch und lächeln Sie Ihr Gegenüber an. Das wirkt nicht nur gut – Sie entspannen nebenbei auch Ihren Körper. Sollten Sie Ihre Enttäuschung oder Ihren Ärger trotzdem nicht verbergen können, sagen Sie kurz: »Für einen Moment habe ich die Kontrolle verloren.«

Kommen Sie aus dem Problemzustand heraus. Statt Ihren Emotionen freien Lauf zu lassen, setzen Sie einen sogenannten *Unterbrecher*: Dazu genügt es oft schon, die Körperhaltung zu verändern, zum Bei-

spiel, indem Sie bewusst einen Schluck Wasser trinken oder kurz auf-
stehen und ans Fenster treten. Die Taktik stammt aus der neurolingu-
istischen Programmierung. Sie dämpft das Gefühl, Sie könnten sich
lächerlich oder unmöglich machen, und bringt Sie zurück in den *Res-
sourcen-Zustand*, in dem Sie wieder mehr Zugang zu Ihren Stärken
haben. Alternativ oder ergänzend dazu konzentrieren Sie Ihre Aufmerksamkeit nach außen auf Ihr Gegenüber. Auch damit gewinnen
Sie Abstand von der eigenen Unsicherheit.

Gehen Sie in die Offensive. Lenken Sie Ihre Gedanken weg von
dem, was war, und versuchen Sie kaltblütig, die heikle Situation zu
Ihren Gunsten zu verändern. In dem schleppenden Seminar können
Sie zum Beispiel sagen: »Was muss passieren, damit der Vormittag
für Sie ein Erfolg wird?« Den Prüfungsverlauf beeinflussen Sie mit
etwas Glück mit Offenheit: »Ich kann die Frage im Moment nicht
beantworten. Können wir bitte zu einem anderen Thema überge-
hen?« Die Kundin, die all Ihre Vorschläge zurückweist, können Sie
fragen: »Welche Lösung schlagen Sie vor?«

Verschaffen Sie sich einen guten Abgang. Egal, ob Sie das Blatt zu
Ihren Gunsten wenden können oder nicht – geben Sie bis zum
Schluss Ihr Bestes, finden Sie ein paar anerkennende Abschiedsworte
und verzichten Sie auf Rechtfertigungen, Schuldzuweisungen oder
Entschuldigungen. Kämpfernaturen bewältigen ihre Frustration
hinterher, mit Freunden oder für sich allein.

Comeback-Idee 3
Bewahren Sie Ruhe

Der Bankberater lehnt die dringend benötigte Kreditverlängerung
ab. Der Partner gesteht, seit Monaten ein Verhältnis mit einer anderen Frau zu haben. Die Projektleiterin formuliert ihre Kritik zwar

höflich-professionell, doch die Botschaft ist unmissverständlich: Die eigene Arbeitsleistung bleibt hinter den Erwartungen zurück. Ein Freund stellt bei einer Rede zu seinem Geburtstag alle Gäste mit einer kleinen Erinnerung vor – nur man selbst wird vergessen.

Viele Niederlagen kassiert man im Beisein Dritter, die meisten schlechten Nachrichten erfahren wir Auge in Auge mit ihrem Überbringer. Als wäre es nicht schlimm genug, dass der Fehlschlag oder die Zurücksetzung das Selbstbild erschüttert – obendrein werden auch noch Dritte Zeugen des Misserfolgs. Die Herrscher des Altertums reagierten auf den Ehrverlust, indem sie den Überbringer der schlechten Nachricht mit dem Tod bestraften. Wenn sie schon nicht den Misserfolg selbst aus der Welt schaffen konnten, sollte zumindest der Zeuge ewig über die Schmach schweigen.

Die grausame Praxis zeigt: Die Erkenntnis, an eine Grenze gestoßen zu sein, löst unangemessene, primitive Triebe aus. Doch so sehr uns danach zumute sein mag: Blindes Zurück- und Um-sich-Schlagen bringt uns nicht weiter. Wie bei jeder Krise gilt auch im Moment des Scheiterns zunächst eine klare Regel: Bewahren Sie Ruhe, sichern Sie sich den Achtungserfolg und tun Sie ansonsten – erst einmal nichts.

Ruhe bewahren, ausgerechnet dann, wenn alle Dämme brechen, das klingt trivial und entspricht so gar nicht dem eigenen Empfinden. Sollte man nicht erklären, beschwören, protestieren, retten, was zu retten ist? Besser nicht. Dahinter steht eine simple Überlegung: Was ergibt mehr Sinn, wenn man angeschlagen und verletzt ist? Dass man zum Angriff übergeht oder wenigstens zur Verteidigung? Dass man sein Entsetzen ungefiltert zeigt? Oder dass man sich zunächst sammelt, den Schaden betrachtet und sich dann eine Strategie überlegt? Zumindest auf den zweiten Blick erscheint Coolness als die klügere Wahl. Sie löst zwar nicht das Problem, dient aber dem Selbstschutz und verhindert, dass wir uns im ersten Schock noch tiefer ins Unglück manövrieren. Und dabei die Achtung unserer Umgebung verlieren. Oder gar den Respekt vor uns selbst.

Leider funktioniert Besonnenheit nicht auf Knopfdruck. Wer sensibel ist oder seinen Gefühlen gern freien Lauf lässt, kann nicht so einfach auf mehr Selbstkontrolle umschalten. Deshalb finden Sie hier einen 7-Punkte-Plan, wie Sie Schlechtes gefasst wegstecken, egal, wie aufgewühlt Sie sich innerlich fühlen. Diese Gefühlskontrolle zahlt sich aus: Ihr Gegenüber wird Ihnen für Ihre Haltung Respekt zollen und für angemessene Gefühlsäußerungen Verständnis haben. Möglicherweise legen Sie als guter Verlierer sogar schon die Saat für ein späteres Comeback.

1. Nehmen Sie Ihre Emotionen wahr – und schieben Sie sie dann bewusst beiseite. Werten Sie Angst, Wut oder das Bedürfnis, sich zu verteidigen, als eine Art Lichthupe: als richtiges und wichtiges Signal dafür, dass Sie in Gefahr sind. Danach haben die Gefühlsaufwallungen ihre Aufgabe auch schon erfüllt: Sie sind gewarnt und ganz besonders auf der Hut. Heulen, Wüten und Zähneknirschen können Sie später, mit der Familie, mit Freunden oder allein.

Gut zu wissen: Wenn es hart auf hart geht, hilft uns oft der Körper, uns von der Übermacht der Emotionen zu distanzieren. Vielleicht haben Sie schon erlebt, wie Sie sich im ersten Moment nach einer überfordernden Situation erstaunlich ruhig fühlen. Die Welt wirkt wie in Watte gepackt, wider Erwarten empfindet man weder Angst noch Trauer. Für diese fast schon unheimliche Ruhe sind unter anderem körpereigene Opiate sowie eine Einschränkung der emotionalen Reaktionsfähigkeit verantwortlich. Beides zusammen befähigt dazu, fast schon unangemessen kaltblütig zu reagieren.

2. Bringen Sie sich körperlich zur Ruhe. Atmen Sie tief durch, nehmen Sie einen Schluck Wasser, zählen Sie bis fünf, halten Sie Ihren Körper ruhig und unterlassen Sie alle Unsicherheitsgesten, die in Stresssituationen besonders gehäuft auftreten. Gute Verlierer heulen, schreien, nesteln, zappeln nicht. Erwünschter Nebeneffekt: Die Konzentration auf einen ruhigen Körperausdruck lenkt Sie von Gefühlsaufwallungen ab und lässt Sie auch innerlich gelassener werden. Die Taktik ist deshalb vor allem in Situationen wichtig, die Sie durchstehen müssen, ohne sich zurückziehen zu können.

3. Teilen Sie Ihre Gefühle mit. Coolness heißt nicht, dass Sie schlechte Nachrichten mit der Unbewegtheit eines Roboters zur Kenntnis nehmen. Natürlich dürfen und sollen Sie sagen, was Sie fühlen – aber angemessen und ohne übertriebenes Drama. Am besten verwenden Sie Ich-Aussagen, die Ihre Gefühlslage sachlich beschreiben:

- »Das kommt überraschend.«
- »Das schockiert mich.«
- »Das ist keine gute Nachricht.«
- »Das ist wirklich enttäuschend für mich.«

Ungeschickt wären Vorwürfe (»Aber bei der Weihnachtsfeier haben Sie doch gesagt, die Weiterfinanzierung des Projekts sei so gut wie sicher.«), Drohungen (»Du wirst schon sehen, was du davon hast!«) oder vorschnelles Aufgeben (»Da kann man nichts machen.«). Reaktionsweisen wie diese schaden nicht nur Ihrem Image, sie schränken auch vorschnell Ihren Spielraum ein.

4. Spielen Sie auf Zeit. Egal, ob Sie eher zu Tränen neigen oder zu Wutausbrüchen – den ersten Schock verarbeiten Sie besser privat. Souverän wirkt es, wenn Sie nach einer schlechten Nachricht rasch abtauchen, sich aber gleichzeitig die Türen offen halten:

- »Das muss ich erst einmal verdauen. Wann darf ich Sie mit meinen Fragen anrufen?«
- »Ich muss jetzt erst einmal allein sein, können wir später darüber sprechen – vielleicht wenn die Kinder im Bett sind?«

Auf diese Weise gewinnen Sie die Kontrolle über die Situation zurück und können in Ruhe einen Schlachtplan entwickeln.

5. Tun Sie darüber hinaus ... nichts. Machen Sie unter dem Eindruck des ersten Schocks keine Zusagen, unterschreiben Sie nichts, nehmen Sie nicht voreilig die Schuld auf sich, lassen Sie sich nicht auf faule Kompromisse ein, geben Sie dem treulosen Partner (noch) nicht den Laufpass, legen Sie das politische Amt nicht nieder, brechen Sie die Prüfung nicht ab. Zwar werden sich schmerzliche Entscheidungen und Einschnitte möglicherweise nicht vermeiden lassen – voreilig darauf festlegen sollten Sie sich aber nicht! Bis Sie klarer sehen, helfen Floskeln weiter:

> *Ich war böse, ich war wütend, ich war enttäuscht – all das ging mir durch den Kopf. Aber ich habe gelernt, dass man niemals im Affekt Entscheidungen treffen darf.*
>
> *Hillary Rodham Clinton*

- »Ich werde darüber nachdenken.«
- »Ich würde dazu gern eine zweite Meinung hören.«
- »Das wird sich finden.«
- »Geben Sie mir eine halbe Stunde Zeit, ich melde mich.«

6. Vermeiden Sie Kurzschlusshandlungen. Wut und Scham dienen selten Ihrem besten Interesse. Es kann zwar für den Moment entlasten, nach dem Kündigungsgespräch wichtige Projekt- oder Kundendaten zu kopieren, nach dem verlorenen Tennisturnier den Schläger krachend auf den Rasen zu schmettern oder nach dem Missgeschick mit dem verschütteten Rotwein den Partner gereizt anzufahren. Sehr häufig aber schaffen solche Reaktionen nur zusätzliche Probleme. Beste Strategie: Versuchen Sie über den Moment hinauszudenken! Möglicherweise handeln Sie sich mit einer Kurzschlusshandlung einen Nachteil ein, unter dem Sie noch zu leiden haben, wenn das Ausgangsproblem bereits gelöst oder vergessen ist.

7. Wertschätzen Sie den Übermittler der schlechten Nachricht. Die meisten Menschen fürchten sich davor, eine schlechte Nachricht überbringen zu müssen. Echte Nehmerqualitäten zeigt, wer dies anerkennt und sich für die Offenheit und das offene Ohr des Gesprächspartners bedankt, die Schwierigkeit der Situation betont und die eigene Verzweiflung kaschiert. Wenn Sie auch in der Niederlage Größe zeigen, erhöhen Sie zudem die Chance, dass der andere den weiteren Kontakt mit Ihnen nicht scheut. Vielleicht setzt er oder sie sich im Gegenteil besonders für Sie ein. Die Personalleiterin, die Ihnen heute beibringt, dass Ihr Praktikum nicht verlängert wird, ist möglicherweise genau der Mensch, der Ihnen schon einige Wochen später einen wertvollen Kontakt bei einem anderen Unternehmen vermittelt.

Schock, lass nach

Wie man in der ersten Verzweiflung
den Kopf über Wasser hält

Betäubt, angeschlagen und verletzt – im ersten Schock
geht es ums schiere Überleben. Wenn in dieser Situation
überhaupt etwas hilft, dann Behutsamkeit und altbewährte
Basics: ein heißer Tee, ein langer Spaziergang, gute
Freunde, eine warme Decke. Mehr sollten Sie der
wunden Seele jetzt nicht abverlangen.

Er zählt zur Riege der bedeutendsten angloamerikanischen Schriftsteller, seine Zeitgenossen schätzten seine Romane als subtil nuan-
cierte Gesellschaftsstudien, und bis heute übersetzen Filmemacher
seine Stoffe in eindrucksstarke Kinobilder. Die Rede ist von Henry
James, dem Autor von Büchern wie *Porträt einer Dame* oder *Wa-
shington Square*. James selbst ging sein Erfolg jedoch nicht weit genug. Um noch bekannter zu werden, entschloss er sich, Theaterstü-
cke zu schreiben. Doch anders als sein Zeitgenosse und Rivale Oscar
Wilde erntete Henry James, als er nach dem Schlussvorhang auf die
Bühne trat, Buhrufe und Pfiffe anstelle des erhofften Applauses. In
dem biografischen Roman *Porträt des Meisters in den mittleren Jahren* empfindet der Autor Colm Tóibín den vernichtenden Moment
der Niederlage nach: »Jetzt kam der schlimmste Augenblick – als er
nicht wusste, was er tun sollte, als er die Kontrolle über seinen Ge-
sichtsausdruck verlor, als sich in seiner Miene Panik abzeichnete, die
er nicht zu unterdrücken vermochte … Die Situation traf ihn völlig
unvorbereitet. Langsam trat er von der Bühne ab.«
    Misserfolg fühlt sich schrecklich an. Die Welt steht still, es gibt
keinen Ausweg, das Selbstwertgefühl sackt nach unten, man möchte
heulen, wüten, im Boden versinken. In diesem Kapitel finden Sie
Vorschläge, wie Sie den ersten Schock abfedern und möglichst unbeschadet überstehen.

Comeback-Idee 4
Geben Sie sich Zeit

»Wer weiß, wozu es gut ist.« – »Sei froh, dass du sie los bist.« –
»Nehmen Sie es als Chance.« – »Sie schaffen das.« Die Ermutigun-
gen, die man nach einer Niederlage zu hören bekommt, klingen
meistens schal und beruhigen nur wenig. Das liegt daran, dass sie
sich nicht mit dem eigenen Erleben im Moment des Scheiterns oder
kurz danach decken, wenn man vor allem eines fühlt: Etwas ist un-

widerruflich verpatzt, vorbei, kaputt, am Ende. Nur die unerschütterlichsten Optimisten denken in diesem Augenblick daran, dass sie durch die Krise vielleicht weiter kommen, als sie vorher waren. Vor allen anderen tut sich ein Abgrund auf.

Scheitern ist in vieler Hinsicht wie Trauern. Wenn man in der neuen Firma auch nach Monaten nicht wirklich dazugehört, nach der Ausbildung keine Stelle findet, sich beim Hausbau verkalkuliert oder an der Börse verspekuliert hat, werden in abgeschwächter Form ähnlich deprimierende, beängstigende und wütende Gefühle ausgelöst, wie wenn man einen geliebten Menschen verloren hat. Diese Achterbahn der Gefühle ist schwer auszuhalten. Sie erfüllt aber eine wichtige Funktion: In winzigen, schmerzhaften Schritten bringt sie uns dazu, das Erlittene zu fassen, zu verarbeiten, zu akzeptieren und schließlich das Leben anders einzurichten.

An diesem Punkt, aber wirklich erst dann, nehmen wir Aufmunterungen und aufbauende Wünsche gern an. Denn wenn alles gut geht, zeichnet sich am Ende des Verarbeitungsprozesses tatsächlich ein Silberstreif am Horizont ab: die Hoffnung, dass das Leben auf eine neue Art gut und vielleicht sogar besser wird als davor. Eine Gewähr dafür gibt es nicht – wohl aber eine reelle Chance.

Allerdings ist der Weg dorthin lang und mühsam. Ihn zu bewältigen fällt leichter, wenn Sie sich eine Vorstellung davon verschaffen, was auf Sie zukommen wird. Die folgenden Kilometersteine helfen Ihnen, im Morast der Gefühle und Wirbel der Gedanken immer wieder die Orientierung zu finden. Zwar ist jedes Scheitern individuell und sein Verlaufsmuster nicht starr vorgegeben. Üblicherweise verarbeiten wir aber einen Rückschlag in vier Phasen – wobei Schwere und Dauer je nach Belastungsgrad enorm variieren.

Phase 1: Nicht-wahrhaben-Wollen
Phase 2: Aus-dem-Konzept-gebracht-Sein
Phase 3: Erholung und Neuorientierung
Phase 4: Wachstum

Phase 1: Nicht-wahrhaben-Wollen

Am Anfang stehen Schock und Verneinung. »Zuerst hatte ich das Gefühl, das ist nur ein schlechter Scherz«, sagt ein Interviewpartner, der ohne Vorwarnung seinen Job als Top-Manager verlor. Die Wahnvorstellung, das Geschehen könne nicht wahr sein, ist typisch: Die meisten Menschen sind erst einmal erstarrt, wenn sie aus scheinbar heiterem Himmel den Boden unter den Füßen verlieren. Wie betäubt erlebt man den Sturz, alles in einem sträubt sich gegen den ungünstigen Verlauf der Dinge. Der Misserfolg ist so wenig eingeplant, der Verlust so inakzeptabel, dass man seine Tatsache nicht wahrhaben möchte. Auch wenn man den ungünstigen Ausgang fast schon befürchtet hat, klammert sich die Psyche zunächst an die Erfolgsbilder im Kopf, und die Realität des Misserfolgs wird abgewehrt. Selbst kleine Katastrophen erlebt man oft wie im Film: Eine andere Frau trägt beim Presseball genau das gleiche Kleid wie man selbst, oder schwarzer Tee tropft auf das helle Sofa – und ein surreales Gefühl des Das-kann-nicht-wahr-Seins breitet sich aus.

Diese momentane Erstarrung ist eine Abwehrreaktion des Gehirns: Sie bewahrt uns davor, mehr verarbeiten zu müssen, als wir im Moment verkraften können. Manche Menschen haben bei der ersten Konfrontation mit der Krise das Gefühl, sie hätten sich von ihrem Körper getrennt, andere wirken geradezu unheimlich cool und unberührt. So oder so steht dahinter eine archaische Reaktion des Gehirns: Der Körper schützt sich durch eine Art Eigenanästhesie. Fakten und Gefühle eines belastenden Ereignisses werden regelrecht voneinander abgespalten.

Vielleicht erinnern Sie sich an die Szene in dem Film *Der Pferdeflüsterer*, als Annie alias Kristin Scott Thomas erfährt, dass ihrer Tochter nach einem Reitunfall der Unterschenkel amputiert werden muss. Als Reaktion auf die schreckliche Nachricht flüstert sie tonlos: »Ich lasse mir die Namen aller Schwestern geben … Es ist gut, ihre Namen zu kennen.« Die vermeintlich gefühlskalte Reaktion zeigt nicht die Durchsetzungskraft der machtbewussten Chefredakteurin, die noch in der Katastrophe ihre Autorität spielen lässt. Sie ist vielmehr Ausdruck der automatischen Notfallprogramme des Körpers, die ohne bewusstes Zutun ablaufen: Angriff, Erstarrung und Flucht.

Weniger akut, dafür aber deutlich zäher verläuft die Phase des Nicht-wahrhaben-Wollens, wenn eine Krise sich heimlich ins Leben schleicht. Die Erkenntnis, dass man gemobbt wird, zum Beispiel, lässt sich nicht an einem einzelnen Ereignis festmachen. Zwischen dem Wahrnehmen erster beunruhigender Signale (eine Kollegin scheint einen geflissentlich zu ignorieren) und der Gewissheit liegen Wochen und oft Monate der Unsicherheit (»Vielleicht bilde ich mir das nur ein?«), Verdrängung (»Welchen Grund sollte sie dafür haben?«) und Selbstberuhigung (»Das würde sie nicht wagen.«). Verunsicherung kommt auf, Zweifel nagen an der Seele, man erkennt sich selbst nicht wieder in der Gefühlsmelange aus Unruhe und Unbehagen, die man selbst am Wochenende nicht abschütteln kann. Der größte Fehler, den Sie jetzt machen könnten, wäre es, Krisenzeichen zu bagatellisieren. Noch steht die Chance gut, dass Sie das Ruder herumreißen oder den Schaden begrenzen können.

Selbstcoaching: Was jetzt guttut

Was Menschen in der Phase des Nicht-wahrhaben-Wollens brauchen, sind einfache, alltägliche Dinge: bei kleinen Flops ein tröstender Blick, bei schweren Krisen ein ungestörter Raum, ein heißer Tee, ein Mensch, der einfach nur da ist, zuhört oder mit einem schweigt. Wenig hilfreich sind im ersten Schock Beschwichtigungen, Analysen und voreilige Ratschläge. Am besten sagen Sie den Menschen in Ihrer Umgebung ganz konkret, was Ihnen jetzt guttut: »Ich kann im Moment nicht darüber reden, es hilft mir, wenn du einfach bei mir bist.« Viele Menschen würden gern Trost spenden, stellen sich aber ungeschickt dabei an und sind dankbar für den klaren Hinweis.

Wer das Szenario der Krisenverarbeitung kennt, kann die kurze Phase der Eigenanästhesie darüber hinaus nutzen, kühl und sachlich die drängendsten Notwendigkeiten zu regeln. So schaffte es eine trennungserfahrene Freundin, erst ihre Kinder zu den 100 Kilometer entfernt lebenden Großeltern zu bringen, ehe sie zusammenbrach, weil ihr langjähriger Lebensgefährte sie von einem Tag auf den anderen verlassen hatte.

Phase 2: Aus-der-Bahn-geworfen-Sein

Bei plötzlich hereinbrechenden Krisen dauert die Phase des Nicht-wahrhaben-Wollens meistens nur ein paar Minuten oder Stunden. Selbst bei schlimmen Schicksalsschlägen endet sie nach wenigen Tagen. Danach nehmen wir die Krise in ihrem ganzen Ausmaß wahr. Der Misserfolg wird in allen Facetten erfahren, das bisherige Drehbuch gilt nicht mehr, wir hängen in der Luft. Wir spüren den Schmerz auf allen Ebenen des Fühlens und Denkens:

Emotional: Ängste, Stress, Ärger, Scham, Unsicherheit, Minderwertigkeitsgefühle, Verwirrung, Hoffnungslosigkeit, Depression
Physisch: Kopfschmerzen, hoher oder niedriger Blutdruck, Übelkeit, flauer Magen, Muskelzittern, Brustschmerzen
Kognitiv: Unkonzentriertheit, verkürzte Aufmerksamkeitsspanne, Gedächtnislücken, Grübeln, Entscheidungsunsicherheit
Verhalten: Rückzug, Feindseligkeit, erhöhter Alkoholkonsum, Schlafstörungen, sexuelles Desinteresse, Appetitlosigkeit

Gleichzeitig brennt die Frage auf der Seele: »Wie geht es jetzt weiter?« Wie komme ich durch den Tag? Was wird aus den Raten für das Haus? Werde ich je wieder eine Stelle finden? Bei wem bleiben die Kinder? Was sage ich den Eltern, Freunden, Nachbarn, Kollegen? So angstbehaftet und mutlos diese Fragen klingen, sie enthalten doch einen Hoffnungsschimmer: Noch in der Trauer um das Verlorene denken wir bereits an die Zukunft. In Ansätzen zeigt sich somit schon am Tiefpunkt der Krise: Bei jedem Misserfolg treffen zwei

Pole aufeinander – Verzweiflung und Hoffnung, Sackgasse und Ausweg, Zusammenbruch und Neuanfang. In den Trümmern des Verlusts liegen neue Möglichkeiten verborgen – Möglichkeiten, zu denen die, die nicht gescheitert sind, keinen Zugang haben.

Der Gedanke ist ermutigend. Dennoch ändert er zunächst wenig daran, dass Scheitern eine negative Erfahrung ist. Ein Misserfolg bedeutet ja nicht nur, dass wir an uns zweifeln, uns betrogen oder vielleicht sogar existenziell bedroht fühlen oder den Glauben an eine gerechte Welt verlieren. Obendrein fürchten wir, dass der ohnehin schon schmerzhafte Dämpfer auch noch unser Ansehen beschädigt. Auch wenn der Satz »Was sollen denn die Leute denken?« laut ausgesprochen wohl der Vergangenheit angehört, zählen Status, Image und Ansehen viel. Deshalb fürchten wir schon bei kleinen Misserfolgen die Verachtung der Umwelt: Selbst fände man sich nach einer Weile vermutlich damit ab, dass die gewählten Bodenfliesen sich als geschmacklicher Fehlgriff erweisen. Vergleichsweise schwer wiegt dagegen die Vorstellung, Gäste könnten das eigene Stilempfinden bezweifeln. Die Angst vor der Blamage macht ein Versagen doppelt schwer.

Beschämung, Unsicherheit, Selbstmitleid, Wut – die zweite Phase der Krisenbearbeitung ist die schwierigste und schmerzlichste. Gute Verlierer sind an ihrem Ende so weit, dass sie den Misserfolg und seine Folgen akzeptieren und verarbeiten können. Schlechte Verlierer bleiben wie in einer Endlosschleife in den Gefühlen des Haderns, der Unzulänglichkeit und der Hoffnungslosigkeit stecken.

Selbstcoaching: Was jetzt guttut

Verlangen Sie nicht von sich, dass der Misserfolg spurlos an Ihnen vorübergeht. Geben Sie sich eine Schonzeit, in der Sie keine großen Entscheidungen treffen. Am wichtigsten ist es jetzt, die Gefühle der Verzweiflung und des Wertverlusts nicht zu betäuben oder zu bagatellisieren, sondern auszuhalten, zu betrachten und einzuordnen. Nur wenn Sie sich Ihren Gefühlen stellen, können Sie das Geschehene akzeptieren und der ungeliebten Situation in zaghaften Schritten neue Möglichkeiten abgewinnen. Unterdrücken Sie den Schmerz deshalb nicht mit großen Mengen Alkohol, Medikamenten oder Süßigkeiten.

Halt in der Unsicherheit geben dagegen vertraute Rituale, ein durchgeplanter Tagesablauf und feste Termine. Achten Sie auf eine gesunde Ernährung, werden Sie aktiv, erinnern Sie sich an Ihre Fähigkeiten und Erfolge. Wer sich dazu aufrafft, auch wenn ihm nicht danach zumute ist, fühlt sich weniger hilflos und gewinnt Kontrolle zurück. Wichtig: Die Gefahr ist jetzt groß, dass der Misserfolg »Metasta-

> *Sie hat angefangen, Französisch zu lernen, als sie sich von meinem Vater getrennt hat. Jetzt spricht sie fast fließend.*
> Amanda Peet in Was das Herz begehrt

sen« bildet. Achten Sie deshalb besonders darauf, die für diese Phase typische Erbitterung nicht an den Menschen auszulassen, die Ihnen nahestehen oder später im Leben wichtig für Sie sein könnten. Am unschädlichsten bauen Sie Wut oder Frustration durch Entspannungsübungen oder körperliche Bewegung ab.

Phase 3: Erholung und Neuorientierung

Flop hin, Schlappe her – wenn die Krisenbewältigung gelingt, tritt nach einer angemessenen Verarbeitungszeit eine Erholungsphase ein. Man findet allmählich zu seinem alten Selbst zurück. Verzweiflung und Scham flauen ab und sind nicht mehr so intensiv. Man hat das Scheitern anerkannt (»Ich habe zu hoch gepokert«, »Ich habe nicht gemerkt, dass wir uns auseinanderentwickelt haben«) oder zumindest in eine entlastende Geschichte gepackt (»Eigentlich habe ich das Medizinstudium vor allem meinen Eltern zuliebe begonnen«). Zwar trauert man dem Verlorenen immer noch nach, vor allem dann, wenn man begreift, dass das Scheitern von Dauer ist: dass man vielleicht nie mehr den bisher gewohnten Lebensstandard genießen wird oder dass man bei allem musikalischen Talent einfach nicht dafür geschaffen ist, Abend für Abend vor Publikum auf der Bühne zu stehen. Bei aller unvermeidlichen Enttäuschung wandern die Gedanken aber immer öfter zu dem, was kommt und möglich sein wird – und verweilen seltener bei dem, was war und schön gewesen wäre. Zögernd stellt man die Weichen neu und richtet sich in der neuen Situation ein. Die Chancen stehen gut, dass man die Niederlage ohne psychische Beeinträchtigung übersteht.

Selbstcoaching: Was jetzt guttut

Drei Verhaltensweisen bringen Sie in dieser Phase weiter: *1. Analysieren Sie die Gründe für die Schlappe.* Was können Sie daraus für die Zukunft lernen? Welche äußeren Umstände haben dabei eine Rolle gespielt? Welche Erfahrungen haben Sie gemacht? Welche Konsequenzen ziehen Sie daraus? *2. Konzentrieren Sie sich auf die Zukunft.* Was ist jetzt noch möglich? Welche unerwarteten Möglichkeiten könnten sich aus dem Rückschlag ergeben? Welche Stärken kann ich ausspielen? Welche Einschränkungen gegenüber der früheren Situation kann ich hinnehmen? *3. Nehmen Sie das Gute im Schlechten wahr.* Registrieren Sie die schönen Momente – gerade dann, wenn sich die Welt grau in grau präsentiert. Dass Lebensfreude auch in schlechten Zeiten möglich ist, zeigt die Holländerin Sophie van der Stap in ihrem autobiographischen Buch *Heute bin ich blond.* »Ich genieße nicht nur den Tag«, notierte sie zwischen Chemo und Schmerzen. »Ich genieße mein Frühstück, meinen Kaffee, meine Cocktails und meinen Wein, meine Nachmittage draußen in der Sonne oder wenn es regnet drinnen. Ich genieße die Abendsonne und das Gewitter, ich genieße, genieße, genieße.«

Phase 4: Wachstum

Wissenschaftliche Studien haben ergeben: Viele Menschen fühlen sich, nachdem sie eine Blessur überwunden haben, stärker und stabiler als zuvor. Diese Wirkung zeigt sich nicht nur nach alltäglichen Rückschlägen, sondern auch nach lebensverändernden Einbrüchen wie Scheidung, Jobverlust oder einer schweren Krankheit. *Posttraumatisches Wachstum* nennt der amerikanische Psychologe Richard Tedeschi das Phänomen, dass Schlappen und Schicksalsschläge uns in der Sache klüger, vor allem aber als Menschen reifer werden lassen. Besonders mittelschwere Krisen, die uns erheblich belasten, aber nicht niederschmettern, setzen diesen positiven Prozess in Gang.

In der ersten Zeit nach einer Enttäuschung ist die Aussicht auf mehr Lebensklugheit allerdings ein schwacher Trost: Das seelische Wachstum verdanken wir nämlich nicht dem Absturz an sich. Auch wenn sich eine Niederlage im Rückblick als unglaubliche Entwicklungschance erweist, muss die Krise zunächst einmal erlitten und durchgestanden werden. »Man kann vor dem seelischen Schmerz davonlaufen ... davor verstecken kann man sich nicht«, zu dieser Einsicht gelangt die amerikanische Schriftstellerin Joan Didion, die in dem Buch *Das Jahr des magischen Denkens* der Trauer um ihren plötzlich verstorbenen Mann einen Sinn abzugewinnen versucht. Wie wir uns bei diesem Verarbeitungsprozess anstellen, welche Courage und Contenance, Kraft und Kreativität, welchen Einsatz und welche Einsicht wir dabei entwickeln, davon hängt es ab, ob wir aus der Krise gestärkt oder gezeichnet hervorgehen.

Charakterentwicklung als Bonus für das Erlittene ist also nicht selbstverständlich. Gelingt es jedoch, an der Niederlage zu wachsen, lässt uns die Erfahrung, verletzlich zu sein, sensibler, weicher und zugleich mutiger werden. Die Erfahrung, eine Enttäuschung gemeistert zu haben, kräftigt das Selbstbewusstsein. Zumindest eine Zeit lang verlieren materielle Wünsche an Bedeutung, man empfindet mehr Freude an den kleinen Dingen, Status und Karriere treten in den Hintergrund, Familie und Freunde in den Vordergrund.

Darüber hinaus gewinnt die Persönlichkeit eine neue Komplexität: Hat man vor der Niederlage eher in Schwarz-Weiß-Kategorien gedacht, sieht man die Welt danach differenzierter. Dankbar, wenn auch unfreiwillig, beginnt man zu erkennen: Es gibt viele verschiedene Möglichkeiten, ein gutes, geglücktes Leben zu leben. Für gute Verlierer ist es zum Beispiel kein Widerspruch, Ziele, die sie aufgeben mussten, weiter für erstrebenswert zu halten: »Wir hätten gern mehr Kinder gehabt.« Trotzdem empfinden sie Glück über die anderen Möglichkeiten, die sich nach dem Rückschlag eröffnen: »Andererseits stehen mir mit einem Kind beruflich ganz andere Chancen offen als mit einer größeren Familie.« Wer dagegen aussichtslose Wünsche verdrängt oder abwertet (»Ein Glück, dass es bei uns damals mit einem zweiten Kind nicht geklappt hat«), lindert zwar den Schmerz, verpasst aber auch die Gelegenheit, mehr gedankliche Tiefe zu gewinnen und sich unterschiedlichen Lebensentwürfen zu öffnen.

Selbstcoaching: Was jetzt guttut

Posttraumatisches Wachstum passiert nicht einfach so. Es setzt die bewusste Anstrengung voraus, eine andere Realität mit ihren neuen Grenzen und Möglichkeiten anzunehmen. Das heißt nicht, dass Sie Ihre früheren Ziele sang- und klanglos über Bord werfen. Im Gegenteil: Zwar ist es ein natürliches Bestreben, sich nach einem Verlust oder einer unangenehmen Erfahrung möglichst schnell wieder glücklich fühlen zu wollen. Trotzdem rät die amerikanische Psychologin Laura A. King dazu, die Verlustschmerzen bewusst auszuhalten: »Wer die Gedanken an das ›Was-hätte-sein-Können‹ zulässt und negative Gefühle achtsam wahrnimmt, wird mit größerer Wahrscheinlichkeit an der Krise reifen und eine andere Art von Glück finden.« Posttraumatisches Wachstum erfordert also eine Gratwanderung zwischen Bedauern über das Nicht-mehr-Mögliche und Zufriedenheit über die neue Situation. In der Vergangenheit zu verharren empfiehlt sich ebenso wenig wie so zu tun, als hätte es die zerbrochenen Träume nie gegeben.

Comeback-Idee 5
Tauchen Sie ab

Im Kopf hatte der Hausanbau längst Formen angenommen. Die Grundrisse waren gezeichnet, die Finanzierung gesichert, bezahlbare Handwerker gefunden. Nur das Gespräch mit den zustimmungsberechtigten Nachbarn stand noch aus. Reine Formsache, erwarteten Charlotte und Jo, schließlich würden im Zuge des Anbaus die beiden hohen Birken gefällt werden, die den Nachbarn schon lange missfielen. Und sollten doch noch Zweifel bleiben, würde die eloquente Architektin sie auszuräumen wissen. Die Zuversicht erwies sich als Fehleinschätzung: Die Nachbarn reagierten aggressiv und blieben allen Überzeugungsversuchen gegenüber unzugänglich. Nach dem Gespräch herrscht Ratlosigkeit: Der Traum von der lichtdurchfluteten Wohnküche dürfte ausgeträumt sein. »Wie auch immer«, sagt Jo. »Ich mache uns erst mal einen guten Roten auf. Irgendwie werden wir einen Weg finden.« Das Architekturproblem wird an diesem Abend nicht gelöst. Trotzdem sieht die Welt eine Stunde später wieder freundlicher aus – Montepulciano und aufbauende Gespräche haben ihre Wirkung getan und die Stimmung besänftigt.

Abwarten und Tee trinken

Den Engländern scheint ihr Zaubertrank über praktisch jede Lebenslage hinwegzuhelfen. Das liegt nicht nur daran, dass der Genuss von schwarzem Tee den Abbau des Stresshormons Cortisol beschleunigt. Mindestens genauso wichtig für die wohltuende Wirkung dürfte das damit verbundene Ritual sein: »A nice cup of tea« bedeutet Wärme, Ruhe, Gespräche – genau die Mischung aus Vertrautheit und Trost, die die geschundene Seele nach einem Misserfolg braucht.

Nehmen Sie sich die Briten zum Vorbild: Erwarten Sie nach einer

Niederlage oder Enttäuschung nicht zu viel von sich. Weder ist es sinnvoll, das Problem jetzt und sofort lösen zu wollen, noch brauchen Sie umgehend wieder zu funktionieren. Fürs Erste genügt es, dass Sie sich von dem Schlag erholen, ohne durch gravierende Fehler Sympathien zu verspielen, den Rückweg zu verbauen oder die Zukunft zu gefährden. Deshalb ist es nicht nur völlig in Ordnung, sondern sogar ein Zeichen von Lebenskunst, wenn Sie erst einmal in Ruhe Ihre Wunden lecken. Ob Sie sich mit einer Wärmflasche ins Bett verkriechen, in der Damentoilette den Frust von der Seele heulen, den Serotoninspiegel mit Buttercremetorte oder Burger heben, sich ein paar Tage zu einer Freundin flüchten oder kurzentschlossen zu einem Segeltörn aufbrechen – erlaubt ist, was der Seele gut tut! Die Stunden und Tage nach einer Krise sind nicht der Moment, um Kalorien zu zählen oder für die Rente zu sparen!

Den Verlust verschmerzen

Bei kleinen Krisen wahren Sie mit einem entschlossenen Rückzug das Gesicht und stabilisieren Ihr seelisches Gleichgewicht. Noch unverzichtbarer ist das konsequente Abtauchen bei großen Krisen und Niederlagen. Eine Kündigung, eine Trennung oder einen gescheiterten Lebenstraum steckt man nicht einfach so weg. Man muss damit »fertig werden«. Das setzt voraus, dass man sich die Zeit gibt, das Verlorene zu betrauern – und zwar mit allem, was dazugehört: mit Angst und Tränen, Sorgen und Protest, Hilflosigkeit und Verzweiflung. Nur wer den Schmerz aushält und ihm nicht ausweicht, schafft die Voraussetzung, die alten Wünsche hinter sich zu lassen und frei zu werden für neue Erfahrungen. Gelebte Trauer führt immer auch zu innerer Stärke und persönlichem Wachstum: Beispielsweise lernen wir die eigene Überwindungskraft kennen, durchbrechen festgefahrene Routinen oder beschreiten neue Wege. Wird ein Rückschlag dagegen allzu locker-routiniert abgetan, ver-*schmerzt* man den Verlust nicht wirklich. Die versäumte Trauerarbeit vergrößert die Gefahr, dass man weiter den alten Zielen *nach*-trauert, statt sich neuen zu öffnen. Der Zeitforscher Karlheinz A. Geissler fasst diese Erkenntnis in dem einprägsamen Satz zusammen: »Wer nicht traurig sein darf, kann nicht fröhlich sein.«

Am besten lassen Sie sich beim Rückzug nach dem Rückschlag zunächst von Ihren Körpergefühlen leiten. Anders als die Gesellschaft, die um Trauer und Traurigkeit gern einen Bogen schlägt, weiß der Organismus nämlich sehr genau, dass wir nach einer Niederlage erst einmal zu uns kommen müssen, und reagiert entsprechend: Die Noradrenalin-, Dopamin- und Serotoninwerte im Blut sinken ab und führen zu Erschöpfung, Teilnahmslosigkeit und Rückzug von Menschen und Aktivitäten. Der Stoffwechsel des Körpers wird verlangsamt, die Abwehrkraft des Immunsystems vermindert. Das seelische Tief ist eine Einladung dazu, eine Weile lang abzuhängen – ohne sich dabei hängen zu lassen.

Fertigwerden mit dem Blues

Ganz gleich, was eine Umwelt, die den Umgang mit Trauer verlernt hat, Ihnen zu verstehen gibt – es ist völlig normal, wenn Sie sich nach einem harten Schlag depressiv, wütend, verletzt, machtlos, ausgelaugt, verängstigt, wertlos und außer sich fühlen. Drängen Sie solche Momente nicht weg, aber lassen Sie sich auch nicht davon überrollen. Hier sind fünf bewährte Möglichkeiten, wie Sie die Belastung durch Ablenkung, Verwöhnung und Erholung erträglicher machen.

Selbstcoaching: Fünf Möglichkeiten, mit dem Blues fertig zu werden

Der Einsamkeitsblues. Vielleicht machen Sie Niederlagen am besten allein mit sich aus. Die kleine Lösung sieht in diesem Fall so aus, dass Sie Ihre Gefühle und Gedanken bei einem Spaziergang durch den Stadtpark sortieren. Bei schwereren Schlappen vergraben Sie sich ein Wochenende lang in den eigenen vier Wänden, gehen in die Berge oder buchen eine kurze Reise, ohne Begleiter, ganz mit sich allein. *Die Chance:* Ihrer Umwelt, auch Ihrer Familie, bleiben Ihre schlimmsten Gefühle erspart. Sie wahren Ihr Gesicht und ziehen nicht auch noch Ihre liebsten Menschen herunter. *Die Gefahr:* Sie versinken in Selbstmitleid, die Gedanken verharren in einer Endlosschleife und saugen Sie immer tiefer in den Blues. Der Blick von außen fehlt. *Tipp:* Aktivitäten bringen Sie in Bewegung und setzen dem Stimmungstief eine natürliche Grenze.

> *The blues ain't nothing than a good man feeling bad.*
> *Jimmie's Texas Blues, 1929*

Der stundenlange Rückzug ins Bett oder in den Hobbykeller, traurige Filme, sentimentale Musik oder ein einsamer Abend an der Bar führen dagegen leicht dazu, dass man sich immer weiter ins Elend steigert.

Der Shopping-Blues. Frustkäufe bringen Sie zwar nicht weiter. Aber wenn Einkaufen für Sie Genuss und Inspiration bedeutet oder Sie dabei Ihren Jagdtrieb befriedigen, hilft Shoppen durchaus dabei, eine Niederlage besser zu verkraften: Es setzt Dopamin frei, steigert das Selbstwertgefühl und hellt die unglückliche Grundstimmung durch positive Gefühle auf. Allerdings ist die Wirkung begrenzt: Nach der Shopping-Tour ist das Hochgefühl vorbei. *Die Chance:* Lust und Trauer werden im Gehirn von unterschiedlichen Schaltkreisen geregelt. Das heißt: Wir können Glück und Unglück zeitgleich erleben. Unterschätzen Sie deshalb die kleinen Freuden nicht. So sehr man damit hadert, dass der große Bruder einen im Rennen um die Nachfolge in der elterlichen Firma endgültig ausgebootet hat – der Kauf des neuen GPS-Handys macht trotzdem Spaß. *Die Gefahr:* Shoppen wirkt wie das Konsumieren von Alkohol oder Tranquillizern – gut, um sich gezielt zu verwöhnen oder abzulenken, kontraproduktiv, wenn die Krisenbewältigung sich darin erschöpfen würde. *Tipp:* Eine ähnliche Wirkung erzielen Sie mit anderen Ablenkungen: Sport, einem Theaterabend oder dem Besuch der BMW-Welt.

Der Macherblues. Normalerweise löst Scheitern Niedergeschlagenheit und Apathie aus. Wir ziehen uns zurück, trauen uns weniger zu, und sogar die Gedanken fließen langsamer als sonst. Doch auch das Gegenteil ist möglich: Angeheizt von der Niederlage schaltet der Körper auf höchste Anspannung um. Die Folge ist ein fieberhafter Aktionismus: Das Internet läuft heiß, Netzwerke werden angezapft, Hilfstruppen aktiviert, Berater konsultiert, Wiedergutmachungsversuche in großem Stil gestartet – alles, alles, Hauptsache, man verdrängt die Erkenntnis, an eine Grenze gestoßen zu sein, die sich möglicherweise nicht einfach wegorganisieren lässt. **Die Chance:** Aktiv zu sein überdeckt die trüben Gedanken. Sie bleiben im Spiel, wirken tatkräftig, unerschütterlich und kontrolliert. **Die Gefahr:** Statt sich zu besinnen und den eigenen Kurs zu überdenken, verharrt man in den alten Gewohnheiten und scheitert immer wieder am gleichen Punkt. **Tipp:** Suchen Sie das Gespräch, überlegen Sie, wie Sie einen vergleichbaren Flop in Zukunft vermeiden können, suchen Sie auch mal Abstand von Ihrem Problem und dessen Lösung – ob auf dem Rennrad oder am Klavier, entscheiden Sie.

Der Heimatblues. Auch wenn man längst erwachsen ist – wenn es hart auf hart kommt, sind gern die Eltern die Anlaufstelle Nummer eins. Man wird umsorgt und verwöhnt, das Lieblingsessen kommt auf den Tisch, und Mama und Papa stehen hinter einem wie damals im Kampf mit dem ungerechten Mathelehrer. **Die Chance:** Sie gewinnen praktische Hilfe in Form von Hühnersuppe, finanzieller Unterstützung, guten Beziehungen oder informiertem Rat. Der Ausflug in die Kinderrolle tut der Seele gut und gibt Ihnen den Abstand, den Sie brauchen, um sich neu zu sortieren. **Die Gefahr:** Möglicherweise belastet es Ihre Eltern, Ihre Enttäuschung aus nächster Nähe mitzuerleben. Sie überdramatisieren die Situation, fühlen sich veranlasst, das Heft in die Hand zu nehmen, oder verurteilen Ihre Widersacher mehr, als Sie selbst es tun. **Tipp:** Je größer das Netz, von dem Sie sich auffangen lassen, desto sicherer können Sie sich fühlen, desto besser verteilen Sie die Belastung auf verschiedene Helfer.

Der Racheblues. Besonders kränkend fühlen sich Niederlagen an, die von anderen (mit)verursacht sind: die untreue Partnerin, der mobbende Kollege, der unfähige Bankberater, dessen Tipps einen überhaupt erst ins Unglück geritten haben. Rache kühlt die Wunde, bringt aber selten Heilung. In dem Roman *Alle meine Schuhe* zum Beispiel versteigert der Freund der Protagonistin als Vergeltung für deren vermeintliche Untreue ihre Lieblingsschuhe bei eBay. Zumindest sicher sollte man sich also sein, dass eine gerächte Untat tatsächlich stattgefunden hat und nicht einer eifersüchtigen Fantasie entspringt ... **Die Chance:** Kleine kreative Racheakte lindern das Gefühl der Hilflosigkeit, befriedigen das Bedürfnis nach gerechtem Ausgleich und setzen Veränderungsenergie frei. **Die Gefahr:** Sie richten Ihre Kraft auf einen unwürdigen, stärkeren oder vielleicht sogar unschuldigen Gegner. Schneller kommen Sie wieder auf die Beine, wenn Sie Ihre Aufmerksamkeit auf sich und Ihre Zukunftspläne konzentrieren. **Tipp:** Psychologen raten, die Wut auf den anderen bewusst wahrzunehmen – und sich dann gezielt den eigenen Wünschen und Bedürfnissen zuzuwenden. Die Taktik verhindert, dass man sich immer weiter in negative Gefühle hineinsteigert. Wer so viel Selbstbeherrschung nicht (immer) aufbringt, lebt seine Wutgefühle am besten im Kopf oder allenfalls wohldosiert aus.

Comeback-Idee 6
Gehen Sie gut mit sich um

Scheitern fühlt sich zwar nicht großartig an. Trotzdem wohnt ihm etwas Spektakuläres, Dramatisches inne. Dem, der es gerade durchlebt, geht es zu Herzen. Der Misserfolg tut in der Seele weh, die Enttäuschung ist groß – so groß, dass kleine Möglichkeiten der Linderung als Tropfen auf dem heißen Stein erscheinen: so beklagenswert unwirksam, so alltäglich und geradezu lächerlich banal, dass man sie erst gar nicht nutzt. Damit wird eine wertvolle Chance vertan: Solange es gegen Scheitern, Enttäuschungen und Niederlagen kein Viagra gibt, sind wir darauf angewiesen, viele kleine Strategien gegen den Schmerz zu kombinieren. Eine davon ist so hilfreich wie unspektakulär: Gut für sich zu sorgen, wenn es einem alles andere als gut geht.

Ein Beispiel: Gregor musste im vergangenen Jahr mit seiner kleinen Landschaftsgärtnerei Insolvenz anmelden, weil ein wichtiger Kunde nur ein Viertel der erbrachten Leistung bezahlte. Rückblickend richteten ihn am Tiefpunkt der Krise am ehesten noch die stundenlangen Fahrradtouren auf, die er nach dem Verlust seines Geschäfts mehrmals in der Woche unternahm, und das tägliche Frühstück mit seiner Frau, zu dem er früher selten Zeit fand. »Wenn man ganz unten ist, glaubt man nicht, dass solche einfachen Gewohnheiten tatsächlich eine Hilfe sind«, erinnert er sich. »Ich habe mich nur dazu aufgerafft, weil meine Frau nicht locker gelassen hat.«

Gregor bringt das Problem auf den Punkt: Wenn Sie gerade mitten in einer belastenden Krise stecken, erscheint Ihnen das folgende Vier-Punkte-Programm vermutlich trivial und sinnlos angesichts der Dämonen, mit denen Sie kämpfen. Setzen Sie die darin enthaltenen Empfehlungen trotzdem um: sofort und beharrlich, egal, wie gleichgültig sie Ihnen sind. (Vermutlich sind sie Ihnen sehr gleichgültig!) Warten Sie nicht, bis Ihnen der Sinn danach steht oder es Ihnen wieder besser geht, sondern absolvieren Sie das Programm so mechanisch wie Zähneputzen. Sie stärken damit Körper und Seele, geben Ihrem Tag Struktur und schwächen die negativen Gefühle zumindest zeitweise ab.

Essen Sie gut – auch wenn Sie keinen Appetit haben. Drei, noch besser fünf Mahlzeiten am Tag, egal, wie klein sie sind, stabilisieren und verbessern die Gefühlslage. Ideal ist eine mediterrane Ernährung mit vielen Kohlenhydraten aus Gemüse, Obst und Vollkornprodukten. Studien zeigen: Eine eiweißarme und kohlenhydratreiche Ernährung regt die Insulinproduktion an und erhöht den Tryptophan-Spiegel im Gehirn, also die Menge des Stoffes, aus dem das Glückshormon Serotonin gebildet wird.

Kommen Sie in Bewegung. Wissenschaftler von der Duke University in North Carolina stellten fest: Regelmäßiges Ausdauertraining hebt die Stimmung depressiver Patienten vergleichbar stark wie die Behandlung mit Antidepressiva. Dafür gibt es gute Gründe: Beim Sport bauen Sie Anspannung ab, tanken Licht, Endorphine werden ausgeschüttet, Erfolgserlebnisse unterbrechen die trüben Gedanken und erhöhen die Chance, nachts gut zu schlafen. Als besonders geeignet gelten Radfahren, Laufen, Gartenarbeit oder Schwimmen. Aber auch Krafttraining vermittelt das gute Gefühl, eigenständig und regelmäßig etwas für sich zu tun. Wichtig ist vor allem eins: Bleiben Sie am Ball. Längere Pausen machen die stimmungsaufhellende Wirkung schnell zunichte.

Kommen Sie aus den Federn. Gerade wenn das Leben durcheinander und der Schlaf unruhig ist: Stehen Sie spätestens nach sieben Stunden Bettruhe auf – selbst wenn Sie die halbe Nacht wachgelegen und erst in den Morgenstunden in einen unruhigen Schlaf gefallen sind.

Erstellen Sie einen Plan mit Aktivitäten. Hat man Ihnen gekündigt, geben feste Gewohnheiten, Verpflichtungen und Termine an den Wochentagen zwischen 10 und 17 Uhr Halt. Nach einer Trennung ist es dagegen besonders wichtig, die Wochenenden und Feiertage mit Leben zu füllen. Wichtig: Ziehen Sie Ihre Pläne stoisch durch, auch wenn Sie absolut keine Lust darauf verspüren.

Comeback-Idee 7
Holen Sie sich Hilfe

Der Psychologe Rüdiger Retzlaff beschäftigte sich mit den Faktoren, die Familien mit behinderten Kindern helfen, ihre Lebenssituation erfolgreich zu bewältigen. Unter anderem analysierte er die Möglichkeit und Bereitschaft der betroffenen Familien, Unterstützung von außen in Anspruch zu nehmen. Die Befragungen und Interviews förderten signifikante Unterschiede zutage: Zwar erlebten in Retzlaffs Studie alle Familien die Diagnose als Schock, und alle unternahmen zunächst eine Odyssee von Experte zu Experte. In der Langzeitanpassung traten jedoch deutliche Ungleichheiten zutage. Diejenigen Familien, die die neue Lebenssituation rasch akzeptieren konnten, nahmen auffallend oft und gern Hilfe in Anspruch: Freunde und Angehörige, aber auch Ärzte und Pfleger wurden als unterstützend und bereichernd wahrgenommen, ihre Hilfe wurde gesucht und geschätzt. Familien, die sich nur mühsam mit der veränderten Situation arrangierten, fühlten sich im Vergleich dazu häufig von Angehörigen und Freunden im Stich gelassen, erlebten Isolation und Ablehnung und ließen sich seltener von Zivildienstleistenden oder Pflegediensten entlasten.

Von der Autorin Anna Gavalda stammt der schöne Satz: »Gemeinsam ist man weniger allein.« Seine Richtigkeit zeigt sich besonders in Krisensituationen: Menschen, die Hilfe holen und annehmen können, kommen mit Rückschlägen und Misserfolgen besser klar.

Es sind die Freunde, die man um vier Uhr morgens anrufen kann, die von Bedeutung sind.

Marlene Dietrich

Der große Bruder, die beste Freundin, der wohlmeinende Mentor, die besorgte Nachbarin, die findige Rechtsanwältin, der Business-Coach mit dem überraschenden Außenblick oder die Physiotherapeutin, bei der man notfalls sogar am Samstagvormittag einen Termin bekommt – zusammen bilden sie ein Krisenteam, das Ihnen liebevoll und lebenspraktisch dabei hilft, wieder auf die Beine zu kommen.

Selbstcoaching: Helfer in der Not um sich versammeln

Wenn es Ihnen schlecht geht, kann ein Helfer allein Ihnen unmöglich all die Hilfe geben, die Ihnen jetzt guttut. Im Idealfall verfügen Sie deshalb über ein Krisenteam, in dem sich die Last auf mehrere Schultern verteilt und möglichst viele der folgenden Rollen besetzt sind.

Tipp: Auch wenn Ihre Welt gerade in Ordnung ist – überlegen Sie in einer ruhigen Minute, wer in Ihrem Umfeld in welcher Rolle besonders gut ist und in welcher eher nicht.

Die Schulter zum Ausweinen. Im ersten Schock und kurz danach brauchen Sie keine Ratschläge und Analysen, sondern vor allem Trost und Bemutterung: jemanden, der Ihnen die Hand hält, wenn Sie weinen, der Sie beruhigt, wenn Sie keinen Ausweg sehen, Sie zum Essen überredet und notfalls auch mitten in der Nacht für Sie erreichbar ist.

Das offene Ohr. Gute Gespräche entlasten, klären, ermuntern und regen an. Sie tragen zu einem besseren Verstehen bei und helfen, Gefühlsaufwallungen in den Griff zu bekommen. Das liegt daran, dass wir beim Erzählen fast automatisch anfangen, das Geschehen zu **normalisieren** (»Das ist dir damals sicher ähnlich gegangen«), zu **relativieren** (»... okay, ignorieren ist zu viel gesagt, aber auf jeden Fall geht Markus mir aus dem Weg«) oder ihm sogar einen Hauch von **Sinn zu verleihen** (»Ein Gutes hat die Sache jedenfalls: Ich weiß jetzt, dass ich mit Maja nicht mehr rechnen kann.«). Auf diese Weise entwickeln wir zusätzliche Erklärungsmuster, die Distanz schaffen, den Blick öffnen und uns helfen, nach und nach immer öfter nach vorn zu blicken. Unverzichtbar im Krisenteam ist deshalb ein Mensch, der auch dann noch geduldig zuhört, wenn Sie das Erlebte zum x-ten Mal Revue passieren lassen.

Der kühle Kopf. Manchmal sind Wut und Schmerz über das Erlittene so groß, dass man am liebsten alles hinwerfen, seine Gefühle herausschreien oder den Kopf in den Sand stecken würde, um nur ja nichts mehr hören und sehen zu müssen. In diesem Fall ist es gut, wenn jemand in Ihrer Umgebung Ihre langfristigen Interessen im Auge behält. Der kühle Kopf im Krisenteam vertritt die Stimme der Vernunft. Er oder sie sorgt zum Beispiel dafür, dass Sie im laufenden Scheidungsverfahren Ihre finanziellen Interessen wahren, selbst die

31. Bewerbung mit aller erdenklichen Sorgfalt vorbereiten oder auch und gerade an der Goldenen Hochzeit der Eltern für sich behalten, wie sehr Sie sich seit vielen Jahren im Vergleich zu den Geschwistern benachteiligt und ausgebootet fühlen.

Cheerleading. Wenn das Wunschbaby nicht trinkt oder sich der Zeiger auf der Waage trotz strenger Diät kaum nach unten bewegt, geht das Selbstwertgefühl in den Keller. In solchen Momenten sind Menschen besonders wichtig, die sich in Ihre Situation einfühlen können und Sie bestätigen:»Auch wenn du gerade nicht in Bestform bist, ich bewundere dich, wie du das schaffst.«,»Du hast so viele Stärken und Ideen. Das ist eine Phase, die geht vorbei.«,»Hannah ist so lebhaft, man sieht, dass sie sich wohlfühlt.«

Die helfende Hand. Menschen, die nach einem Rückschlag erstaunlich schnell wieder auf die Beine kommen, schaffen das oft nicht allein. Aber sie verstehen sich besser als andere darauf, Hilfe einzuladen und anzunehmen. Ein öffentliches Beispiel dafür bot Hillary Clinton, von der *Welt* treffend als»Aschenputtel mit Steherqualitäten« bezeichnet: Um im Rennen um die US-Präsidentschaftskandidatur 2008 nicht schon bei den Vorwahlen zu scheitern, holte sie sich Tochter Chelsea ins Boot. Die 28-Jährige brachte Jugend und Leichtigkeit in den Wahlkampf – genau das, was der verbissenen Hillary-Kampagne im Vergleich zum emotional geführten, jungen Obama-Wahlkampf fehlte. *Tipp:* Auch die wohlmeinendsten Helfer können die Krise nicht ungeschehen machen. Doch auch ganz kleine Handreichungen sind wichtig. Wenn der Schwager in der neuen Wohnung Regale aufbaut und Lampen montiert, tröstet sein Beistand zwar nicht über die Scheidung hinweg. Aber seine Unterstützung tut gut, und ein Problem von vielen ist gelöst.

Die verwandte Seele. Wenn das Herz vor Liebeskummer fast zerbricht, kann die glücklich liierte Freundin sich noch so liebevoll kümmern – in Ihrer Haut steckt sie nicht. Im Gegenteil: Manchmal bohrt ihr Glück Ihnen geradezu einen Stachel ins Fleisch. In solchen Phasen erweist sich vielleicht die Nachbarin, die ihr Single-Leben genießt, als die hilfreichere Stütze. Achten Sie darauf, dass es in Ihrem Krisen-team einen oder sogar mehrere Menschen gibt, die das Gleiche durchmachen wie Sie oder eine ähnliche Situation bereits erfolgreich hinter sich gebracht haben.

Das Labor des Scheiterns

Wie man Niederlagen analysiert und einen neuen Fahrplan entwickelt

Man kann jammern, sich betäuben oder anderen die Schuld in die Schuhe schieben. Oder man begreift das Scheitern als Informationsveranstaltung und fragt sich, was man künftig besser machen will. Anders ausgedrückt: Man wechselt die Spur und nimmt die Kurve vom Problem-Talk zum Lösungs-Talk.

»Natürlich sind Trennungen schmerzhaft«, argumentiert die amerikanische Autorin Lisa Steadman in ihrem Trennungsratgeber *It's a Breakup, not a Breakdown,* »aber sie sind auch aufregend und befreiend, denn sie geben uns die Freiheit, uns in unser aufregendstes Selbst zu verwandeln«. Möglicherweise finden Sie den Gedanken und die Formulierung typisch amerikanisch: oberflächlich, überkandidelt und reichlich lebensfremd. Trotzdem lohnt es sich, den lockerflockigen Mutmach-Satz nicht einfach abzutun: Bei näherer Betrachtung enthält er nämlich eine anspornende Vision. Er setzt uns, während wir noch im Tal der Tränen dahinstolpern, den Gedanken in den Kopf, dass man einen Misserfolg nicht nur recht und schlecht überleben, sondern sogar für sich nutzen kann: indem man ungeahnte Kräfte entwickelt und – vielleicht – zu neuen, bisher unbekannten Höhen aufsteigt. Oder wenigstens zu einer sonnigen Mittelstation.

Zugegeben: Die Wege dorthin sind verschlungen und unwegsam. Sogar wenn man den Gipfel vom Tal aus erahnen kann (was längst nicht immer der Fall ist), wissen viele Menschen nicht, wie man es anstellt, von tief unten nach weiter oben zu gelangen. Sie fürchten, für immer zurückzubleiben. Menschen mit Nehmerqualitäten kennen diese Ängste zwar auch. Sie lassen sich davon aber nicht lähmen: Sobald sie den Schock des Absturzes überwunden haben, analysieren sie die Lage, bauen sich auf, positionieren sich neu und greifen den nächsten Gipfel an – auch wenn sie angeschlagen sind und die Wiederauferstehung viele winzige Schritte braucht. Hauptsache, die Richtung stimmt. In diesem Kapitel finden Sie Anregungen, wie Sie gewinnbringend über eine Niederlage oder Enttäuschung nachdenken.

> *Ich habe festgestellt, dass man auch auf einer Leiter, deren Sprossen aus Niederlagen bestehen, nach oben klettern kann.*
>
> *Konstantin Wecker*

Comeback-Idee 8
Durchschauen Sie zweitklassige Bewältigungsmuster

Die einen schieben den peinlichen Auftritt beim Elternabend schnellstmöglich beiseite. Die anderen zerfleischen sich noch Tage danach, wie es nur passieren konnte, dass man so patzig-unbeherrscht reagiert hat. Nur weil die Erzieherin noch einmal um mehr Engagement beim ohnehin schon zeitraubenden Elterndienst gebeten hat. »Jetzt mach dir doch keinen Kopf«, spielt der liebste Mann von allen die Angelegenheit herunter. »Andrea weiß doch, dass du viel um die Ohren hast.«

Verdrängen, grübeln, hadern, bagatellisieren – wir kennen viele Möglichkeiten, mit dem Scheitern zurechtzukommen. Nicht alle davon sind wirklich hilfreich. Die folgenden Strategien wirken zwar kurzfristig entlastend. Aber sie sind wie Aspirin: Hauptsächlich dämpfen sie den Schmerz, weder beheben sie die Ursache noch führen sie aus der Krise heraus. Am besten greifen Sie nur im Notfall darauf zurück.

Jammern und Klagen Natürlich ist es menschlich und auch authentisch, wenn man sich seine Frustration über den verkorksten Redebeitrag oder den schwierigen Berufseinstieg von der Seele redet. Dauerjammern allerdings ist wie Dauerregen: Es macht trübsinnig, und die Zuhörer wünschen sich ein baldiges Ende herbei. Tipp: Gewöhnen Sie sich an, das Wehklagen zeitlich zu begrenzen. Eine gute Freundin kündigt Jammerarien gern selbstironisch an: »Ich muss mich mal ein bisschen ausweinen …« Ein paar Minuten später steuert sie von sich aus in ein positiveres Fahrwasser zurück: »Das hat gutgetan. Danke, dass du mir zugehört hast.«

Schuldzuweisungen An den Umsatzrückgängen ist die schlaffe Konjunktur schuld, am enttäuschenden Urlaub das Wetter, am Raucherhusten die Zigarettenindustrie und an der Kurzarbeit die Raffgier des Managements und die Unfähigkeit der Politik. Fremdzuschreibungen wie diese schützen das Selbstwertgefühl, machen das Leben leichter und sind auch gar nicht mal so falsch: Tatsächlich sind viele Niederlagen auch durch äußere Umstände oder andere Menschen verursacht. Auch. Aber nicht nur. Leugnet man die eigene Verantwortung für einen Misserfolg, unterschätzt man die Fehler, die man selbst macht. Vor allem Manager scheinen dafür anfällig zu sein: Einer Studie der Deutschen Ausgleichsbank zufolge sieht nur ein Drittel der Manager die Gründe für eine Unternehmenskrise in eigenen Fehlern und Versäumnissen, die übrigen zwei Drittel machen andere und anderes dafür verantwortlich. Die Selbstüberschätzung hat Folgen: Krisensymptome werden ignoriert, Fehler viel zu spät korrigiert. Klar: Wofür man nichts kann, daran kann man natürlich auch nichts ändern ...

Sich betäuben Scheitern tut weh. Manchmal so sehr, dass man am liebsten davor davonlaufen möchte. Möglichkeiten dafür gibt es viele: Man lenkt sich mit Ausgehen, Fernsehen, Musik, Essen oder Urlaub ab, verliert sich in der Arbeit, in Computerspielen oder im Internet, betreibt exzessiv Sport oder sucht Vergessen in Schlaf, Sex oder Alkohol. Alle diese Betäubungsmittel helfen dabei, Tiefs überhaupt auszuhalten. Sie stärken, das zeigt das vorige Kapitel, das Ego, aktivieren das Belohnungssystem im Gehirn, machen die Belastung kurzfristig erträglicher und wecken die Lebensgeister. Tun Sie deshalb unbedingt jeden Tag etwas Angenehmes und Erfreuliches, das Ihnen Kraft gibt, lenken Sie sich aber, sobald Sie den ersten Schock überwunden haben, nicht rund um die Uhr ab! Denn Selbstverwöhnung und kleine Fluchten bringen Sie zwar durch den Tag. Weiter allerdings nicht.

Grübeln Vor allem Frauen neigen dazu: Sorgen und Probleme selbstquälerisch von allen Seiten zu bedenken, wieder und wieder, ohne zu einer Lösung zu finden. Zwar ist auch die männliche Alternativstrategie, über ein Problem lieber zu kurz als zu lang nachzudenken, nicht der Weisheit letzter Schluss. Aber zumindest gräbt sich das maskuline Bewältigungsmuster, das der Berliner Psychoanalytiker Hans-Werner Rückert in schöner Einprägsamkeit *Dübeln statt grübeln* nennt, nicht als Angst oder Depression in die neuronalen Bahnen ein. Am erfolgreichsten rücken Sie dem Hang zum Grübeln mit der Devise zu Leibe: *Handeln statt grübeln*. Gehen Sie mit dem Hund raus, räumen Sie den Keller auf, schneiden Sie die verblühten Rosen ab, joggen Sie um den See. Oder tun Sie es Abraham Lincoln nach: »Halte dir jeden Tag 30 Minuten für deine Sorgen frei, und in dieser Zeit mache ein Nickerchen.«

Ursachenforschung Ursachenforschung ist wie Grübeln im Duett: In stundenlangen Gesprächen, gern auch am Telefon, wird seziert, analysiert und psychologisiert, was das Zeug hält. Die Suche nach Erklärungen fördert die Selbsterkenntnis und bewirkt, dass man das Geschehene erzählend verarbeitet. Doch die Frage nach dem Warum hat auch eine Schattenseite: Während Sie das Versagen von allen Seiten durchleuchten, wird die bedrückende Erfahrung des Scheiterns immer wieder neu aktualisiert. Sie verharren im Problem – viel länger und intensiver, als Ihnen guttut.

Bagatellisieren Optimismus ist eine wunderbare Eigenschaft. Sie darf aber nicht dazu führen, dass man die Realität aus den Augen verliert. Genau das ist der Fall, wenn jemand nach einer Niederlage den Misserfolg verharmlost oder sogar verklärt:

- »Die Prüfung war eigentlich nicht so wichtig.«
- »Gut, dass ich ihn los bin.«
- »Ich wollte ohnehin nie in ein Großunternehmen.«

Der Schleiertanz bemäntelt zwar die Blöße, die man sich gegeben hat. Langfristig ist das so erreichte Wohlgefühl aber meist teuer erkauft: Fehler bleiben unerkannt, Entwicklungschancen werden vertan, man bleibt hinter dem eigenen Potenzial zurück. Angela Merkel zum Beispiel wäre heute nicht Kanzlerin, wenn sie sich 2002, als

Edmund Stoiber das Rennen um die Kanzlerkandidatur für sich entschied, damit getröstet hätte: »Ich finde Physik ohnehin interessanter als Politik.«

Selbstcoaching: Schlüsseln Sie den Grad Ihrer Belastung auf

Belastungsthermometer nach Paul G. Stoltz

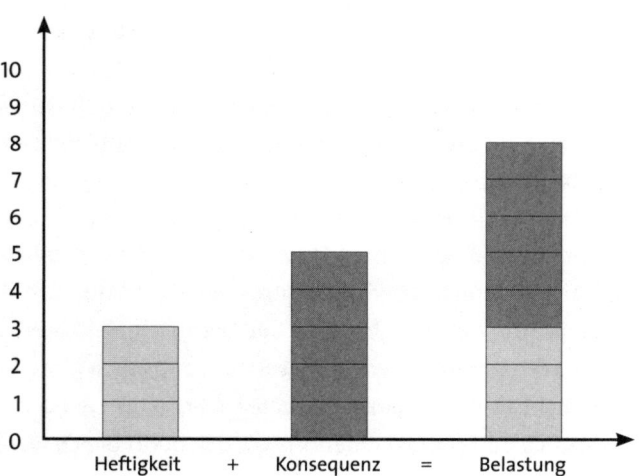

Heftigkeit: Wie stark trifft Sie der Rückschlag? Wie viel macht er Ihnen subjektiv aus? Wie spürbar ist er für Sie im Moment? Benutzen Sie zur Einschätzung eine Skala von 1 bis 5, wobei 1 »sehr wenig« und 5 »sehr hoch« bedeutet.

Konsequenz: Was erwarten Sie: Wie stark wird das Missgeschick Ihr Wohlbefinden, Ihr Leben, Ihre Zukunft belasten? Benutzen Sie zur Einschätzung eine Skala von 1 bis 5, wobei 1 »sehr wenig« und 5 »sehr hoch« bedeutet.

Belastungsgrad: Ihr gefühlter Belastungsgrad ergibt sich aus der Summe aus Heftigkeit und Konsequenz.

Es gibt einen Weg, der weiter führt als Grübeln oder Bagatellisieren: nämlich sich erst einmal ein Bild von der eigenen Belastung zu machen. Scheitern ist ja relativ und spielt sich oft primär in unserer Wahrnehmung ab. Der Leidensdruck, den ein Misserfolg auslöst, ist deshalb kein objektiver, exakt messbarer Zustand. Mit dem Belastungsthermometer des Resilienzforschers Paul G. Stoltz können Sie einschätzen, wie stark ein Misserfolg Sie belastet. Zeichnen Sie einfach, wie in der Abbildung auf Seite 67, die Heftigkeit, mit der ein Scheitern Sie trifft, und die erwartete Schwere der daraus resultierenden Konsequenzen in ein Koordinatensystem ein und addieren Sie die beiden Werte zu Ihrem Belastungsgrad. Wenn Sie das Belastungsthermometer nutzen, zerlegen Sie den undefinierbaren Elendsbrei in seine Bestandteile. Häufig wird das Problem dadurch handhabbarer und erscheint in einem weniger düsteren Licht:

Unwillkürlich vergleichen Sie die aktuelle Krise mit anderen denkbaren oder schon erlebten Flops. So sehr es Sie zum Beispiel betrübt, dass Sie zu Ihrer Schwiegermutter einfach keinen Draht finden, zu einem Belastungsgrad von 10 addieren sich Heftigkeit und Konsequenz des unterkühlten Verhältnisses vermutlich nicht. Wahrscheinlich nicht einmal zu einer 9 oder 8. Ein Scheitern wiederum, das man selbst als mittelschwer identifiziert hat, bohrt gleich weniger tief ins Fleisch …

Viele Niederlagen fühlen sich heftig an, bleiben aber weitgehend folgenlos. Wenn man zum Beispiel die Eigentümergemeinschaft nicht vom Sinn einer Solaranlage überzeugen konnte, verletzt die Abstimmungsniederlage die Eitelkeit. Die Konsequenzen sind dagegen verkraftbar: Man lebt nach dem gescheiterten Vorstoß nicht schlechter als davor.

Auch der umgekehrte Fall kommt vor: Vielleicht haben Sie in der Finanzkrise viel Geld verloren. Vermutlich wird Ihr Depot sich auch im nächsten Jahr nur schwer davon erholen. Trotzdem spüren Sie den Rückschlag momentan kaum – weil der angelegte Betrag als Altersvorsorge gedacht war und in Ihrem aktuellen Jahresetat keine Rolle spielt.

Zusätzlichen Gewinn ziehen Sie aus dem Belastungsthermometer, wenn Sie den Misserfolg aus unterschiedlichen Blickwinkeln betrachten: Gibt es einen Menschen, dem Sie in der jetzigen Situation
besonders vertrauen? Wenn ja, wie würde er oder sie den Grad der
Belastung einschätzen? Was müsste geschehen, damit die Folgen
des Missgeschicks um einen Skalenpunkt sinken würden? Was könnten Sie jetzt gleich tun, damit Sie den Rückschlag um einen Punkt
weniger schwer erleben würden?

Comeback-Idee 9
Betrachten Sie Erfolg und Misserfolg als Momentaufnahme

Wenn Sie Ihr Leben Revue passieren lassen, stellen Sie vermutlich
fest: Erfolg und Misserfolg liegen eng beisammen. Im Gewebe Ihres
Lebens verhalten sie sich zueinander wie die Kett- und Schussfäden
eines Teppichs. Mal liegt der eine Fadenstrang oben und der andere
unten, mal ist es umgekehrt. Das heißt nicht, dass Gelingen und
Misslingen in jedem Leben oder zu jeder Zeit gleich verteilt sind:
Kette und Schuss können sehr wohl eine unterschiedliche Stärke
aufweisen. Immer aber sind Erfolg und Misserfolg miteinander ver-
strickt, erwächst der eine aus dem anderen, und oft können wir nur
vermuten, ob wir uns gerade auf der Gewinner- oder der Verlierer-
straße befinden. Die schwere Legasthenie zum Beispiel, die den Einstieg in ein Spitzenunternehmen verhinderte, erweist sich im Rückblick als Anstoß für eine überaus erfolgreiche Unternehmensgründung
(»Das Beste, was mir je passieren konnte«, sagt ein Interviewpartner). Umgekehrt kann sich der Erfolg, einen begehrten Job in einem
Top-30-Unternehmen gelandet zu haben, schon Monate später als
fatale Weichenstellung herausstellen, wenn der Weltkonzern ausgerechnet in dem Tochterunternehmen ein paar hundert Stellen ab-
baut, in dem man selbst beschäftigt ist.

Nach dem gleichen Muster kann die patzige Reaktion gegenüber der Erzieherin Tage später der Auslöser für ein klärendes Gespräch sein, das beide Seiten als Befreiung empfinden. Ein freundlicher Einwand wäre höflicher gewesen, gewiss, hätte aber möglicherweise nichts bewegt – unter der glatten Oberfläche hätte es weiter gegärt und gebrodelt.

»Gut ist schlecht, und schlecht ist gut«, heißt es in Shakespeares *Macbeth*. Mit Erfolg und Misserfolg verhält es sich ähnlich: Bei den meisten Menschen wechseln sich Hochs und Tiefs, Punkte machen und Punkte abgeben wie bei einem Basketball- oder Tennisspiel ab. Wer Sieger ist und wer Verlierer, zeigt sich erst langfristig. Aber auch dann sind die Übergänge zwischen Erfolg und Misserfolg fließend: Genauso wie es fragwürdige Erfolge und schale Triumphe gibt, gibt es produktive Fehler und ein Scheitern auf hohem Niveau.

Am besten begegnet man Erfolg und Misserfolg deshalb mit der gleichen gleichmütigen Haltung: Man beurteilt sie als Momentaufnahme und bauscht sie nicht auf. Weder steigt einem der Erfolg zu Kopf, noch sackt mit dem Misserfolg das Selbstwertgefühl in den Keller. Stattdessen entnimmt man dem Geschehen möglichst viele Informationen und justiert den weiteren Kurs. Die mentale Konsequenz dieser Einstellung zahlt sich aus: Die Situationsanalyse fordert das Gehirn, und man hat weniger Zeit, sich nach einem Erfolg in allzu eitle und nach einem Misserfolg in dunkle Gedanken hineinzusteigern. Im Fall eines Scheiterns ist das Nach-Denken übrigens doppelt gewinnbringend: Es fördert zutage, was Sie künftig zum Besseren verändern können. Bei einem Erfolg verläuft die mögliche Lernkurve flacher: Man hat offensichtlich alles oder das meiste richtig gemacht.

> *She knows there's no success like failure, and that failure's no success at all.*
> Bob Dylan, Love Minus Zero

Selbstcoaching: Betrachten Sie die Welt von oben

Wenn bei privaten oder geschäftlichen Turbulenzen Panik und Unsicherheit das Lebensgefühl bestimmen, fällt es schwer, die Situation weitsichtig zu erfassen und die gewohnte Handlungsfähigkeit zu bewahren. Dagegen hilft eine einfache Methode: Gewinnen Sie Abstand vom Strudel der Gefühle und formulieren Sie präzise, knapp und neutral, was geschehen ist – wie ein professioneller Pilot die Meldungen an den Tower.

Bruchpiloten-Sprache	Helikopterpiloten-Sprache
Wir werden nie Kinder haben.	Die künstliche Befruchtung ist jetzt zum zweiten Mal gescheitert.
Ich habe von Anfang an gesagt: Die Umsatzerwartungen sind überhöht, das kann niemand leisten.	Meine Abteilung hat das Umsatzziel um 15 Prozent unterschritten.
Ich bin mit meinen Nerven am Ende und weiß nicht mehr weiter.	Ich pflege seit einem Jahr meine Mutter. Darunter leidet meine Gesundheit, meine Familie und ich kommen zu kurz.
Ich bin Entwicklungsingenieur, kein Entertainer.	Ich habe die Zuhörerfragen unvollständig und gereizt beantwortet.

Wenn Sie in Krisen wie die meisten Menschen dazu neigen, Ihre Aussagen mit Hochrechnungen, Schuldzuweisungen, Trotz oder Hysterie zu durchmischen, benennen Sie zur Abwechslung die erwiesenen Fakten einmal in der Helikoptersprache. Spüren Sie den Unterschied? Kein Ballast aus selbstquälerischen Emotionen beschwert das Herz und zieht die Stimmung herunter. Zudem verändert der Blick von oben die Perspektive: Aus dem Helikopter betrachtet sieht alles eine Nummer kleiner und undramatischer aus.

Ein Tipp: Gewöhnen Sie sich an, nicht nur nach, sondern möglichst auch in der Krise den Helikopter-Blick einzunehmen (»Auf Aufgabe 1 und 4 fällt mir im Moment keine Antwort ein.«), statt im Strudel der Gefühle zu versinken (»Wenn ich die Prüfung nicht bestehe, kostet mich das mindestens ein Semester.«). Am besten trainieren Sie die Fähigkeit in guten Zeiten, damit Sie bei Turbulenzen schnell und automatisch darauf zurückgreifen können und trotz Unsicherheit handlungsfähig bleiben.

Comeback-Idee 10
Sehen Sie die Niederlage als Informationsveranstaltung

»Wenn Sie nicht von Zeit zu Zeit auf die Nase fallen, ist das ein Zeichen, dass Sie nichts wirklich Innovatives tun«, sagt Woody Allen, der es schafft, jeder noch so verfahrenen Situation eine geistreiche Perspektive abzugewinnen. Interessanterweise äußert Microsoft-Gründer Bill Gates eine ganz ähnliche Meinung: »Ich stelle gern Leute ein, die Fehler gemacht haben. Das zeigt, dass sie Risiken eingehen«, sagt einer der größten Weltveränderer der Neuzeit, der es selbst vom Studienabbrecher zum reichsten Menschen der Welt schaffte.

Folgt man Allen und Gates, sind erfolgreiche Menschen nicht Menschen, die nie scheitern, sondern Menschen, die gut scheitern. Statt erprobte Routinen abzuspulen, nutzen sie die Chancen, die sich durch »experimentierendes Probehandeln« ergeben. Und statt sich wegen Fehler und Fehlenscheidungen zu grämen, werten sie sie aus: Vermeidbare Nachlässigkeit oder produktiver Fehler? Genial daneben oder peinlich abgeschmiert? Mist gebaut oder Pech gehabt? Lesen Sie, wie Sie einen Misserfolg in einen Wissensvorsprung verwandeln.

Den Fehler auswerten

Bei Thomas Edison beklagten sich einmal zwei seiner Assistenten: »Jetzt haben wir das siebenhundertste Experiment durchgeführt und wissen die Antwort immer noch nicht. Wir sind gescheitert.« Edison wies die Einschätzung zurück: »Keineswegs. Wir kennen jetzt siebenhundert Wege, wie man eine Glühbirne *nicht* baut. Das ist kein Scheitern, das ist eine Lernerfahrung.«

Edisons Rat taucht viele Misserfolge und Widrigkeiten in ein neues Licht: Sie sind nicht das Ende, sie sind eine Informationsveranstaltung. Das Wissen, das wir daraus beziehen, macht uns klüger und besser gewappnet für den nächsten Versuch. Diesen Bonus des Scheiterns gibt es allerdings nur, wenn wir uns selbst hinterfragen und Pleiten, Pech und Pannen genau unter die Lupe nehmen.

Nehmen wir ein alltägliches Beispiel: Der gemeinsame Ferienhausurlaub mit Freunden erweist sich als Fehlschlag auf der ganzen Linie. Jetzt haben Sie verschiedene Möglichkeiten:

- Sie haken die Sache ab: »War nicht so toll, was soll's.« Der Gleichmut schützt das Selbstwertgefühl und erhält die Freundschaft. Allerdings besteht die Gefahr, dass Sie im nächsten Jahr den gleichen oder einen ähnlichen Fehler wiederholen.
- Sie ziehen aus dem Flop Konsequenzen: »Einmal und nie wieder!« Die Haltung hat eine gute Seite: Sie machen sich nichts vor und den gleichen Fehler nicht zweimal. Andererseits beschneidet die Vermeidungshaltung Ihren Spielraum. Wenn Sie auch mit anderen Freunden nie wieder gemeinsam in die Ferien fahren, wird Ihr Leben enger statt weiter.
- Oder Sie gehen der Misere auf den Grund: Was waren die Warnzeichen? (War zum Beispiel schon bei der Zimmerverteilung zu spüren, wie unglücklich die Freunde waren, das kleine Schlafzimmer ohne Doppelbett erlost zu haben?) Was habe ich übersehen? Was ist gut gelaufen und was nicht? Was würde ich beim nächsten Mal anders machen? Die penible Fehleranalyse fördert eine do-

sierte Fehlertoleranz: Weder bagatellisieren Sie den Fehler noch ziehen Sie daraus die vielleicht übertriebene Konsequenz, nun nie mehr mit Freunden ein Haus zu mieten.

Selbstcoaching: Aus Fehlern wird man klug

... sofern man differenziert damit umgeht. Wenn wir einen Urlaub mit Freunden als gescheitert empfinden, heißt das, er war, alles in allem, nicht im grünen Bereich. Es heißt nicht, dass er in jeder Hinsicht eine Katastrophe war. Die folgenden sieben Überlegungen helfen Ihnen, die wahren Fehlerursachen zu ergründen und bei allem Schlechten auch das Gute im Auge zu behalten:

Risikovermeidung: Was haben Sie im Vorfeld getan, um die Erfolgschancen zu maximieren? Welche Vorsichtsmaßnahmen haben Sie versäumt? Was könnten Sie künftig in einem ähnlichen Fall tun, um das Risiko so klein wie möglich zu halten?

Warnzeichen: Welche Alarmsignale hat es gegeben? Wann genau? Erkennen Sie sie erst im Rückblick? Oder haben Sie sie bereits im Vorfeld bemerkt, aber ignoriert? Wie würden Sie aus heutiger Sicht auf die Warnzeichen reagieren?

Schadensbegrenzung: Als Sie gemerkt haben, dass Ihr Vorhaben sich nicht nach Ihren Wünschen entwickelt, was haben Sie da getan, um doch noch zum Ziel zu kommen? Ist es Ihnen gelungen, zumindest einen Achtungserfolg zu erringen? Haben Sie Hinweise und Kritik anderer beachtet? Haben Sie ausreichend Feedback eingeholt? Was hätten Sie, rückblickend betrachtet, außerdem tun können?

Verantwortung: Wo sehen Sie Ihre Schuld an der Niederlage (»Wenn ich im Nachhinein darüber nachdenke – wir hätten uns etwas einfallen lassen müssen, um Tina und Ben zu entschädigen.«)? Welchen Anteil haben die anderen daran (»Tina hätte ihren Frust nicht tagtäglich zeigen müssen.«)? Inwiefern waren die Umstände ungünstig (»Der Vermieter hat nicht deutlich gemacht, dass ein Schlafzimmer eine eigene Terrasse hat und das andere nur ein winziges Fenster.«)? Wichtig: Schreiben Sie Verantwortung sorgfältig zu, meistens wirken verschiedene Faktoren zusammen.

Kompetenz: Wie schätzen Sie Ihr eigenes Verhalten ein? Was haben Sie alles getan, um die Krise zu verhindern? Wo hätten Sie im Nachhinein betrachtet mehr Einsatz, Umsicht, Verständnis oder Fachwissen aufbringen müssen? Was haben Sie erstaunlich gut gemeistert – in Anbetracht der Umstände? Und was eher schlecht? Ist Ihnen ein vergleichbarer Fehler schon öfter unterlaufen?

Timing: Haben Sie Ihre Bemühungen möglicherweise zu früh aufgegeben? Hätten Sie öfter nachhaken, länger am Ball bleiben, ein weiteres Gespräch suchen müssen? Oder war eher das Gegenteil der Fall: Haben Sie den richtigen Zeitpunkt zum Absprung verpasst? Und noch Zeit und Mühe investiert, als ein Scheitern schon längst nicht mehr zu verhindern war?

Sinn: Welche Lektion steckt in dieser Niederlage? Wenn Sie den Flop, den Rückschlag, die Niederlage als Lernchance begreifen – welche Erkenntnis entnehmen Sie dann der aktuellen Schwierigkeit?

Den Fehler einordnen

Scheitern ist nicht gleich Scheitern. Natürlich gibt es Fehler, die vorhersehbar waren und mit etwas mehr Umsicht oder Anstrengung leicht hätten verhindert werden können. Die meisten Fehlleistungen sind jedoch komplexer: Sie treten auf, weil wir uns verschätzt haben, zu viel wollten oder zu wenig oder eine Entscheidung treffen mussten, deren Folgen auch bei bester Information nur begrenzt absehbar waren. Es gibt Fehler, die getarnte Vorläufer neuer Erfolge sind. Und es gibt eine Form des Scheiterns, die bei genauer Betrachtung eigentlich als Erfolg zu werten ist. Wer diese feinen Unterschiede wahrnimmt, lässt sich nicht so schnell entmutigen. Fehler hin, Scheitern her.

Gemeine Versäumnisse

Abgelenkt durch den neuen Job hat man versäumt, den Arbeitsvertrag mit dem früheren Arbeitgeber noch einmal zu studieren. Die Folgen schmerzen empfindlich: Weil man die überfällige Jahressonderzahlung nicht rechtzeitig eingefordert hat, muss man den fast fünfstelligen Betrag abschreiben, der einem zugestanden hätte.

Natürlich gibt es Entschuldigungen: Man hatte zu viel um die Ohren, hasst nun mal Papierkram oder hat sich auf die Fairness der Gegenseite verlassen. Trotzdem: Hinter Versäumnissen steckt in der Regel eine gute Portion an Nachlässigkeit, Bequemlichkeit oder Arroganz: Wird schon, passt schon, mach dir keine Sorgen. Andererseits haben Saumseligkeiten einen großen Vorteil: Wer zu der eigenen Verantwortung steht, erschließt sich ein riesiges Verbesserungspotenzial.

Das ist das Schöne an einem Fehler: man muss ihn nicht zweimal machen.
Thomas Alva Edison

Fatale Irrtümer

Paul hat sich informiert, den Kopf zerbrochen, sich beraten lassen, eine zweite Meinung eingeholt und auch eine dritte und sich am Ende für die Bandscheibenoperation entschieden. Natürlich kannte er Risiken und Chancen. Trotzdem stand in den Sternen, wie die Operation für ihn ausgehen würde. Wissen konnte er nicht, dass die ausstrahlenden Schmerzen im Bein nach dem Eingriff noch schlimmer sein würden als zuvor.

Selbst wenn man fast alles richtig macht, das Leben ist nur bis zu einem bestimmten Punkt planbar – über den Rest hat man keine Kontrolle. Auch Manager und Firmenchefs müssen mit dieser Unwägbarkeit und damit mit dem Risiko eines fatalen Irrtums leben: »Selbst wenn sie 98 Prozent aller Informationen haben, die sie brauchen«, sagte der britische Wirtschaftswissenschaftler Paul Ormerod dem Magazin *brand eins*, »sind es die restlichen zwei Prozent, die über Gewinn und Verlust entscheiden.« Deshalb müssen wir uns damit abfinden, dass wir durch gute Planung zwar den Erfolg wahrscheinlicher und das Scheitern unwahrscheinlicher machen können. In die Zukunft sehen können wir aber nicht. Auch bei größter Sorgfalt sind fatale Irrtümer möglich. Menschen mit Nehmerqualitäten sehen dieser Tatsache realistisch ins Auge.

Produktive Rückschläge

Das Gegenstück zu fatalen Irrtümern, die wir den unabänderlichen Bedingungen der menschlichen Existenz schulden, sind produktive Rückschläge: Stolpersteine, die sich im Nachhinein als Trittstufen des späteren Erfolgs erweisen. Ein Beispiel: Mit 21 gründete Kultentwickler Steve Jobs mit einem Partner in der Garage seiner Eltern Apple. Zehn Jahre später war aus der Garagenfirma ein Konzern mit über 4000 Angestellten geworden – und Jobs, so unglaublich es klingt, vom Vorstand gefeuert worden. Grund: Jobs Vorzeigeprojekt, der Macintosh, war in seiner ersten Version auf dem Markt gescheitert.

Das Leben hatte ihm einen Ziegel an den Kopf geworfen, doch Steve ließ sich nicht unterkriegen. Er baute das Trickfilmstudio Pixar auf, produzierte Filme wie *Findet Nemo* und *Toy Story* und gründete NEXT Computer. »Ich habe es damals nicht gesehen«, berichtete er dem Abschlussjahrgang 2005 der Stanford-Universität. »Aber es stellte sich heraus, dass die Kündigung bei Apple das Beste war, was mir hatte passieren können. Die Last, erfolgreich zu sein, wich der Leichtigkeit, wieder ein Anfänger zu sein – nicht mehr genau zu wissen, wo es langgeht. Ich gewann die Freiheit, durchzustarten in eine der kreativsten Phasen meines Lebens.« 1997 kehrt Steve Jobs in das Unternehmen zurück, das er groß gemacht hat. Der Rest ist bekannt: Mit MacBook, iPod und iPhone macht Jobs Apple zur Multimedia-Marke mit dem höchsten Kultfaktor.

Produktives Scheitern kann viele Formen haben: Der böse Missgriff bei der Auswahl des Parkettverlegers führt dazu, dass man ein bisher brachliegendes handwerkliches Talent entdeckt. Auf eine gescheiterte erste Ehe folgt eine wunderbare zweite. Der unansehnliche Sperrmüll-Stuhl, den man sich als Studentin widerwillig ins WG-Zimmer stellte, weil für IKEA das Budget nicht reichte, erweist sich Jahre später als Bauhausklassiker. Ein Hinweis: Ein Flop verwandelt sich nur selten von selbst zum produktiven Fehler. Eine wichtige Rolle dabei spielen Zufall, Gelassenheit, Intuition und Improvisationsgabe.

Scheitern auf hohem Niveau

Dem Kapitän der deutschen Fußballnationalmannschaft Michael Ballack haftet der Ruf an, er scheitere auf hohem Niveau. »Natürlich ist Michael Ballack ein guter Spieler. Ein überdurchschnittlich guter sogar«, schreibt die *Wiener Zeitung* am 30. Juni 2008. »Doch irgendwie klappt es mit dem großen Titel nicht so ganz.«

Wenn man immer »nur« als Zweiter durchs Ziel geht, die Promotion am Ende doch nicht packt oder es nicht schafft, die Zimtparfaits für alle sechs Gäste unversehrt aus der Form zu stürzen, ist man zwar frustriert, vielleicht fühlt man sich sogar entwertet. Trotzdem ist ein Versagen auf hohem Niveau nicht mit einem Scheitern aus Unfähigkeit vergleichbar. Wir erleiden es nicht, weil wir nichts zuwege bringen. Sondern weil wir Akzente setzen wollen und es uns nicht reicht, guter Durchschnitt zu sein. Gegen das Streben nach neuen Horizonten ist nichts zu sagen. Im Gegenteil: Um über uns hinauszuwachsen, müssen wir unsere Komfortzone verlassen. Aber natürlich werden ehrgeizige Ziele leichter verfehlt als mittelmäßige. Wer mit seinen Ambitionen aus der Menge herausragt, sollte deshalb gelegentliche Rückschlage gut wegstecken können. Ansonsten fühlt man sich als Verlierer, obwohl man bezogen auf den Rest der Welt auch ohne den angestrebten Erfolg ziemlich weit an der Spitze steht.

Mangel an Ambition

Die einen versagen, weil sie sich übernommen haben. Die anderen scheitern am Gegenteil: Sie unterfordern sich, gehen auf Nummer sicher und trauen sich zu wenig zu. Daraus resultiert eine Form des Scheiterns, die meistens unsichtbar bleibt: Wenn man aus Angst vor dem Versagen im ungeliebten Job verharrt, das Vorsingen im Kirchenchor scheut, Flugreisen nach Möglichkeit unterlässt oder darauf wartet, dass man in der Vortragspause angesprochen wird, statt von sich aus die Initiative zu ergreifen, erspart man sich zwar die Erfahrung der Niederlage. Aber man tritt auch auf der Stelle, lässt Potenziale ungenutzt und verbaut sich langfristig vielleicht den Weg zu einem reicheren, intensiveren Leben. Eine Fehlervermeidungshaltung zeugt nämlich nicht unbedingt von einer klugen Selbsteinschätzung. Mindestens genauso oft steckt die Angst dahinter, sich zu blamieren. In diesem Fall scheitert man – aus Angst vor dem Scheitern.

Machen Sie sich klar: Große Erfolge gibt es selten für Fachkenntnis und Anstrengung allein. Sie basieren auch darauf, dass man es aushält, für eine ungewöhnliche Idee belächelt zu werden oder mit einer gewagten Strategie auf die Nase zu fallen. Denken Sie zum Beispiel an Galileo Galilei oder Sigmund Freud: Anerkannte Koryphäen ihrer Zeit zogen ihre bis dahin unerhörten Theorien ins Lächerliche. Weder der Entdecker der Jupitermonde noch der Begründer der Psychoanalyse hätten ihre bahnbrechende Arbeit leisten können, hätten sie sich aus Angst vor Peinlichkeiten und Niederlagen davon abhalten lassen.

Comeback-Idee 11
Richten Sie den Blick nach vorn

Damit eine Niederlage langfristig zu einem Wachstum der Persönlichkeit führt, ist eine nüchterne Problemanalyse unverzichtbar. Die Auseinandersetzung mit dem Gewesenen darf allerdings nicht dazu führen, dass Sie sich mit Ihren Gedanken dauerhaft in der Vergangenheit einrichten. Sobald Sie den Misserfolg ausgewertet und eingeordnet haben, ist vielmehr ein radikaler Perspektivwechsel gefragt: Von nun an gilt es, mit der Vergangenheit abzuschließen und den Blick auf das Kommende zu richten.

Erfahrung ist nicht das, was einem zustößt. Erfahrung ist das, was man aus dem macht, was einem zustößt.
Aldous Huxley

Ausblick statt Rückblick

Okay, es war ein Fehler, dem langjährigen Groll gegen die Eltern ausgerechnet an der Weihnachtstafel Luft zu machen. Nick weiß auch sehr genau, wie es dazu kommen konnte: ausufernde Arbeitszeiten vor den Feiertagen, der nagelneue SUV der kleinen Schwester, zwei doppelte Glenfiddich nach dem Gänsebraten und dazu noch Vaters unsensibler Kommentar: »Von deiner Schwester kannst du dir was abschauen: Jura-Studium, MBA obendrauf, mit Anfang 30 Oberstaatsanwältin – Respekt.« An dem Punkt brach aus Nick der aufgestaute Frust heraus: »Kunststück, Jana hat ja ihre Chance gehabt. Mich hast du mit deinem Herzinfarkt in den maroden Betrieb gezwungen. Wem habe ich es denn zu verdanken, dass ich ohne Abschluss in der Provinz sitze und Gerüstsysteme baue, die keiner will?«

Die meisten Menschen sind gut darin zu erläutern, was nicht klappt, was falsch war, was sie unglücklich macht, wo sie versagt haben und wer daran schuld ist. Diese Erkenntnisse bringen Klarheit in den Elendsbrei, heraus führen sie allerdings nicht. Spätestens wenn die Gedanken rund um das Problem und seine Ursachen sich wiederholen und im Kreis drehen, erweisen sie sich eher als Schuss nach hinten denn als Schritt nach vorn: Jedes Mal, wenn wir die Niederlage in Gedanken oder Gesprächen neu ins Bewusstsein rufen, erleben wir uns als unzulänglich und schwach. Der Tübinger Diplompsychologe und Coach Günter G. Bamberger weist sehr nachdrücklich darauf hin, »dass ein detailliertes Wissen um solche Problembedingungsfaktoren letztlich doch nur wenig zur Lösung des Problems beizutragen vermag«.

Gefragt ist also das Gegenteil von »Hineinsteigern«. Je konsequenter Sie von nun an Ihr Augenmerk auf die Zukunft und das Finden neuer Lösungen lenken, desto schneller finden Sie aus der Krise wieder heraus.

Ins Reine kommen

Die Neuausrichtung gelingt umso leichter, je unbelasteter Sie sich um die Zukunft kümmern können. Häufig ist es dazu notwendig, reinen Tisch zu machen: Bei Nick gehört dazu zum Beispiel das sachliche (aber nicht aggressive) Gespräch mit den Eltern, dass ihn die aktuelle Situation nicht befriedigt. In anderen Fällen kann es notwendig sein, die Folgen eines Scheiterns lückenlos offenzulegen, alle Beteiligten zu informieren, eine Entschuldigung anzubieten oder Wiedergutmachung zu leisten. Anders als beim Computerspiel ist im Leben, selbst wenn solche Rechnungen beglichen sind, ein komplettes Zurücksetzen selten möglich. Trotzdem zahlen sich die Aufräumarbeiten aus: Sie wirken innerlich befreiend und äußerlich vertrauensbildend, mildern die aus dem Scheitern erwachsenen Nachteile ab und eröffnen Ihnen die Handlungsspielräume, es in Zukunft anders und besser zu machen. Für Sie selbst sind sie ein Startsignal, von jetzt an hauptsächlich nach vorn an den Aufbruch zu denken – in der sicheren Gewissheit, dass »da nichts mehr nachkommen kann«.

In die Zukunft denken

Vergangenheitsdenke klingt ungefähr so: »Hätte ich damals doch das Studium zu Ende gebracht. Dann stünden mir heute wie Jana alle Türen offen. Aber mit Mitte zwanzig war ich einfach zu unerfahren, um den Zustand der Firma richtig einzuschätzen.« Wenn man sich dessen bewusst ist, kann man den inneren Monolog dazu nutzen, die Aufmerksamkeit entschlossen auf Möglichkeiten, Ziele, Fähigkeiten, Kontakte oder Kenntnisse zu richten – also auf Ressourcen, die man entweder selbst besitzt oder erschließen kann: »Wenn Vater mir ein, zwei Jahre lang die Kundenbetreuung abnehmen würde, könnte ich mir die Zeit freischaufeln, meinen Abschluss doch noch zu machen.« Es erfordert Konsequenz, aus dem Karussell des Vergangenheitsdenkens auszusteigen. Aber jedes Mal, wenn es Ihnen gelingt, begeben Sie sich auf eine neue Denkebene. Die folgende Übersicht verdeutlicht den Unterschied:

Einbruchsstimmung	Aufbruchsstimmung
»Warum immer ich?«	»Was kann ich tun?«
»Hätte ich doch ...«	»Wie kann ich an dieser
»Wenn ich nur ...«	Herausforderung wachsen?«
»Warum habe ich nicht ...?«	»Welche Möglichkeiten habe ich, die
»Ob er mich wohl vermisst?«	Situation zum Besseren zu
»Vielleicht könnte ich noch ...«	verändern?«
	»Was brauche ich, damit ...«
Zweifel und Reue, sogenannte kontrafaktische Gedanken, haben durchaus ihr Gutes: Sie ermöglichen es, aus vergangenen Fehlern für die Zukunft zu lernen und sich bessere Alternativen vorzustellen.	Zukunftsgedanken fördern sicher nicht gleich die optimale Lösung zutage. Aber sie aktivieren Ihre Kräfte und helfen Ihnen, neue und unterschiedliche Möglichkeiten auszuloten. Deshalb sind zukunftsgerichtete Gedanken die bessere Alternative.
Doch die Nachteile überwiegen: Um die Vergangenheit kreisende Klagen oder die Sehnsucht nach einer nicht gewählten und vermeintlich besseren Alternative beeinträchtigen das Wohlbefinden und halten Sie in der Problemschleife gefangen.	Auf den Erkenntnisgewinn von Reue und Zweifeln brauchen Sie deshalb nicht zu verzichten: In den Problemkreislauf kehren die Gedanken meistens ganz von selbst zurück.

Selbstcoaching: Die Fragen, die Sie stellen, bestimmen die Antworten, die Sie finden

Die folgenden acht Fragen klammern die Vergangenheit nicht aus. Hauptsächlich dienen sie aber dazu, Ihren Blick auf die Zukunft zu richten. Am besten setzen Sie sich schriftlich, zum Beispiel in einem Tagebuch oder Journal, damit auseinander. Das Schreiben, gleich in welcher Form, baut Stress ab, klärt die Gedanken und fördert wiederkehrende Themen und Motive an die Oberfläche.

Es ist nicht nötig und auch nicht wahrscheinlich, dass Sie auf alle acht Fragen jetzt und gleich eine umfassende Antwort finden. Lassen Sie sich mit der Beantwortung Zeit, aber kehren Sie immer wieder zu den Fragen zurück. Je intensiver Sie sich damit beschäftigen, desto schneller befreien Sie sich aus der Abwärtsspirale, desto stärker richten sich Ihre Gedanken auf einen neuen Anfang.

1. Welche Bereiche Ihres Lebens werden von dem Misserfolg beeinflusst? Und welche nicht?

2. Wenn Sie das Rad der Zeit zurückdrehen könnten – was würden Sie mit dem Wissen, das Sie heute haben, anders machen? Welche Konsequenzen ziehen Sie daraus für die Zukunft?

3. War der Misserfolg ein Einzelfall, oder hatten Sie schon öfter mit einem ähnlichen Problem zu kämpfen? Falls sich ähnliche Misserfolge häufen, ist eine selbstkritische Analyse unumgänglich. Lassen Sie sich dabei helfen: Holen Sie sich wie bei einem 360-Grad-Feedback die Rückmeldung und Einschätzung unterschiedlicher Personen ein. Worin sehen die anderen den Grund, dass Sie immer wieder über die gleiche Art von Stein stolpern?

4. So sehr der Misserfolg Sie im Moment belastet: Was, glauben Sie, wird er Positives bei Ihnen auslösen?

5. Was würden Sie einem Freund, einer Freundin sagen, wenn ihm oder ihr etwas Ähnliches passieren würde?

6. Wie können Sie den aktuellen Misserfolg nicht nur überwinden, sondern sogar für Ihre Zukunft nutzbar machen?

7. Stellen Sie sich vor, fünf Jahre sind vergangen und Sie erinnern sich an den aktuellen Misserfolg zurück. Wie würden Sie Ihre heutige Situation wohl im Rückblick beschreiben?

8. Wenn ein Lebensplan gescheitert ist: Wie haben Sie sich Ihre Zukunft vor dieser Niederlage vorgestellt? Was haben Sie sich erhofft und erträumt? Angenommen, dieses für Sie bestmögliche Leben lässt sich nun nicht mehr verwirklichen – wie sieht Ihr zweitbestes mögliches Leben aus? Stellen Sie eine Liste der Fähigkeiten und Voraussetzungen auf, die Sie brauchen, um es erreichen zu können.

Heulen und Zähneknirschen

Wozu die schlechten Gefühle gut sind und wie man Glück im Unglück empfindet

Schwer zu sagen, was schlimmer ist: der Rückschlag, den man erleidet, oder die Gefühle, die er wachruft. Dass ein Plan geplatzt ist, kann man nicht ändern: Der schlechte Eindruck ist geweckt, der Upgrade des Dienstwagens um ein halbes Jahr verschoben, der Chef, mit dem man so gut auskam, verlässt das Unternehmen. Wie man emotional darauf reagiert, hat man dagegen in der Hand. Denn Gedankenmuster und Glaubenssätze lassen sich steuern.

»Don't worry, be happy« – in der Spaßgesellschaft wurden Positiv-Denken und Gut-drauf-Sein Pflicht. Wer traurig war, skeptisch oder verärgert, galt – und gilt – als Miesmacher, Innovationsbremse und Spielverderber. Doch die Trendwende hat begonnen. Seit die Welt ernster wird, erkennt man wieder: Das angenehme Wohlfühlglück ist wie Wassertreten in der Adria – erfreulich, einlullend und auf Dauer lau. Es tut gut, keine Frage. Doch wer, um sich subjektiv wohler zu fühlen, emotionale Turbulenzen schönredet, totschweigt oder verdrängt, wiegt sich in Sicherheit und kommt nicht von der Stelle. Negative Gefühle haben nämlich durchaus einen Sinn: Sie machen nachdenklich und erhöhen die Bereitschaft, neue Wege ein-zuschlagen. Nur verlieren dürfen wir uns in Angst- und Zorngefüh-len nicht. Durchdringen Heulen und Zähneknirschen jeden Winkel des Denkens, tauchen sie die Welt in trübsinniges Grau und entwi-ckeln ein Eigenleben, das mit dem ursprünglichen Versäumnis, der auslösenden Enttäuschung nicht mehr viel zu tun hat. In diesem Ka-pitel geht es darum, wie Sie ungute Gefühle ernst nehmen, ohne daran zu verzweifeln.

Comeback-Idee 12
Lassen Sie negative Gefühle für sich arbeiten

Gute Laune, Spaß und Genuss sind nicht alles. Manchmal brauchen wir auch ihr weniger erfreuliches Kontrastprogramm: Angst, Wut und Trauer. Warum? Während ein allzu hohes Glücksniveau leicht verhindert, dass wir unsere Potenziale voll entfalten, spornen uns die negativen Stimmungen eher an: Sie bewahren vor Selbstzufrie-denheit, lassen uns spüren, dass sich etwas ändern muss, und unter-stützen uns dabei, uns neu zu organisieren: »Schmerzen sind der Stachel, der immer aufs Neue zum Nachdenken über das gesamte Leben nötigt; der Schmerz zwingt die Sorge herbei, die uns wieder auf den Weg zu bringen vermag«, schreibt der Lebenskunstphilosoph Wilhelm Schmid. Zudem sollten wir nicht die einfache Tatsache vergessen: Es gibt immer wieder Situationen, in denen Angst, Scham, Wut und Trauer einfach angemessen sind. Wir würden uns verbiegen und verkürzen, würden wir dem ausweichen. Was Sie daraus lernen können? Auch wenn Sie Meister im Verdrängen oder Virtuosin des positiven Denkens sind, schalten Sie den Schmerz der Niederlage, der Enttäuschung oder des Verlusts nicht sofort aus, sondern nehmen Sie den Informationsgehalt der negativen Gefühle wahr. Herunterregulieren können (und sollen) Sie sie später.

Angst: Die Motivatorin

Jeder kennt sie, jeder hat sie, doch zeigen soll man sie nicht. Wenn eine Niederlage droht oder sich bereits eingestellt hat, gehört Angst zu den Gefühlen, die uns am häufigsten quälen. Sensible piesackt sie bereits, wenn der Fehler sich darin erschöpft, bei einer Einladung die Stuhlhusse mit einem Rotweinfleck zu verunzieren: »Geht das wieder raus? Was werden die anderen denken? Wie bringe ich das in Ordnung? Sabine ist doch mit ihren Möbeln so eigen. Hoffentlich sieht man mir die Aufregung nicht an.«

In der Anspannung vergessen wir oft, dass Angst eigentlich eine positive Absicht hat: Sie warnt uns, dass Gefahr oder Schaden droht oder man im Moment besonders verletzlich ist. Es ist deshalb klug, Ängste aufmerksam wahrzunehmen – selbst bei dem kleinen Rotwein-Malheur. Geht man nämlich allzu unbekümmert darüber hinweg, wirkt das Verhalten nicht lässig, sondern abgestumpft. Übertrieben panische Reaktionen sind aber kontraproduktiv. Nur ein geringer oder mittlerer Erregungsanstieg führt zu erhöhter Konzentration und veranlasst uns, Konsequenzen zu ziehen: zum Beispiel, indem wir überlegen, wie wir einen Schaden wiedergutmachen.

In der Regel lindert Aktivität die seelischen Qualen. Die Reaktion macht Sinn, schließlich soll Angst zum Handeln, nicht zum Grübeln bewegen: Sie lässt nicht locker, bis man den Vortrag ein fünftes Mal durchgeht, sich endlich den Termin beim Urologen geben lässt oder trotz Bauchgrimmen das Gespräch mit der Kollegin führt, die jetzt schon mehrmals wichtige Informationen zurückgehalten hat. Danach beruhigt sich der Puls, und der Stresshormonspiegel im Blut geht nach unten – zumindest vorübergehend. Wenn die Anstrengungen greifen, kann sich dem als negativ erlebten Angstgefühl sogar eine positive Note beimischen – ein Hochgefühl aus Aufregung, Fiebrigkeit und Intensität. Achten Sie einmal darauf.

Scham: Die harte Lektion

Scham – schon das Wort klingt wie ein Relikt aus einer anderen Zeit. Das Wort »Schande« steckt darin – die Angst vor dem Ansehensverlust, die Panik, sich unmöglich gemacht, die Demütigung, eigene oder fremde Erwartungen nicht erfüllt zu haben. Wohl kein anderes Gefühl rüttelt so sehr an unserem Selbstbewusstsein.

Doch so unangenehm es sich anfühlt, wenn die Stimme zittert oder die Röte ins Gesicht steigt, Scham ist ein wichtiges Korrektiv: Ob man mit 50 km/h durch die Tempo-30-Zone geeilt ist, beim Fremdgehen erwischt wird oder einen Gesprächspartner hart angefahren hat, Beschämung zeigt an, dass man aus der Rolle gefallen ist oder Gruppenregeln verletzt hat. Man hat versagt, und das spürt man am eigenen Leib.

Viele Menschen entfliehen der Beschämung, indem sie sich entweder unsichtbar machen oder zum Gegenschlag ausholen. Mehr Größe zeigt, wer ein begründetes Schamgefühl zum Anlass nimmt, sich dem eigenen Unvermögen oder Fehlverhalten zu stellen: Dazu gehört es, dass man Einsicht zeigt, sich entschuldigt oder Konsequenzen zieht und zum Beispiel öffentliche Ämter fürs Erste niederlegt. Wenn das gelingt, bringt uns die Fähigkeit, Scham zu fühlen, menschlich weiter: Die Erfahrung von Schwäche bewahrt vor Größenwahn und Überheblichkeit. Sie erdet, lässt Grenzen erkennen – und bewirkt, dass man den gleichen Fehler so schnell nicht wieder macht.

Trauer: Das Energiesparprogramm

Das Wort trauern geht auf das althochdeutsche *truren* zurück und bedeutete »den Kopf sinken lassen, die Augen niederschlagen«. Es drückt aus, was nach einer Enttäuschung oder einem Verlust im Körper passiert: Man zieht sich zurück, ist in sich gekehrt, wird ganz still und nimmt wenig Anteil an dem, was um einen herum passiert. Dieses Verhalten kommt übrigens nicht nur bei schweren Verlusten zum Tragen. Vielleicht haben Sie es auch schon an sich festgestellt, wenn jemand Sie durch eine Bemerkung gekränkt hat oder wenn Bekannte in Ihren Augen viel schöner wohnen als Sie selbst.

Evolutionär gesehen bewirkte die durch den Hormonhaushalt gesteuerte Antriebslosigkeit, dass geschwächte Menschen in ihrer Behausung blieben, wo sie sicherer waren. Heute verhindert der Zustand des Trauerns, dass wir funktionieren wie gewohnt und uns stattdessen auf uns und unsere Situation konzentrieren. In kleinen schmerzhaften Schritten durchdenken wir das Problem, begraben Träume und stecken Ziele neu. Dieser schwere Lernprozess gelingt allerdings nur, wenn wir die Trauer durchleben und nicht unterdrücken. »Der Weg zum Glück führt nicht um das Leid herum, sondern durch das Leid hindurch«, sagt der amerikanische Psychologe Ed Diener.

Wut: Der Starkmacher

Wut, Hass und Entrüstung zeigen an, dass etwas oder jemand zu weit gegangen ist. Wenn der Ex-Mann den vereinbarten Unterhalt nur sporadisch überweist oder immer nur die Geschwister in den Genuss elterlicher Geldzuwendungen kommen, ist Zorn kein Charakterfehler, sondern ein klares Signal, dass man die gegenwärtige Situation als ungerecht, empörend oder sogar rechtswidrig empfindet. Am sinnvollsten nutzen Sie die kämpferische Energie, die der

Körper jetzt bereitstellt, um Grenzen zu setzen, sich zu wehren oder Klartext zu reden. Genau dafür ist sie nämlich gedacht: Aggression soll bewirken, dass wir zu voller Form auflaufen und uns ganz auf das vor uns liegende Ziel konzentrieren. Das bündelt zwar die Kraft, verengt aber auch den Blick. Deshalb lässt man sich in der Raserei leicht zu destruktiven Aktionen hinreißen – zu beleidigenden Angriffen zum Beispiel, nächtlichen Telefonanrufen, Hass-E-Mails oder Computersabotage. Solche Racheaktionen befriedigen einen Moment lang das Bedürfnis nach »gerechtem« Ausgleich. Aber sie drehen die Zeit nicht zurück und schaden langfristig mehr, als sie nutzen. Allen voran der eigenen Seele. »Je mehr ich den Hass reduziert habe, desto besser habe ich wieder geschlafen«, sagt eine Interviewpartnerin.

Selbstcoaching: Schauen Sie Ihre Gefühle an

Schreiben Sie fünf Adjektive auf, die Ihren emotionalen Zustand nach der Niederlage beschreiben. Dabei gibt es keine richtigen oder falschen Antworten. Sogar positive Gefühle sind bei näherer Betrachtung möglich. Wenn Sie wollen, lassen Sie sich von der folgenden Seite inspirieren. Betrachten Sie Ihre Gefühle, hören Sie ihre Botschaft und ordnen Sie sie ein: Ist das, was Sie emotional wahrnehmen, real? Welchem Sinn und Zweck dient das Gefühl? Was sagt es Ihnen? Wozu könnte es Sie motivieren? Entspricht die Stärke eines Gefühls in etwa der Größe des Misserfolgs? Stehen Sie ganz im Bann eines Gefühls oder bleibt noch Raum für andere, positivere Empfindungen? Wenn Ihre Frau oder ein Kollege das Gleiche fühlen würde: Würden Sie sagen, sie oder er reagiert emotional zu negativ auf das Vorkommnis? Oder zu positiv?

Sobald Sie Ihre emotionale Grundsituation bewusst analysieren, haben die negativen Gefühle ihren Zweck erfüllt. Es wäre kontraproduktiv, sie weiter zu nähren und sich darin zu verbeißen. Stattdessen sollten Sie ab jetzt versuchen, Ihre Gefühle so zu steuern, dass sie Ihnen nicht im Weg stehen.

wütend

beschämt

verwirrt

verraten

verletzlich

erschöpft

geknickt

verletzt

betäubt

erleichtert

dankbar

verbittert

gekränkt

friedlich

entsetzt

Am Boden zerstört

hasserfüllt

deprimiert

traumatisiert

befreit

kampflustig

herausgefordert

schockiert

verunsichert

gedemütigt

krank vor Angst

verstört

bedroht

gelähmt

ruhig

verzweifelt

fassungslos

traurig

Comeback-Idee 13
Nehmen Sie das Glück im Unglück wahr

Auch Menschen mit Nehmerqualitäten haben nur selten eine Elefantenhaut. Sie fürchten die Zukunft, zittern vor Angst, empfinden Neid, Scham und Wut wie jeder andere auch. Den Schmerz darüber drängen sie nicht weg. Sie wissen oder ahnen, dass man ein Scheitern nur hinter sich lassen kann, wenn man es verarbeitet und damit auch durchleidet. Allerdings lassen sich resiliente Menschen von den unguten Gefühlen, die in ihnen toben, nicht lange und schon gar nicht auf Dauer herunterziehen. Stattdessen balancieren sie die negativen Gefühle durch positive aus. Der Weg dorthin ist ein kognitiver: Er führt über die Gedanken. Was wir fühlen, wird nämlich nicht nur davon bestimmt, was wir erleben. Sondern sehr stark auch davon, was wir darüber denken.

Viele Menschen haben im Angesicht eines Misserfolgs das Gefühl, ihre Welt breche zusammen. Bei nüchterner Betrachtung stellt sich die Sache meist nicht ganz so dramatisch dar. Irgendein kleines Licht gibt es in jedem Dunkel, wir müssen nur unseren Sinn dafür trainieren: Der Große schafft die Gymnasialempfehlung nicht – aber seit man sich mit dem Thema beschäftigt, weiß man, dass zum Glück mehr Wege zum Studium führen als je zuvor. Anders als sonst wurde man in diesem Jahr zum Neujahrsempfang nicht eingeladen – aber ganz ehrlich, im Grunde findet man schon eine Weile lang, dass die gesellschaftlichen Verpflichtungen überhandnehmen. Die spezialgefertigte Badewanne aus Gusseisen erweist sich als unergonomischer Fehlkauf ohne Rückgaberecht. Gut, dass es eBay gibt …

Optimal versagt, wer im Unglück bei allem notwendigen Realismus den Sinn für das Gegenteil kultiviert – für das verbliebene Glück ebenso wie für die kleinen Freuden vom Kokosduft in der Körpermilch bis zur Einfach-so-E-Mail einer ehrlich besorgten Kollegin. Nicht nur Alltagswidrigkeiten, auch emotionale GAUs lassen sich mit dieser Haltung besser überstehen.

Einen überzeugenden Beweis dafür liefert eine Studie des Psychologen Anthony D. Ong an der University of Notre Dame, Indiana: Sogar wenn nach dem Tod des Partners die Welt zusammenbricht, lindert es die seelische Belastung, wenn man es schafft, bei aller Trauer auch die guten, leichten Momente wahrzunehmen. So stellten sich Witwen, die in den ersten Monaten nach dem Tod ihres Mannes bei aller Trauer die Unterstützung von Freunden würdigen oder ihr Interesse am Tagesgeschehen beibehalten konnten, deutlich besser auf die neue Lebenssituation ein. In die gleiche Richtung weist eine Studie der amerikanischen Psychologieprofessorin Barbara L. Fredrickson zur seelischen Verarbeitung der Terrorattacken des 11. September 2001: Resiliente Studienteilnehmer bewahrten sich auch im Angesicht des Schreckens mehr positive Gefühle als seelisch weniger stabile Probanden und empfanden mehr Dankbarkeit, selbst unbeschadet davongekommen zu sein.

Bittere Erfahrungen in bitter-süße verwandeln: Robinson Crusoe

»Ihre Gefühle sind das Ergebnis Ihres Denkens«, sagt Dr. Karen Reivich, Professorin an der University of Pennsylvania. »Wenn Sie Ihre Art zu denken ändern, ändern Sie auch Ihre emotionalen Reaktionen auf Stresssituationen.« Ein beeindruckendes Beispiel dieser Haltung zeichnete Daniel Defoe in seinem Roman *Robinson Crusoe*. Gestrandet auf einer unbewohnten Insel, ohne Aussicht auf Rettung, stellt Robinson seiner trostlosen Lage die Silberstreife am Horizont gegenüber.

»Ich begann nun, meine Lage und den Zustand, in den ich geraten war, ernsthaft zu überlegen, und machte eine schriftliche Übersicht über die Sachlage, [...], um meine Gedanken, die sich täglich damit abquälten und mein Gemüt belasteten, zu befreien. Und da meine Vernunft langsam Herr über meinen Kleinmut wurde, tröstete ich mich selber, so gut ich konnte, und setzte das Gute dem Übel gegenüber, damit ich meinen gegenwärtigen Zustand von einem noch schlimmeren unterscheiden könnte:

Übel	Gut
Ich bin auf eine einsame Insel verschlagen, ohne Hoffnung, je wieder fortzukommen.	Aber ich bin doch am Leben und nicht ertrunken wie alle meine Kameraden.
Ich bin ausgesondert, unter allen Menschen zu lauter Unglück ausgewählt.	Aber ich wurde auch unter der ganzen Schiffsbesatzung ausgesondert, um dem Tod zu entgehen, und er, der mich auf wunderbare Weise vom Tod errettet hat, kann mir auch aus diesem Zustand helfen.
Ich bin von allen Menschen getrennt, ein Einsiedler, verbannt aus aller menschlichen Gesellschaft.	Aber ich bin doch nicht Hungers gestorben und verdorben an einem unfruchtbaren Ort, der keine Nahrung bietet.
Ich habe keine Kleider, mich zu bedecken.	Aber ich bin auf eine Insel verschlagen worden, wo ich keine wilden Tiere erblicke, die mir schaden könnten, wie ich solche an der Küste von Afrika gesehen. Und wie wär's mir ergangen, wenn ich dort Schiffbruch erlitten hätte?
Ich habe nichts, um mich gegen Überfälle von wilden Tieren oder Menschen zu beschützen.	Aber ich bin in einem heißen Landstrich, wo ich kaum Kleider tragen könnte, auch wenn ich welche hätte.
Ich habe keine Menschenseele, zu der ich sprechen und bei der ich Trost finden könnte.	Aber Gott sandte das Schiff auf wunderbare Weise so nahe an die Küste, dass ich mir viele nötige Dinge daraus holen konnte, durch die ich versorgt bin oder mit deren Hilfe ich mich werde versorgen können, solange ich lebe.

Alles in allem war das ein unanzweifelbares Zeugnis dafür, dass es kaum einen Zustand auf der Welt gibt, und sei er noch so elend, der neben dem Üblen nicht auch etwas Gutes hat, dafür man dankbar sein kann; und lasst dies eine Mahnung sein aus der Erfahrung von einem, der in das größte Elend geraten, das es auf dieser Welt gibt: dass wir nämlich in jeder Lage noch etwas finden können, was uns Trost gibt und was wir bei der Aufzählung von Gut und Böse auf die Habenseite setzen dürfen.«

Von Robinson kann man sich nicht nur abschauen, *wie* man die guten Gefühle herbeilockt. Sein Beispiel verdeutlicht auch, dass eine bessere Stimmung *aktiv* hergestellt werden muss und sich nicht einfach von selbst einfindet. Gehen Sie es also an: Hellen Sie dunkle Gedanken auf, indem Sie in einer Spalte systematisch alle Befürchtungen und Bitternisse aufschreiben und in einer zweiten gegenüberliegenden alles notieren, was gut ist, Ihnen Sicherheit gibt, Sie beruhigt oder entspannt. Weniger aufwändig und mindestens genauso gut: Jedes Mal, wenn Sie bemerken, dass sich ein lähmender Gedanke in Ihr Bewusstsein drängt, lenken Sie Ihre Aufmerksamkeit auf etwas Positives, das Sie weiterbringt.

Comeback-Idee 14
Bauen Sie sich mit guten Gedanken auf

Es fängt schon in der Schule an. »Ich kann einfach kein Mathe«, stöhnt Max, klappt das Lehrbuch zu und schnürt die Fußballschuhe. »Scheiß-Termumformungen«, denkt Moritz. »Die müssen doch zu knacken sein. Ich logge mich mal bei Lukas ein ...« Ein Misserfolg, zwei Jungs, zwei Denkstrukturen. Mathegenies sind beide nicht, doch nur der eine erlebt sich als Versager, spielt das Problem hoch und wirft frustriert das Handtuch. Der andere sieht die Schwierigkeit als fiese Hürde – und kniet sich umso entschlossener in die Arbeit. Vermutlich wird Mathe nicht Moritz' Lieblingsfach werden. Aber er kämpft sich durch – und entwickelt nebenbei eine Einstellung, die es ihm auch künftig erleichtern wird, mit Hindernissen fertig zu werden.

Das Schicksal ist das eine, mit welchen Gefühlen wir ihm begegnen, das andere. Der Optimismus oder Pessimismus, mit dem wir widrige Umstände interpretieren, ist zum Teil in der DNA codiert. Mindestens genauso wichtig aber ist der Erklärungsstil, den wir uns angewöhnt haben – und deshalb auch verändern können. Er bestimmt, ob unsere Gedanken uns bei einer Niederlage eher aufbauen oder eher entmutigen.

Die positive Psychologie um Martin Seligman hat ausführlich erforscht, mit welchen Sprach- und Denkmustern Optimisten und Pessimisten ihre Gefühle steuern. Hier sind die grundlegenden Unterschiede:

Denkmuster	pessimistisch	optimistisch
Pessimisten sehen Niederlagen und ihre Folgen als immerwährendes Problem, Optimisten halten sie für eine Schwierigkeit, die vorübergeht.	*Permanent:* »Mein Leben ist ruiniert.«	*Temporär:* »Im Moment fällt es mir noch sehr schwer, wieder allein zu leben.«
Pessimisten verallgemeinern Schwierigkeiten, Optimisten grenzen sie ein.	*Global:* »Kind und Karriere – vergiss es.«	*Lokal:* »Wir haben immer noch keinen Krippenplatz für Lilli gefunden.«
Pessimisten geben sich selbst die Schuld für Fehlschläge (internal), Optimisten suchen die Gründe auch in äußeren Umständen oder anderen Menschen (external).	*Internal:* »Mich nimmt doch niemand mehr – in meinem Alter.«	*External:* »Viele Unternehmen haben sich auf den demografischen Wandel noch nicht eingestellt.«
Pessimisten knüpfen ihr Glück an genau definierte Erwartungen und Ansprüche, Optimisten reagieren erwartungsoffen auf das, was kommt.	*Starres Ziel:* »Ein Leben ohne Kinder ist für mich undenkbar.«	*Flexibles Ziel:* »Es gibt mehr Möglichkeiten, ein erfülltes Leben zu führen, als ein einzelner Mensch überhaupt nutzen kann.«
Summe der Gefühle	Entmutigt, hilflos, gekränkt, lustlos, deprimiert.	Entschlossen, kämpferisch, hoffnungsvoll.

Zugegeben: Übertrieben optimistische Gedanken können die Realität verzerren. Der Einwand gilt aber auch für pessimistische Gedanken: Auch sie sind oft Überreaktionen und nicht immer eine nüchterne Diagnose realer Risiken und Probleme. Der Unterschied zwischen pessimistischen und optimistischen Denkmustern liegt also weniger im *Wahrheitsgehalt* der Situationseinschätzung als in ihrer *Wirkung* auf unsere Gefühle und Reaktionen:

Optimistische Denkmuster entdramatisieren den Misserfolg. Sie stärken das Kontrollgefühl, lassen uns zupackender und zuversichtlicher handeln und motivieren, auch in schwierigen Situationen am Ball zu bleiben. David S. Landes, einer der führenden amerikanischen Wirtschaftshistoriker, sieht deshalb eine positive Haltung zu Recht als entscheidende Voraussetzung für Leistung, Verbesserung, Veränderung und

> *Davon, wie man die Wirklichkeit wahrnimmt, hängt die Wirklichkeit ab.*
> *Claus Kleber*

Erfolg: »Ein aufgeklärter, wacher Optimismus zahlt sich aus; Pessimismus bietet allenfalls den schwachen Trost, recht zu haben.«

Pessimistische Denkstrukturen bewirken das Gegenteil: Sie bewahren zwar zuverlässig vor Selbstüberschätzung. Aber sie tauchen die ganze Welt in ein düsteres Licht – sogar die Bereiche, in denen es eigentlich gut läuft. Die Folge: Schwarzseher fühlen sich hilflos und abgewertet und verlieren den Blick für die verbliebenen Spielräume und Möglichkeiten. Von den eigenen düsteren Gedanken mindestens genauso überwältigt wie von der Niederlage, werfen sie leichter die Flinte ins Korn.

Selbstcoaching: Lernen Sie Optimismus

Negative Gedanken sind so hartnäckig wie Mücken im August. Sie lassen sich nicht ausrotten. Aber zumindest einen Teil davon können

Sie aussperren, jagen und unschädlich machen. Hier sind die wichtigsten Vorsichtsmaßnahmen:

1. Jedes Mal, wenn Sie grübeln, jammern, kritisieren oder Katastrophenszenarien entwickeln, bauen Sie trüben Stimmungen ein ideales Biotop. Je öfter Sie pessimistische Gedanken und Gespräche vermeiden oder abstellen, desto weniger trist und bedrohlich fühlt sich Ihr Leben an.

2. Vergewissern Sie sich, ob Ihre negativen Gedanken tatsächlich der Realität entsprechen. Am besten stellen Sie so bohrende Fragen wie ein Staatsanwalt: »Stimmt es, dass ich immer an die Falsche gerate?« – »Habe ich mich wirklich unsterblich blamiert, weil ich die Gehaltserhöhung nicht durchgesetzt habe?« – »Hat er mich tatsächlich verlassen, weil ich zu dick bin? Welche Gründe könnte es noch geben?«

3. Bleiben Sie selbstkritisch. Optimistisch zu sein heißt nicht, alles gut zu finden oder sich keine Mühe zu geben. Es bedeutet, die Gründe für das Scheitern nicht pessimistisch, sondern optimistisch oder wenigstens realistisch zu analysieren. Der Unterschied ist leicht zu erkennen:
   Ein pessimistisches Denkmuster zieht Sie runter: »Ich hätte wissen müssen, dass an eine Gehaltserhöhung nicht zu denken ist (= **globales Versagen**). Hätte ich bloß nicht damit angefangen (= **internale Zuschreibung**)! Wie stehe ich denn jetzt da! Und der Vorschlag mit dem Redecoaching ... als ob ich mir davon etwas kaufen könnte (= **starre Zielsetzung**).«
   Ein optimistisches Denkmuster beeinflusst Ihre Gefühlslage positiv und hilft Ihnen, neue Wege in Erwägung zu ziehen: »Ich hätte das Gehaltsgespräch besser erst nach der Messe geführt (= **lokales Versagen**). Wobei Müller als Verhandler schon eine harte Nuss ist (= **externale Zuschreibung**). Der Vorschlag mit Redecoaching war überraschend – das lasse ich mir durch den Kopf gehen (= **flexible Zielsetzung**).«

Comeback-Idee 15
Klettern Sie aus dem Gefühlsloch heraus

Kennen Sie das Gefühl? Man hat für den Sonntag mit Freunden eine Radtour geplant, die erste in diesem Jahr, der Wetterbericht hörte sich vielversprechend an, der Picknick-korb ist gepackt, seit Tagen freut man sich auf den Ausflug. Doch dann ziehen gegen Mittag Gewitterwolken auf, es hagelt und schüttet, und die Freunde beschließen, den verregneten Nachmittag für die Steuererklärung und einen Besuch bei den Eltern zu nutzen. Selbst fühlt man sich lustlos und unschlüssig,

Und sehr viele bleiben für immer an dieser Klippe hängen und kleben ihr Leben lang schmerzlich am unwiederbringlich Vergangenen, am Traum vom verlorenen Paradies, der der schlimmste und mörderischste aller Träume ist.

Hermann Hesse, Demian

tigert missmutig im Haus herum, kommt zu nichts Rechtem, und irgendwann ist es Abend und wieder ein Wochenende vorbei.

Oft genügt schon eine winzige Enttäuschung, um die Stimmung zu verhageln. Warum? Nur weil eine Radtour ins Wasser gefallen ist? Nicht ganz. Die Ra(s)tlosigkeit hat einen zweiten Grund: Plan A ist gescheitert, und an seine Stelle tritt – nichts. Mindestens so sehr wie das Scheitern quält die unklare Perspektive.

Das gleiche Phänomen in vielfach höherer Dosierung tritt auf, wenn ein Scheitern richtig schmerzhaft wird: Wenn man einen Verlust erleidet oder einen Traum begraben muss, klafft im Leben eine Lücke. Scheitern ist oft durch unausgefüllte Tage, leere Zimmer, unbeschriebene Kalenderseiten oder zugeschlagene Türen markiert. Während alle anderen an einem vorbeiziehen, bleibt man selbst zurück. »Ich weiß nicht, wie es weitergeht«, »Ich hänge völlig in der Luft«, »Keine Ahnung, was ich jetzt machen soll« – so oder ähnlich lauten die Sätze, die die lähmende Ungewissheit nach dem Aus beschreiben.

Wie schnell Sie die trostlose Phase der Orientierungslosigkeit überwinden, darüber entscheidet Ihre Fähigkeit, einen Plan B zu entwickeln. Dieser Plan fühlt sich in der Regel nicht annähernd so attraktiv an wie Plan A, Ihre erste Wahl. Viele Menschen können sich deshalb nur schwer dazu aufraffen: »Die Entscheidung: ›Da mache ich jetzt etwas draus‹ muss von jedem Einzelnen mit Blick auf Trümmer getroffen werden«, schreibt die Autorin Christiane Zschirnt, die das Scheitern kulturgeschichtlich unter die Lupe nahm. »Das macht die Bewältigung des Scheiterns so schwierig.«

Selbstcoaching: Suchen Sie das Gute im Schlechten

Comeback Kid nennen die Amerikaner den Typ, der alle Niederlagen und Einbrüche übersteht. Das Zeug zum Wiederaufbau ist nicht geborenen Siegertypen vorbehalten. Jeder kann auch schon am seelischen Tiefpunkt einiges dafür tun, sich emotional wieder stärker zu fühlen. Dafür gibt es fünf Ansatzpunkte: **S**elbstverantwortung, **T**ragweite, **A**usdauer, **R**ichtungswechsel und **K**ontrolle (STARK). Zusammen bilden sie ein Aufbau-Programm, das zwar nicht alles wiedergutmacht. Aber es hilft Ihnen, die Gefühlswogen zu glätten, auch wenn sich die äußere Lebenssituation, der Partner oder die Kollegen nicht so verändern, wie Sie es sich wünschen. Am besten setzen Sie sich schriftlich mit den folgenden Fragen auseinander:

Selbstverantwortung. Nach einer Niederlage gibt es zwei Möglichkeiten: Man bricht zusammen oder man bricht auf. Zusammenbrechen bedeutet Resignation: Man hofft darauf, dass sich die Sache wieder einrenkt, in Vergessenheit gerät oder jemand anderer die Trümmer aufsammelt. Aufzubrechen bedeutet Aktivität: Etwas zu tun, wie klein es auch sein mag, um die Situation ein wenig zu verbessern.

- Was kann ich als ersten, vielleicht nur ganz kleinen Schritt tun, um meine Situation positiv zu beeinflussen?

Tragweite. Wenn einem ausgerechnet der Erzrivale als neuer Projektleiter vor die Nase gesetzt wird, ist das frustrierend. Aber es ist nicht das Ende der Karriere. Es sei denn, man redet es sich ein:

»Schlechter hätte es für mich nicht laufen können. Am besten suche ich mir einen neuen Job.« Machen Sie sich klar: Wie sehr ein Misserfolg aufs Gemüt schlägt, hängt auch von der Tragweite ab, die man ihm beimisst. Um den Rückschlag realistisch einzuschätzen, stellen Sie sich die folgenden Fragen:

- Wie kann die Sache schlimmstenfalls ausgehen?
- Wie kann ich negative Auswirkungen in Schach halten?
- Was kann ich tun, damit aus dieser Situation etwas Gutes erwächst?

Ausdauer. Manche Niederlagen erfordern einen langen Atem. Wenn man den Job verliert oder plötzlich wieder Single ist, kann es lange dauern, bis das Leben wieder ins Lot kommt. Menschen mit Nehmerqualitäten halten sich in solchen Phasen wie bei einem anstrengenden Marathonlauf durch Zwischenziele aufrecht: bis zur nächsten Pause, bis zur nächsten Biegung, jetzt noch 100 Schritte ... Fragen Sie sich:

- Wie soll mein Leben am anderen Ende des Tunnels aussehen? Malen Sie sich Ihre Wünsche im Detail aus – auch wenn Sie im Moment nicht daran glauben können, dass sie sich je erfüllen werden.
- Was kann ich tun, damit ich so schnell wie möglich an das Ziel meiner Wünsche gelange? Listen Sie alle Einzelschritte auf, die Ihnen einfallen.
- Woran würde ich merken, dass sich die Situation positiv verändert?
- Welche Fähigkeiten oder Voraussetzungen fehlen mir dafür im Moment? Wie kann ich sie schaffen?

Richtungswechsel. Mit jeder Niederlage bricht etwas zusammen. Ein Ziel blieb unerreicht, eine Hoffnung unerfüllt. Mit den Ängsten und Unsicherheiten, die daraus resultieren, werden Sie leichter fertig, wenn Sie sich ein zweitbestes Ziel setzen: »Wenn ich die Scheidung schon nicht verhindern kann, möchte ich wenigstens, dass es den Kinder so gut wie irgend möglich geht.« Der Vorteil für Sie: Sie arbeiten auf ein konkretes Ziel hin. So schwer der Rückschritt Sie trifft, Sie bleiben Herr der Lage und grenzen den Misserfolg ein.

- Was ist meine wichtigste Absicht in dieser Situation?
- Welche Stärken besitze ich, welche muss ich entwickeln, um diese Absicht zu verwirklichen?
- Was ist das größte Hindernis, das sich mir in den Weg stellen könnte?

Kontrolle. Ausrutscher, Patzer, Missgriff, Fauxpas – allein sprachlich wird deutlich, was Scheitern bedeutet: die Kontrolle zu verlieren. Leider bekommt man das Leben nur selten zurück in den Griff, indem man das Geschehene ungeschehen macht: Wenn ein Kunde sich für einen anderen Anbieter entschieden hat oder die Sofafarbe falsch gewählt ist, ist an dem Ergebnis meist nicht zu rütteln. Während sich die einen mit der Enttäuschung quälen, nehmen Stehaufmenschen wahr: Kein Kontrollverlust ist total. Etwas kann man immer beeinflussen. Aus dieser Überzeugung beziehen sie die Energie, einen ganzen Abend lang Möbel zu rücken. Am Ende steht die Couch an einem anderen Platz, ein überflüssiger Beistelltisch wurde in den Keller verbannt, das Kabelgewirr beseitigt und die alte Kommode verrückt und auch gleich neu gewachst. Danach sieht die Welt deutlich freundlicher aus und das Wohnzimmer fast wie neu. Nicht wie geplant. Und auch sehr ungewohnt. Aber aufgeräumter und überraschend interessant. Fragen Sie sich:

- Was liegt völlig außerhalb meiner Kontrolle?
- Welche Facetten der Situation kann ich positiv beeinflussen?

Live: »So heftig hätte ich es nicht gebraucht«

Vor fünf Jahren erlitt Katja Vossthal, 51, einen schweren Herzinfarkt. Als sie zwei Jahre später nach einer Nachfolgeoperation auf der Intensivstation liegt, kündigt ihr Mann die Trennung an und zieht aus. Heute steht sie wieder mit beiden Beinen im Leben. Sie ist reflektierter geworden, sagt sie. Früher habe sie nur funktioniert. Den Prozess vom jähen Schock zum neuen Ich beschreibt sie so:

»Ich wollte immer gut dastehen, das hat mich letztlich meine Gesundheit gekostet. Es ist, als hätte irgendwann ein Organ gesagt: Jetzt ist Schluss. Bei mir kam dieser Punkt, nachdem mein Mann und ich uns unsere Praxis für Physiotherapie aufgebaut hatten. In sie haben wir jeden Cent investiert, jeden Vorhang habe ich dafür genäht, den Bau betreut, die Handwerker koordiniert, für die Patienten war ich die Anlaufstelle Nummer eins. 13- und 14-Stunden-Tage waren für mich normal. Dann kam der Herzinfarkt, die Reha, Monate, in denen ich mehr Zeit im Krankenhaus als zu Hause verbrachte. Für mich war das furchtbar: nicht mehr arbeiten zu können, mich nutzlos zu fühlen. Mein Mann war ja auf meine Mitarbeit angewiesen. Dazu kamen die chronischen Schmerzen, die mich nicht mehr losließen. Um mir etwas wie Lebensqualität zurückzugeben, hat mein Kardiologe mir dann zu einer Autotransplantation geraten.

Drei Tage nach dieser schweren OP, noch auf der Intensivstation, eröffnete mir mein Mann, er wolle sich trennen. Von Freunden erfuhr ich, dass er ein Verhältnis mit einer Patientin hatte, seit über einem Jahr schon. Ich war völlig vor den Kopf gestoßen. Wir führten eine gute Ehe, redeten viel, wussten alles voneinander – dachte ich. Erst im Nachhinein ist mir aufge-

fallen, wie selten er mich in der Klinik berührt hat. Meistens ist er zwei Meter von meinem Bett entfernt gestanden.

Die einzigen Lichtpunkte in dieser Situation waren für mich meine Freundin und die behandelnde Oberärztin. Die beiden waren einfach für mich da, meine Freundin hat mir die Lippen abgetupft, mir zu trinken gegeben, ich war ja an ein Dutzend Schläuche angeschlossen, und mich weinen lassen. Und als ich dann die Intensivstation verlassen konnte, hat Katharina, die Oberärztin, sich nach Dienstschluss an mein Bett gesetzt, mir ein Tablett mit Kaffee gebracht und gesagt: So, jetzt reden wir einfach mal. Die Kommentare, die von anderen kamen, auch deren Kritik, das wollte ich damals alles nicht hören. Ohne Katharina und Anke weiß ich nicht, was ich angestellt hätte. Später haben mich dann auch meine Bücher über Wasser gehalten. Um mich abzulenken, habe ich sämtliche Avalon-Bände verschlungen. Und Bücher über Leute, die auch Schweres durchmachen. Schmetterling und Taucherglocke zum Beispiel, das konnte ich komplett nachvollziehen. Im Nachhinein ist mir allerdings auch klar: Damals in der ersten Krise habe ich mich total isoliert, das war aus heutiger Sicht ein Fehler.

Irgendwann hat mir eine Freundin geraten: Katja, geh doch mal ins Internet. Für mich war das ein Aha-Erlebnis. Über Friendscout habe ich Männer kennen gelernt, die kein Problem mit meinen Narben hatten. Ein französischer Freund hat mich nach Rom eingeladen, nach Venedig, in die Oper. Das war eine ganz neue Welt für mich, das hat mich bereichert und aufgebaut. Bisher war ich ja immer für die anderen da. Verwöhnt zu werden war für mich ganz neu und unerwartet.

Das alles ist jetzt fast drei Jahre her. Ich sage mir, mir geht's nicht schlecht: Es gibt einen neuen Mann in meinem Leben, mein Kardiologe ist mit mir zufrieden, und mit Katharina bin ich eng befreundet. Mit meinem Mann bin ich im Großen und Ganzen fertig. In der Praxis, die wir weiter gemeinsam führen, gehen wir professionell miteinander um. Meistens. Wenn der Hass doch einmal wieder hochkocht und sich dieser Ring um mein Brustbein legt, dann sag ich mir: nein, nein, Katja, runter, runter. Denn Unversöhnlichkeit schadet mir selbst am meisten. Ich mache viel für mich: Ich habe mir einen Hund zugelegt und einen Lesezirkel gegründet, genieße die Natur und meinen Sport, auch wenn ich mich natürlich sehr schonen muss und das Tennisspielen aufgeben musste. Besonders schön finde ich, wie ich mich über eine gelbe Wiese freuen kann, über ein Raps- feld, das habe ich vorher überhaupt nicht wahrgenommen ... Ich hätte es nicht so heftig gebraucht, wirklich nicht. Als Ausgleich bin ich innerlich ge- wachsen, es ist, als hätte ich ein neues Ich. Früher habe ich immer nur funktioniert.«

Aussteigen oder dranbleiben, das ist die Frage

Wie man entscheidet,
ob man die Beine in die Hand nimmt
oder die Zähne zusammenbeißt

Ist es sinnvoll, sich weiter in das Hausarbeitsthema zu hängen, zu dem man keinen Zugang findet? Bleibt man der Partnerin treu, mit der einen außer den Kindern nicht mehr viel verbindet? Verkauft man das Haus, in dem man alt werden wollte, weil einem der Nachbar ganz offen den Krieg erklärte? Tipps und Regeln über den Umgang mit Sackgassen und Durststrecken.

Die Idee entstand nach dem Volleyball: Dem städtischen Klinikum, gebeutelt von Sparzwang und Fallpauschale, fehlte es an modernster Hightech, die örtliche Hochschule, getrieben von Rankinglisten und Exzellenzinitiative, suchte nach Möglichkeiten, mit einem Bündel abgestimmter Studiengänge ihr Profil zu schärfen. Was lag also eigentlich näher, überlegten Justus, der Kliniker, und Tobias, der Hochschullehrer, als mit einer konzertierten Initiative Forschungsgelder für gemeinsame medizintechnische Projekte einzuwerben. Binnen Wochen wurden Mitstreiter für die so noch nicht dagewesene Idee gesucht, ein Konzept entwickelt, Bürgermeister und Landrat in Boot geholt, die Regionalzeitung aktiviert und der Kooperationsentwurf dem Landtag vorgelegt. Von da an stockt das Projekt. Die verantwortlichen Politiker zeigen sich angetan, signalisieren wohlwollendes Interesse, doch das Einzige, was wirklich zählt, die Finanzierungszusage, bleibt aus. »Das war es wohl«, befindet Justus. »Das Projekt ist gestorben.« Tobias, vor die gleiche Situation gestellt, gibt so schnell nicht auf: »Wir kämpfen weiter! Unser Vorstoß hat Potenzial, das lassen wir uns nicht zerreden.«

Bei vielen Rückschlägen und Schwierigkeiten kommt zur Frustration die Verunsicherung: Bedeutet das Nicht-Gelingen, dass man am besten gleich die Finger von der Sache lässt? Oder ist man mit einer ergebnislosen Phase konfrontiert, die vorübergeht, wenn man lange genug am Ball bleibt und sich noch mehr bemüht, als man es ohnehin schon getan hat? Eine einfache Antwort darauf gibt es nicht, auch wenn der Rat des amerikanischen Bestsellerautors Seth Godin so klingt: *Quit the wrong stuff. Stick with the right stuff. Have the guts to do one or the other.* Lassen Sie das Falsche fallen. Halten Sie das Richtige durch. Haben Sie den Mut, das eine oder das andere zu tun.

Damit ist weiterhin alles offen. Nur so viel ist klar: Anders als viele Menschen meinen, ist Gehen eine ebenso gute, respektable und möglicherweise richtige Option wie Bleiben. Die Kunst besteht darin zu entscheiden, ob ein Traum wirklich ausgeträumt ist oder nur schwerer zu verwirklichen als erhofft.

Comeback-Idee 16
Brechen Sie nichts übers Knie

Manchmal ist Scheitern ein Absturz, bei dem ein Traum mit lautem Getöse zerplatzt: Man fällt durchs Staatsexamen, die Partnerin will die Scheidung, das Garantiezertifikat ist wertlos verfallen. So schmerzhaft solche Situationen sich auch anfühlen – zumindest weiß man, woran man ist: Etwas ist aus und vorbei.

Mehr Kopfzerbrechen und Bedrängnis bereiten Situationen, in denen etwas spürbar schiefläuft, ein klares Aus aber nicht erkennbar ist. Wenn sich herausstellt, dass trotz der glänzenden Examensnote jeder Auftritt vor Gericht Panik auslöst oder dass die Beziehung lau und grau geworden ist, müssen wir nicht nur die Niederlage verkraften. Obendrein sind wir gefordert, eine grundsätzliche Entscheidung zu treffen: Wie soll es jetzt weitergehen? Hofft man darauf, dass die Sache sich früher oder später wieder einrenken wird? Bucht man einen Rhetorikkurs, überredet den Partner oder die Partnerin zu einer Paarberatung? Oder zieht man am besten gleich einen Schlussstrich, um die missliche Situation möglichst schnell hinter sich zu lassen?

Was immer Sie am Ende tun – warten Sie erst einmal ab. Denn Angst und Frust sind schlechte Berater. Je schriller die Alarmglocken läuten, desto größer ist die Gefahr, dass wir vorschnelle Schlüsse ziehen und irrational handeln. Es ist wie beim Autofahren: Wenn der Hintermann laut und ungeduldig hupt, reagiert man leicht fahrig und aggressiv statt situationsangemessen besonnen. Stress macht sich breit, das Angstzentrum dominiert. Das, was unseren Vorfahren beim Angriff eines Säbelzahntigers geholfen hat, der Gefahr auszuweichen, führt im modernen Alltag dazu, dass wir nervös werden, entnervt aufgeben oder nach dem Motto »Jetzt erst recht« mit Vollgas den fehlgeleiteten Kurs verfolgen. Treten wir dagegen erst einmal einen Schritt zurück, statt den hochgepuschten Gefühlen nachzugeben, gewinnen wir einen rationaleren Zugang: Positive und negative Rückmeldungen können kühler ausgewertet werden. Nicht nur das schnell und oft vorschnell urteilende limbische System, auch der gründlich abwägende präfrontale Kortex bestimmt dann die Entscheidung mit.

Diese drei Fallen sind besonders tückisch, wenn in Krisenzeiten die evolutionären Muster die Oberhand über Ihre Reaktionen zu bestimmen drohen:

Vorschnelle Diagnose. Wer seine Felle wegschwimmen sieht, neigt zu extremen Diagnosen: Das Studium war umsonst, der Partner hat eine andere, der ganze Urlaub ist verdorben, die Welt bricht zusammen. Wohin solche im Angesicht des Scheiterns typischen Überdramatisierungen führen, verdeutlicht Shakespeares Tragödie *Othello*. In der festen, aber falschen Überzeugung, dass Desdemona ihn betrügt, tötet der Titelheld die Frau, die er liebt: »Die Sache will's, die Sache will's, mein Herz!« Hat ein Gedanke sich in Krisenzeiten erst einmal im Gehirn festgekrallt, sind wir für gegenteilige Hinweise blind und taub. Die Gefahr ist groß, dass wir unser Handeln auf eine wackelige oder sogar fehlerhafte Wissensbasis stützen.

Verlustangst. Egal, ob mit 4 oder mit 40, egal, ob es um Bonbons geht oder eine erwartete Beförderung: Was wir haben, geben wir ungern her. Droht uns ein Verlust, schnellt der Wert des Verlorenen in unserer Wahrnehmung schlagartig und dramatisch in die Höhe. Nie war der Partner begehrenswerter, als wenn er die Beziehung zu beenden droht, nie der Job unersetzlicher, als wenn wir fürchten, ihn zu verlieren. Aus dieser übersteigerten Einschätzung heraus tun wir alles, um zu retten, was zu retten ist. Leider oft das Falsche: Mit extremen Aktionen reitet man sich eher noch tiefer ins Unglück hinein, statt sich aus der Misere herauszupauken.

Herdentrieb. Wenn alle in der Firma um den Job fürchten, seit die externen Berater im Haus sind, oder die anderen Eltern im Bekanntenkreis fast schon hysterisch darum bangen, dass ihr Kind den Sprung ins Gymnasium schafft, entsteht ein regelrechter Schwarmverhalten: Die Ängste, die man ohnehin schon hat, steigern sich noch einmal um einige Grade.

Selbstcoaching: Betrachten Sie die Situation von außen

Das Wissen, welche Denkfallen das Gefühlschaos bereithält, erleichtert es Ihnen, sich zur Ruhe zu zwingen und die Dinge logischer zu betrachten. Die folgenden Überlegungen beruhigen Ihre Gefühle und klären Ihre Gedanken:

Gefühle verstehen. Beobachten Sie sich selbst und finden Sie heraus, was Sie in oder nach der Niederlage antreibt. Sind Sie gerade felsenfest davon überzeugt, dass die Sache sich wieder einrenken wird? Oder glauben Sie, dass alles verloren ist und Sie nie mehr wieder glücklich sein können? Bei solchen intensiven Emotionen ist Ihre Wahrnehmung sehr wahrscheinlich verfälscht.

Euphorie und Panik identifizieren In Krisenzeiten sind Sie anfälliger als sonst, äußeren Ereignissen eine positive oder negative Bedeutung zuzuschreiben, die darin nicht enthalten ist. Steckt zum Beispiel die Ehe in einer wirklich ernsten Krise, besteht die Gefahr, dass man irrationale Hoffnung schöpft, wenn der Partner einen vor der Zahnoperation in den Arm nimmt oder wenn man die Traumhochzeit guter Freunde mitfeiert. Umgekehrt reagiert man möglicherweise übertrieben panisch, wenn der andere für ein paar Tage allein verreisen will oder wenn man darüber nachdenkt, wie es wäre, Weihnachten zum ersten Mal seit acht Jahren nicht als Paar zu verbringen. Fragen Sie sich deshalb: Welche äußeren Ereignisse beeinflussen die anstehende Entscheidung mit? Was lesen Sie daraus ab? Welche anderen Erklärungen gibt es außerdem dafür?

An die Langzeitwirkung denken. Die Entscheidung, die Sie heute treffen, wirkt sich möglicherweise noch Jahre später auf Ihr Leben aus. Ist die Weichenstellung, die Sie unter dem Eindruck einer akuten Belastung oder Bedrohung vornehmen, die beste für Ihr langfristiges Wohlbefinden? Wie groß schätzen Sie die Gefahr ein, dass Sie sie rückblickend als Kurzschlusshandlung bereuen werden?

Meine Frau und ich haben darüber nachgedacht, ob wir zusammen Urlaub machen oder uns scheiden lassen. Wir sind zu dem Schluss gekommen, dass ein Trip in die Bermudas in zwei Wochen vorbei ist, während eine Scheidung etwas ist, was man immer hat.
Woody Allen

Andere Meinungen hören. Krisen verengen den Blick, die Gedanken drehen sich im Kreis, und ein ursprünglich erkundungsgesteuertes Verhalten weicht einem angstgesteuerten. Um Ihren Handlungsspielraum zu erweitern, suchen Sie das Gespräch mit Menschen Ihres Vertrauens. Auch gut: Ziehen Sie eine Beraterin oder einen Coach zurate. Zwar kann Ihr Umfeld Ihnen die Entscheidung für ein Gehen oder Bleiben nicht abnehmen. Aber die Diskussion unterschiedlicher Meinungen und das Durchspielen aller möglichen Eventualitäten tragen dazu bei, dass Sie zwischen verschiedenen und vielleicht auch unerwarteten Optionen und Lösungen wählen können.

Comeback-Idee 17
Stehen Sie Durststrecken durch

Zu entscheiden, ob man ein missglücktes Unternehmen aufgibt oder fortsetzt, ist alles andere einfach. Fest steht jedoch: Durchhalten genießt einen hervorragenden Ruf.

»Wer immer strebend sich bemüht, den können wir erlösen« – in Goethes *Faust* begegnet uns Beharrlichkeit als klassische Voraussetzung, die eigene Persönlichkeit voll zu entwickeln.

»Ich glaube, dass die Ungeduld, mit der man seinem Ziele zueilt, die Klippe ist, an der oft gerade die besten Menschen scheitern«, schreibt der 21 Jahre jüngere Romantiker Hölderlin.

»Junge, man schmeißt niemals den Kram hin!« Der Leitspruch seiner Mutter klang Radprofi Lance Armstrong nicht nur beim Anstieg zum Col de la Schlucht in den Ohren, er half ihm auch, seine schwere Krebserkrankung zu bestehen.

Keine Frage: Dranbleiben ist eine gute Alternative, und das Bestehen von Durststrecken einer der wichtigsten Erfolgsfaktoren. Oft sogar dann, wenn sich alles in Ihnen dagegen sträubt.

Dem Gefühl misstrauen

Egal ob man eine Ausbildung absolviert, ein Haus baut, einen Marathon läuft, eine Beziehung lebt, ein Buch schreibt, Saxophonspielen lernt, ein Fotobuch am Notebook gestaltet oder einen Wahlkampf führt – über kurz oder lang verfliegt die anfängliche Begeisterung, Schwierigkeiten und Rückschläge trüben die Freude, und was so verheißungsvoll begann, droht zur Enttäuschung zu werden. Zumindest ab und an würde man am liebsten alles hinwerfen, und mit halbem Auge schielt man nach grüneren Weiden: Die Auszubildende durchforstet Studienratgeber, frustriert vom Beziehungseinerlei testet man den Marktwert beim Online-Dating, als Weihnachtsgeschenk gibt es statt Selbstgemachtem ein Präsent aus dem Kaufhaus, und das Saxophon landet im Keller, gleich neben dem Heimtrainer, der es auch nicht gebracht hat.

Manchmal ist es im Leben wie auf der Autobahn. Man steht im Stau, ein Ende ist nicht absehbar, und auf der Kriechspur rollen verbotenerweise all die an einem vorbei, die sich die Warterei nicht länger antun wollen. Untersuchungen des Stauforschers Professor Michael Schreckenberg von der Universität Duisburg-Essen zeigen: Fast jeder zweite Fahrer reagiert auf den Staufrust und biegt bei der nächsten Ausfahrt ab. Der Aktionismus hebt zwar die Stimmung, aber weil so viele andere den gleichen Ausweg wählen, sind sehr bald auch die Alternativstrecken verstopft. Am zügigsten kommt deshalb statistisch gesehen die winzige Gruppe der Stoiker unter den

Autofahrern voran, die grundsätzlich nie von der geplanten Route abweicht. Gerade mal 1,5 Prozent der Staugeschädigten bringen diese Unbeirrbarkeit auf.

Wenn wir ein Ziel aufgeben, gibt oft ein ebenso schlichtes wie trügerisches Abbruchkriterium den Ausschlag: Es macht keinen Spaß, es tut weh, es nervt, die Hürden sind zu hoch. Das nasskalte Wetter hat einen spätestens bei Kilometer 15 zermürbt, die Fotobuchdatei lässt sich auch nach dem vierten Versuch nicht hochladen, und dass man als angehende Friseurin mehr fegt und wäscht als färbt und schneidet, hat man zwar theoretisch gewusst, aber sich so frustrierend einfach nicht vorgestellt.

Ein anspruchsvolles Ziel zu verwirklichen ähnelt sehr oft eher einem Wüstenmarsch als einem Sonntagsspaziergang, und wirklich große Erfolge stellen sich selten über Nacht ein. Unannehmlichkeiten bei der Zielverwirklichung müssen deshalb nicht bedeuten, dass Sie ein illusorisches Ziel gewählt haben. Sie besagen möglicherweise nur, dass Ihr Ziel anspruchsvoller ist als ein bequemeres Vorhaben: Natürlich lässt sich eine Doppelhaushälfte vom Reißbrett leichter finanzieren als das frei stehende Architektenhaus, und meistens funktioniert eine extern eingekaufte Softwarelösung schneller als eine selbst entwickelte. Dafür ist die ehrgeizigere Lösung aber individueller, flexibler und langfristig wahrscheinlich die bessere. Überforderung allein liefert also keinen zwingenden Grund, ein Vorhaben aufzugeben. Im Gegenteil: Je schwerer ein Ziel zu erreichen ist, desto mehr zahlt sich das Durchhaltevermögen am Ende aus, sei es, weil kraftlosere Konkurrenten längst ausgestiegen sind, sei es, weil Ihnen etwas gelungen ist, was nicht alltäglich ist. Wenn Sie sich erschöpft, entnervt oder inkompetent fühlen, führen Sie sich deshalb Ihr Ziel am Ende des Tunnels klar und deutlich vor Augen:

- Ist es den Aufwand wert?
- Lohnt es den Verzicht und das Risiko?
- Wollen Sie es nach wie vor mit aller Macht erreichen?
- Liegt es in Ihren Möglichkeiten, Ihren Plan zu verwirklichen?

Wenn Sie diese Fragen mit ja beantworten, halten Sie durch. Hinwerfen ist nur dann eine Option, wenn sich herauskristallisiert: Das langfristige Wunschbild (als Maskenbildnerin am Theater zu arbeiten) ist nicht mehr attraktiv oder realistisch genug, um die aktuelle Quälerei (die Arbeit im Friseursalon) zu rechtfertigen.

Zwischen Durststrecken und Sackgassen unterscheiden

Durststrecken können hart und anstrengend sein, doch wenn Sie durchhalten, stehen Sie am Ende am Ziel Ihrer Wünsche. Sackgassen ziehen sich im Vergleich dazu eher ereignislos und manchmal ermüdend lang hin, führen aber letztlich ins Nichts. Je früher Sie umkehren, desto besser.

Die Unterscheidung leuchtet ein, löst aber nicht das Problem des Erkennens: Die Wege, die wir einschlagen, sind ja nicht klar und deutlich als Durststrecke oder Sackgasse beschildert. Oft wissen wir bis zum Schluss nicht sicher, ob die gewählte Strecke ans Ziel führen wird oder in die Enge. Nicht einmal die Tatsache, dass sie uns besonders leicht fällt oder schwer, liefert uns ein untrügliches Indiz dafür. Ganz im Dunkeln tappen wir zum Glück trotzdem nicht. Der folgende Test zeigt Ihnen, welche Faktoren fürs Weitermachen sprechen und welche für einen strategischen Rückzug.

Selbstcoaching: Durststrecke oder Sackgasse?

Kreuzen Sie in jeder Zeile spontan die Aussage an, die am ehesten auf Sie zutrifft. Gar nicht so einfach? Im Zweifelsfall entscheidet immer Ihr Gefühl.

Die Verwirklichung meines Ziels erweist sich als mühsamer als gedacht. Ich bin aber sehr sicher: Es zu realisieren liegt in meiner Macht und innerhalb meiner Möglichkeiten. ☐ Ja ☐ Nein	Die Verwirklichung meines Ziels steht in den Sternen: Sie hängt vom Schicksal, der Gunst der Stunde oder einem bisher noch unerprobten Talent ab. ☐ Ja ☐ Nein
Bei allen Rückschlägen – es gibt Lichtblicke und messbare Fortschritte. ☐ Ja ☐ Nein	Die Rückschläge überwiegen. / Ich trete auf der Stelle. ☐ Ja ☐ Nein
Wenn ich ans Ziel gelange, rechtfertigt der Ertrag alle Investitionen. ☐ Ja ☐ Nein	Ich frage mich, ob die Investitionen nicht längst höher sind als der Ertrag. ☐ Ja ☐ Nein
Wenn ich geahnt hätte, wie mühsam mein Ziel zu erreichen ist, hätte ich mein Vorhaben nie begonnen. ☐ Ja ☐ Nein	Wenn mich mein Stolz nicht abhalten würde, hätte ich mein Vorhaben längst aufgegeben. ☐ Ja ☐ Nein
Im Moment bin ich unendlich frustriert und würde am liebsten alles hinwerfen. ☐ Ja ☐ Nein	Ich bin jetzt an einem Punkt, an dem vom Kopf her alles für einen Abbruch spricht. ☐ Ja ☐ Nein
Ich habe alle Alternativen geprüft und bin sicher: Ich verfolge das richtige Ziel. ☐ Ja ☐ Nein	Eigentlich müsste ich wohl aufgeben – aber was wäre die Alternative? ☐ Ja ☐ Nein
Ich habe in vergleichbaren Situationen schon öfter als einmal aufgegeben. ☐ Ja ☐ Nein	Ich bin ein Mensch, der eisern durchzieht, was er sich vorgenommen hat. ☐ Ja ☐ Nein

---

Bitte beantworten Sie die folgende Frage nur, wenn sie auf Ihre Situation zutrifft.

Ob sich mein Traum erfüllt, hängt von ganz unterschiedlichen, voneinander unabhängigen Menschen/Interessengruppen ab.	Ob sich mein Traum erfüllt, hängt von einem einzigen Mensch/einer einzigen Interessengruppe ab.
☐ Ja ☐ Nein	☐ Ja ☐ Nein
Liegt die Mehrzahl der Ja-Antworten in dieser Spalte, stecken Sie wahrscheinlich in einer Durststrecke.	Liegt die Mehrzahl der Ja-Antworten in dieser Spalte, stecken Sie wahrscheinlich in einer Sackgasse.
☐ Tendenz: Durchhalten!	☐ Tendenz: Rückzug antreten!

Zwischen Durchhalten und Loslassen jonglieren

In der Liebe heißt sie Treue, im Job Durchhaltevermögen und im Sport anaerobe Ausdauer: Beständigkeit, auch und gerade im Angesicht von Krisen, genießt in den westlichen Leistungsgesellschaften einen hohen Ruf. Eine Umfrage des österreichischen Gallup-Instituts gemeinsam mit der Kommunikationsberatung Konzept PR zeigt: Quer durch alle Altersstufen schätzen 73 Prozent der Befragten Durchhaltevermögen beruflich und privat als sehr wichtige Fähigkeit ein. Etwas aufzugeben, um Neues zu beginnen, halten dagegen nur 19 Prozent für einen Erfolgsfaktor. Ein anderes Bild ergibt sich bei den über 50-Jährigen: In dieser Gruppe räumen 34 Prozent der Befragten dem Loslassen-Können einen hohen Stellenwert für ihren persönlichen Erfolgsweg ein.

Offensichtlich ist Älteren stärker als Jüngeren bewusst: Die zu Recht hoch geachtete Fähigkeit, sich durchzubeißen, hat eine Schattenseite. Bei aller Anstrengung, die es uns abverlangt, bleibt sie doch die einfachere Alternative: Die feste Bindung an ein Ziel, mag es noch so utopisch sein, gibt Sicherheit, trägt Respekt ein und erlaubt es uns, auf vertrautem Terrain zu verharren. Der Abschied von einem Traum ist im Vergleich dazu von deutlich weniger klaren Perspektiven begleitet. Wir müssen Neuland betreten und uns ins

Das typisch Menschliche: sich aus Angst vor einer unbekannten Zukunft an die bekannte Vergangenheit klammern.

John Naisbitt

Ungewisse begeben. Am besten haben Sie beides in Ihrem Verhaltensrepertoire: die Ausdauer, in Durststrecken weiterzumachen, aber auch die Fähigkeit zum Abschiednehmen, wenn ein Vorhaben sich als aussichtslos erweist.

Comeback-Idee 18
Verlassen Sie Sackgassen
(oder richten Sie sich darin ein)

Es gibt viele schlechte Gründe, einem Menschen, einer Idee oder einem Vorhaben den Laufpass zu geben: der Mangel an Engagement, Zeit, Geld oder Mut gehört dazu. Auch die Tatsache, dass man noch nie lange einer Beziehung, einem Hobby oder eine Begeisterung die Treue gehalten hat, sollte einem zu denken geben. Wenn Sie aber entschieden für sich verneinen können, dass Sie zur Gruppe der »seriellen Aussteiger« gehören, dann ist die Fähigkeit, sich gegebenenfalls von einem Ziel oder Wunsch lösen zu können, für Sie genauso wichtig wie Ihre Bereitschaft, alles für seine Verwirklichung zu tun.

Die Hoffnung stirbt zuletzt

Die Nacht mit ihm war überwältigend, euphorisch, exotisch, erotisch – ganz große Oper. Doch während er bei allem Feingefühl kaum mehr als eine nicht ganz gewöhnliche Affäre sucht, ist ihre

Hingabe tief und ernst. Und so gibt sie für ihn alles auf, bricht mit ihrer Herkunft und wartet, dass er zu ihr zurückkehrt, sobald seine Verpflichtungen es zulassen werden: »Mein Gemahl hat mir versprochen, dass er zurückkehrt in dem holden Monat, wo leis' im Neste Jung-Rotkehlchen zwitschern.« Puccinis Oper *Madama Butterfly* führt vor, wie »eskalierende Zielbindung« funktioniert: Je mehr Zeit oder Geld man bereits in eine Entscheidung investiert hat, desto verbissener hält man daran fest. Während jeder auf der Bühne und im Publikum ahnt, dass Butterflys Gelieber sich längst neu orientiert hat, ignoriert sie standhaft alle negativen Hinweise: »Hier kam schon dreimal aufs neu die Brut. Doch mag es sein, dass überm Meere andre Gewohnheit waltet ...« – Puccinis Butterfly ist ein Paradebeispiel dafür, wie vom Scheitern bedrohte Menschen die Anzeichen des heraufziehenden Unheils verdrehen und schönreden.

Für Butterfly endet das ebenso heroische wie unrealistische Festhalten an dem eingeschlagenen Weg mit dem Tod. Im wahren Leben geht manische Zielfixiertheit zum Glück selten so tragisch aus wie in der Oper. Doch auch uns kostet die Verdrängung von Scheitern Lebenszeit und Lebensglück: zum Beispiel wenn ein Paar die Grenzen der Sterilitätsbehandlung einfach nicht akzeptieren kann oder wenn Eltern ihre Tochter, obwohl alle Argumente längst ausgetauscht sind, immer weiter beknien, doch lieber in Stuttgart zu studieren statt in Sidney.

Offensichtlich bewirken Misserfolge, so die Psychologen Joachim Brunstein und Peter Gollwitzer, oft noch eine »Intensivierung der Zielverfolgung« und machen die Ablösung vom verfehlten Ziel unmöglich«. Statt über Alternativen nachzudenken, einen Neuanfang zu planen oder die Situation anzunehmen, neigen die meisten Menschen dazu, die Erfolgsaussichten eines scheiternden Vorhabens zu überschätzen, ihre Anstrengungen zu verdoppeln und sich in ihr Vorhaben zu verbeißen, als sei es der einzige, ultimative Weg zum Glück: »Ein Leben ohne

> *Der Bau von Luftschlössern kostet nichts, aber ihre Zerstörung ist sehr teuer.*
> François Mauriac, französischer Autor

eigene Kinder ist für mich unvorstellbar«, sagt Julia, 42, und klingt nach der vierten erfolglosen künstlichen Befruchtung so unbeirrt wie vor der ersten. Ihre Beharrlichkeit ist heroisch – einerseits. Andererseits vergrößert das Festhalten an einem Ziel, dessen emotionale Kosten längst den möglichen Nutzen überschreiten, die Gefahr, wie Butterfly zu allem anderen Unglück auch noch am Scheitern zu scheitern.

Was Loslassen so schwer macht

Zwar sollte man meinen, nichts wäre leichter und erleichternder, als von etwas Abschied zu nehmen, das sich totgelaufen hat, Illusion zu bleiben droht oder sich beim besten Willen nicht verwirklichen lässt. Weit gefehlt. Vor allem Menschen mit einem statischen Selbstbild haben eine zementierte Idee davon, was für sie gut und richtig ist, und krallen sich in ihre Lebensentwürfe so unerbittlich wie Spikes in Blitzeis: Lilli bleibt bei einem Mann, der sie immer wieder betrügt: »Ich glaube ihm, dass seine Affären an seinen Gefühlen für mich nichts ändern.« Joachim verharrt frustriert in der Komfortzone eines Jobs, in der er, nachdem ihm ein externer Bewerber als dritter Geschäftsführer vorgezogen wurde, nie die Karrierestufe erreichen wird, die er sich einmal vorgenommen hat: »Zu wechseln hieße, dass wir aus Erfurt wegziehen und uns alles neu aufbauen müssen.« Peer und Nicole wohnen weiter in dem Haus, in dem sie sich nicht mehr wohlfühlen, seit 100 Meter weiter die Umgehungsstraße gezogen wurde: »Die Preise in unserem Viertel sind so gesunken, dass ein Verkauf ein Verlustgeschäft wäre.«

Für die meisten Menschen besitzen Ziele und Träume eine so große Zugkraft, dass sie sich auch dann nicht davon trennen können, wenn sie wertlos geworden sind. Ein Grund dafür sind die Umstände: Man hat bereits so viel Geld und Lebenszeit investiert, dass ein Zurück sich allein deshalb verbietet. Die so zwingend erscheinenden äußeren Zwänge engen den Handlungsspielraum ein, keine

Frage. Sie eignen sich aber auch wunderbar als schwer zu widerlegende Abwehrstrategie. Solange wir uns als Opfer der Umstände definieren, brauchen wir uns nämlich nicht damit auseinanderzusetzen, dass Loslassen uns psychologisch fast noch mehr fordert als praktisch. Denn so sehr der aktuelle Zustand belastet, man kennt ihn und bewegt sich auf vertrautem Terrain.

Das Aufgeben aussichtsloser Wunschbilder verlangt der Psyche deutlich mehr ab: »Sich von lieb gewordenen Zielen zu trennen erfordert die Erkenntnis, dass die eigenen Fähigkeiten und Lebensumstände einfach nie zu dem führen werden, was man sich für die Zukunft erhofft«, erklärt die amerikanische Psychologin Laura A. King. »Ein Ziel aufzugeben heißt, auf Gratifikationen zu verzichten, denen man bisher einen hohen Wert beimaß, die eigenen fehlgeleiteten Zukunftserwartungen zu akzeptieren und möglicherweise den eigenen Platz in der Welt neu einzuschätzen.« Loslassen bedeutet somit:

Gesichtsverlust. Man hat sich verschätzt: »Wir reden schon gar nicht mehr darüber, wie uns der Lärm belastet«, sagt Nicole. »Es ist zwar Unsinn, aber irgendwie ist es uns regelrecht peinlich, dass wir das Haus im Rückblick betrachtet nicht hätten kaufen dürfen.«

Abschied vom Status quo. »Wir hängen an der Nachbarschaft und dem eingewachsenen Garten, eigentlich wollten wir hier alt werden.«

Ungewissheit, wie ein anderes Leben aussehen könnte, das zumindest nicht schlechter sein darf als das, das man hinter sich lässt: Will ich wirklich riskieren, noch einmal ganz von vorn anzufangen? Werden wir es in einem neuen Haus so schön haben wie jetzt? Und was, wenn nicht?

Warum es sich trotzdem lohnt

Wer ein Ziel als wertlos erkennt und, so sehr es schmerzt, erst Abstand und dann Abschied davon nimmt, macht einen gewaltigen Schritt nach vorn. Drei Wege stehen Ihnen dafür offen: Change it, love it or leave it. Ändern Sie die Situation, nehmen Sie sie an oder wagen Sie den Absprung.

Unsere Träume können wir erst dann verwirklichen, wenn wir uns entschließen, daraus zu erwachen.

Josephine Baker, US-amerikanische Tänzerin und Sängerin

Egal, wofür Sie sich entscheiden – die ausgetretenen Pfade müssen Sie in jedem Fall verlassen, zumindest gedanklich.

Die Situation verändern. Veränderung ist der am wenigsten radikale Schritt. Ein Umdenken und Ablassen vom Gewohnten verlangt aber auch er. Lilli hat sich für diese Variante entschieden und ihren Mann vor das Ultimatum gestellt: Die One-Night-Stands müssen ein Ende haben, anderenfalls reicht sie die Scheidung ein. Nüchterne Klarheit statt tränenreicher Klagen – einfach ist die neue Linie für Lilli nicht. Zumal das Abbruchkriterium auch sie selbst in Zugzwang bringen könnte. Trotzdem: »Zum ersten Mal habe ich das Gefühl, dass Stefan mir abnimmt, dass ich Ernst machen könnte.«

Die Situation annehmen. Die zweite Möglichkeit des Loslassens besteht darin, dass Sie die ungeliebte Situation akzeptieren, sich mit allen Vor- und Nachteilen in der Sackgasse einrichten und ihre Vorzüge genießen. So wie Joachim, der sich vor einiger Zeit bewusst für das gute Leben und gegen den Traum vom Spitzenjob entschieden hat. Rein äußerlich ändert sich nicht viel. Aber es reduziert den Groll und hebt die Laune, sich vom Spielball des eigenen Schicksals zurück in dessen Gestalter zu verwandeln.

Die Situation aufgeben. Als dritte Möglichkeit des Loslassens können Sie das Leben in neue Bahnen lenken. Nicole und Peer werden diesen radikalen Weg beschreiten und einen Schlussstrich ziehen: »Wir werden ausziehen, auch wenn wir dafür viel aufgeben müssen. Ruhig und schön zu wohnen ist uns zu wichtig, in diesem Punkt wollen wir nicht ein ganzes Leben lang Kompromisse machen.«

Loslassen befreit. War man bisher in der Sackgasse gefangen, rannte gegen Wände, drehte sich im Kreis, steht einem nun die Welt wieder offen. Mit aller Orientierungslosigkeit, die mit so viel Freiheit verbunden ist: Selten ist beim Loslassen das neue Leben bereits sicht- und fassbar. Und wenn doch, wissen wir nicht sicher, was wir uns damit einhandeln.

Immerhin ist die Übergangsphase zwischen dem bekannten Unglück und dem unbekannten Glück keine verlorene Zeit. Im Gegenteil: So sehr Loslassen verunsichert, so sehr treibt es das Persönlichkeitswachstum voran. Mit jedem Verlust und jedem Rückschlag trainieren wir, unvermeidliche Gegebenheiten ohne Aufbegehren hinzunehmen und uns damit zu arrangieren. Das kindische Anspruchsdenken, mehr verdient zu haben oder mehr vom Leben erwarten zu dürfen als andere, lässt nach. »Die Niederlage hat mich gelehrt, dass es Dinge gibt, die sind einfach da«, sagt Katja, eine Interviewpartnerin. »Man muss sie nicht mögen, aber sie sind da.«

> *Mittlerweile bin ich froh, nie Gold gewonnen zu haben. Das lehrte mich eine Demut, die ich in meinem Leben nach der Karriere nicht missen möchte.*
> *Franziska van Almsick*

Selbstcoaching: Den neuen Weg hinterfragen

Irgendwann kristallisiert sich nach einem Scheitern eine Vision heraus, wie es jetzt weitergehen soll. Wenn Sie möchten, schreiben Sie diesen Wunsch auf eine Karte: »Wir renovieren ein altes Haus in einem gewachsenen Viertel, nah am Naturschutzgebiet.« Die Gegenwartsform ist wichtig, auch wenn Sie im Moment noch in einem Neubau in Hörweite der Umgehungsstraße wohnen. Hängen Sie die Karte probeweise am Badezimmerspiegel oder an der Kühlschranktür auf. Wie geht es Ihnen, wenn Sie Ihren Wunsch morgens lesen? Wenn Sie ein flaues Gefühl in der Magengegend überkommt, ist die Sache noch nicht ausgereift. Wenn Sie dagegen immer öfter Wohngebiete erkunden und in Wohnzeitschriften blättern, ist das ein Zeichen dafür, dass Sie bereits damit begonnen haben, Ihr altes Ziel loszulassen und sich dem neuen zuzuwenden.

Vielleicht haben Sie sogar die Möglichkeit, den ins Auge gefassten Weg übungshalber auszuprobieren. Lilli zum Beispiel ist jetzt zum ersten Mal seit Jahren wieder einmal allein zu einer Städtereise aufgebrochen.

Abschied nehmen und akzeptieren

Loslassen macht vieles möglich. Aber es braucht Zeit und macht uns vor allem in der Anfangsphase selten trunken vor Glück. Zwar senkt auch das Beharren auf aussichtslosen Zielen das Wohlbefinden, doch Loslassen ist im Vergleich dazu der schmerzhaftere Schnitt. Es bedeutet, ein Wunschbild aufzugeben, das man einmal hingebungsvoll und energisch verfolgt hat.

Psychologen empfehlen deshalb, den Abschied mit einem Ritual zu besiegeln: Um die Vergangenheit abzuschließen, tauscht der untreue Partner sein Handy gegen ein neues, dessen Nummer die Ex-Geliebte nicht erfahren wird. Im Gegenzug versucht die Partnerin, die so lange unter der Affäre gelitten hat, mit den gefundenen Hotelrechnungen auch das Misstrauen zu verbrennen, von dem sie sich so schwer befreien kann. Überlegen Sie sich das Abschiedsritual genau: Es sollte Ihnen und Ihren Bedürfnissen entsprechen, Ihre Gefühle widerspiegeln und den Weg für das Kommende frei machen. Der vollzogene Abschied markiert die Entscheidung, dass Sie anerkennen, dass sich ein Wunschbild nicht erfüllt hat oder dass es nicht in Ihrer Macht steht, ein

Momentan ist wichtig.
Momentan ist gut.
Nichts ist wirklich wichtig.
Nach der Ebbe kommt die Flut.
Herbert Grönemeyer, Mensch

Vorhaben, das Ihnen am Herzen lag, zu verwirklichen. Durch die Akzeptanz der Situation wird der begrabene Wunschtraum zu einem wichtigen, prägenden Teil Ihrer Vergangenheit, aber er beherrscht nicht mehr Ihr Sinnen und Denken. Dadurch können Sie Energien freisetzen für den Neuanfang.

Comeback-Idee 19
Lernen Sie die Kunst des Lockerlassens

Scheitern, denken wir, bedingt ein Entweder-oder: Entweder ein Plan geht auf oder er geht den Bach hinunter. Entweder man ist erfolgreich oder eben nicht. Entweder man macht weiter oder man lässt los. Vor allem Perfektionisten neigen zu dieser Art von Schwarz-Weiß-Denken und machen sich in ihrer Verbissenheit das Herz und das Leben schwer.

Die Größe, die du suchst, wird dich erdrücken.
Shakespeare, Heinrich VI

Dabei gibt es – nicht immer, aber sehr oft – eine Alternative zwischen Erfolg und Versagen: Lockerlassen, sich durchlavieren, abwarten und weitersehen. *Se débrouiller* sagen die Franzosen dazu – zurechtkommen. Und pflegen, statt die Langzeitliebe scheitern zu lassen, neben der müde gewordenen Ehe diskret eine amouröse Cinq-à-sept-Affäre. Genau den gleichen Weg geht, wer ein auf wenig Interesse stoßendes Lieblingsprojekt auf Sparflamme weiterkocht, statt es wirklichkeitsfremd mit ganzer Kraft weiter zu verfolgen oder frustriert als für immer gescheitert abzuschreiben.

Zugegeben: Puristen mögen einwenden, Sich-Durchlavieren sei nichts Halbes und nichts Ganzes und produziere allerhöchstens Mittelmaß. Pragmatiker sehen die Sache abgeklärter: Der Münchener Psychoanalytiker und Autor Wolfgang Schmidbauer zum Beispiel rät, in schwierigen Situationen die Forschheit aufzubringen, mit einer mittleren Anstrengung auch durchaus Mittelmäßiges zu produzieren. Der Rat macht Sinn: Immerhin erhöht die Taktik die Wahrscheinlichkeit, das angestrebte Ziel doch noch zu erreichen. Vielleicht nicht so schnell und hundertprozentig wie erträumt. Aber doch weit besser, als am Tiefpunkt zu hoffen stand. »Und es wurde fertig, das Leidenswerk«, schrieb Thomas Mann in seiner Novelle *Schwere Stunde* über Friedrich Schiller, der sich trotz aller Zweifel an seinem Text Vers für Vers zum Weiterdichten zwang. »Es wurde vielleicht nicht gut, aber es wurde fertig. Und als es fertig war, siehe, da war es auch gut.«

Das Herunterschrauben von Ansprüchen bringt uns unseren Zielen oft näher, als wenn wir unser Glück von der punktgenauen Erfüllung einer ganz bestimmten Vorstellung abhängig machen. Ob spontane Sympathie oder zündende Idee – manche Erfolge lassen sich nicht erzwingen. Sie stellen sich am besten in einem Klima planvoller Gelassenheit ein, in dem die Dinge geschehen, reifen, wachsen und sich entwickeln dürfen. Und notfalls eben auch nicht.

Never complain, never explain

Wie man mit Anstand verliert und Krisen souverän kommuniziert

»Kein Selbstmitleid, keine Rechtfertigung« –
die Kurzformel der Krisenkommunikation wird
abwechselnd der Schauspielerin Katherine Hepburn
und der Herzogin von Windsor, Wallis Simpson,
zugeschrieben. Beide verstanden sich darauf, den
Negativruf zu durchbrechen, der ihnen zeitweise
voranging: die eine das Image als Kassengift, die
andere die Reputation der Goldgräberin. In diesem
Kapitel erfahren Sie, wie Sie nach einem Rückschlag
Haltung zeigen und Imagekatastrophen verhindern.

Scheitern bedeutet Statusverlust: Wer beim Betriebsfest aus der Rolle gefallen ist, dessen kühle Professionalität wirkt auf einmal nicht mehr ganz stimmig. Wenn es noch nicht geklappt hat mit der großen Liebe plus Baby, Haus und Hund, tut man sich schwer zu sagen, dass man Weihnachten auch in diesem Jahr wieder bei den Eltern verbringt. Und wenn man mit dem Snowboard auf halber Strecke aus dem T-Lift fällt, schmerzt das (vermeintliche) Grinsen der locker vorbeigleitenden Liftfahrer noch mehr als die geprellte Hüfte und der Gedanke an das mühsame Zurück zur Talstation.

Nicht-Gelingen findet in einem sozialen Umfeld statt. Deshalb kostet es nicht nur Lebensfreude, es mindert auch Ansehen und Rang. Plötzlich sind wir, was wir am meisten fürchten: erfolglos, hilflos, bloßgestellt. Die instinktive Reaktion fällt entsprechend aus: Auf den ersten Schock folgt die Abwehr. Man senkt den Kopf, flüchtet sich in Ausreden, schiebt die Schuld auf andere ab oder gibt sich betont distanziert. Die ideale Form der Krisenkommunikation ist das nicht. So schwer es fällt, eine Niederlage zuzugeben – mit der Flucht nach vorn behalten Sie nicht nur die Deutungshoheit über das Geschehen, Sie wirken auch glaubwürdiger und selbstsicherer.

> *Wenn man auf dem Laufsteg ist und etwas geht schief – du tust so, als wenn überhaupt nichts gewesen wäre.*
> Heidi Klum in
> Germany's Next Topmodel

Comeback-Idee 20
Brillieren Sie als guter Verlierer

Fürs Siegen und Verlieren gibt es klare Erwartungen: Sieger reagieren mit angemessener Bescheidenheit, Verlierer mit sportlicher Fairness. Dieser gesellschaftliche Kodex ist sinnvoll: Das Auseinanderklaffen von Glück und Unglück, Erfolg und Misserfolg wird überspielt, der Anschein von Gleichwertigkeit bleibt gewahrt. Der

Sieger nimmt sich zurück, um den Verlierer durch die Zurschaustellung seines Erfolgs nicht noch weiter zu beschämen. Der Verlierer nimmt sich zusammen, um die Freude der anderen nicht durch das eigene heulende Elend zu trüben. Mit Würde verlieren zu können, ist aber nicht nur guter Stil. Es dient auch dem Selbstschutz: Jammern, Neid und unbeherrschte Verzweiflung machen sich nicht gut und fügen der Niederlage die Schmach des Nicht-verlieren-Könnens hinzu.

Cool bleiben

Ob man den Job verliert, beim Halbmarathon zusammenbricht oder zusehen muss, wie das eigene Kind die Jury im Musikwettbewerb nicht überzeugen kann – Scheitern ist wie die Vertreibung aus dem Paradies: Sicherheiten brechen weg, Wünsche bleiben unerfüllt, Interessen werden verletzt. Selten ist es deshalb so schwer, seine Gefühle zu regulieren, wie in den Momenten oder Phasen der Niederlage. Genau diese Selbstbeherrschung aber zeichnet gute Nehmer im Vergleich zu schlechten aus: Sie reagieren auch dann besonnen, wenn es in ihnen brodelt, die Tränen locker sitzen, sie »so einen Hals haben« oder am liebsten vor Scham in den Boden versinken würden.

Ihre Zurückhaltung im Moment der Krise verdanken Menschen mit Nehmerqualitäten allenfalls zum Teil einem ruhigen Temperament. Vor allem sind sie gut darin, ihre Gefühls*äußerungen* zu internalisieren. Das heißt: Mehr als andere behalten sie Panik, Bedrücktheit oder Beleidigtsein für sich, statt sie tränenblind, zornbebend oder schamrot nach außen zu tragen. Diese Entkopplung von innerem Erleben und äußerem Verhalten hat nichts mit Gefühlskälte, Verdrängung oder Falschheit zu tun. Sie zeugt vielmehr, so der Psychologieprofessor Manfred Holodynski von der Universität Münster, von emotionaler Kompetenz und einer erwachsenen Persönlichkeit.

Was ein gutes Gefühlsmanagement bringt

Coolness erweitert den Handlungsspielraum. *Coole reden sich zum Beispiel nicht um Kopf und Kragen, sondern halten sich im Moment der Gefühlsaufwallung erst einmal zurück. Ein Schweigen kann man nämlich jederzeit brechen. Aufbrausende Worte oder tränenreiche Selbstentwertungen sind dagegen in der Welt, vielleicht sogar auf YouTube, und lassen sich nicht mehr zurücknehmen.*

Coolness nötigt Achtung ab. *Der Sozialpsychologe Michael Kernis von der University of Georgia hat nachgewiesen: Vor allem Studienteilnehmer mit einem instabilen Selbstwertgefühl neigen dazu, sich nach einer Panne wortreich zu verteidigen. Die Rechtfertigungstiraden zielen darauf ab, Selbstzweifel zu kompensieren und die Anerkennung der Umwelt zu bewahren. Tatsächlich aber bewirken sie leicht das Gegenteil des Gewünschten: Die Umwelt nimmt das Versagen umso deutlicher wahr. Menschen mit stabilem Selbstbewusstsein verhalten sich geschickter: Weil sie damit leben können, einmal nicht everybody's darling zu sein, gehen sie über Fauxpas oder Enttäuschungen eher hinweg. Der souveräne Gleichmut nötigt Respekt ab und macht das Scheitern schneller vergessen. Alles in allem ist eine Portion Coolness der perfekte Ansatzpunkt, Stärke in Momenten der Schwäche zu zeigen: Auch wenn einem die Kontrolle über die Situation entglitten ist – immerhin die eigenen Gefühle hat man im Griff.*

Coolness beschleunigt das Comeback. *Wer das Scheitern überspielt, das Versagen mit sich ausmacht oder lieber über zukünftige Pläne statt vergangene Misserfolge spricht, glänzt mit Zukunftsprojektionen, deren Verwirklichung in den Sternen steht. Der englische Psychologe Richard H. Gramzow von der University of Southampton hat herausgefunden: Solches Verhalten ist im Allgemeinen keine Prahlerei, sondern eine gesunde und leistungssteigernde Selbstüberschätzung. »Im Grunde drückt die Übertreibung positive Zukunftsziele aus. Wir haben festgestellt, dass diese Ziele in der Regel verwirklicht werden«, sagte er der New York Times. Gespielte Lässigkeit wahrt also nicht nur das Gesicht, sie kann auch dazu beitragen, dass man nach dem Scheitern schneller wieder auf die Beine kommt.*

Dem Sieger gratulieren

Im Sport oder beim Musikwettbewerb ist das Verlieren ritualisiert: Der Verlierer fackelt nicht lange, geht auf den Sieger zu, gibt ihm die Hand, sagt: »Tolle Leistung«, »Du hast super gespielt«, »Respekt« oder »Du warst heute einfach besser«, der andere sagt: »Danke«, »Ich hatte einen guten Tag« oder »Du warst aber auch nicht schlecht«, und hinterher hat man, bei aller Enttäuschung, das gute Gefühl, sich sportlich und fair verhalten zu haben. Eben wie ein guter Verlierer. Und nicht wie ein Loser, der den anderen den Sieg missgönnt. Im echten Leben könnten wir uns einiges davon abschauen. Eine Option bleibt nämlich immer, wenn es alles andere als perfekt für uns läuft: die anderen nicht für unser Elend verantwortlich zu machen und ihnen das Glück zu gönnen, das ihnen günstiger gesinnt war als uns.

Die Haltung erfordert Größe. Da erfährt man von zwei befreundeten Familien, dass sie zusammen ein Ferienhaus in Südfrankreich gemietet haben. So sehr man sich ausgeschlossen fühlt ... zum guten Ton gehört es, dass man vorher einen tollen Urlaub wünscht und hinterher nachfragt: »Wie war es?« oder »Hast du viel französisch gesprochen?« Dass man gern mit dabei gewesen wäre, merkt man allenfalls ganz sachlich und keinesfalls vorwurfsvoll an. Das Gleiche gilt, wenn ein externer Bewerber mit der Projektleitung betraut wurde, auf die man selbst seit Monaten hingearbeitet hat. Sportliche Verlierer gratulieren, wünschen Glück und geben ein paar hilfreiche Insidertipps mit auf den Weg.

Denn: Dass man verloren hat, kann man im Moment nicht ändern. Aber wie man damit umgeht, das hat man in der Hand. Schlechte Verlierer ziehen sich in den Schmollwinkel zurück, gute ziehen alle Register der Großmut. Einfach ist das nicht – aber beeindruckend.

Sich bedanken

Wer Probleme hat, wird leicht zum Egomanen. Allenfalls sieht man, dass es den anderen doch ohnehin viel besser geht als einem selbst: gesund, abgesichert oder beliebt, wie sie sind. Selbst wenn die Einschätzung stimmt – das Bemühen der Umwelt verdient eine positive Rückmeldung. Anderenfalls erweisen sich Zuhören oder Helfen nämlich schnell als undankbarer Job. Denn natürlich gehört es zum guten Ton, einem Menschen beizustehen, der einen braucht. Aber wirklich vergnüglich ist es nicht: Niemand sitzt gern mit Freuden an einem Sonntagnachmittag auf der chirurgischen Station, kennt kein angenehmeres Gesprächsthema als die ganz persönliche Finanzkrise des kleinen Bruders oder bringt immer wieder gern die Kollegin ins Gespräch, die im Team so schwer Anschluss findet.

Auch wenn Sie also tausend Sorgen plagen – zeigen Sie, dass Sie bemerken und schätzen, was andere Menschen für Sie tun:

- »Danke, dass ihr euch Zeit für mich genommen habt.«
- »Es hat mir gutgetan, so offen darüber sprechen zu können.«
- »Danke, dass Sie mich in das Team einbinden. Ohne Ihre Unterstützung wäre es im Moment ziemlich schwer für mich.«

Dankbarkeit ist kein Zeichen von Schwäche. Im Gegenteil: Sie wirkt achtsam und aktiv, erhält die Balance von Geben und Nehmen und ermutigt die anderen, sich auch künftig für Sie ins Zeug zu legen.

Es mit Humor nehmen

»Ich war einmal mit einer Tänzerin verlobt, aber sie lief mit einem Pianisten davon, und da habe ich mit ihr Schluss gemacht.« Sympathischer als Alvy Singer in Woody Allens Filmklassiker *Der Stadtneurotiker* kann man Scheitern nicht kommunizieren. Mit einem Satz gesteht er die Niederlage ein und zieht die Lacher auf seine Seite.

Die wohltuende Wirkung von Humor ist gut erforscht: Er löst Muskelanspannungen, setzt das körpereigene »Morphium« Endorphin frei und verbessert die Sauerstoffversorgung im Gehirn. Obendrein weitet Witz den Blick. Wie nichts sonst verändert die überraschende Deutung einer Situation die Perspektive und schafft Distanz zum Desaster.

Humor hilft aber nicht nur dabei, Krisen gelassener zu verkraften, er eignet sich auch dazu, das angeschlagene Image gerade zu rücken. Witz bleibt nämlich auch dann eine Gewinnereigenschaft, wenn man eigentlich Mist gebaut hat oder vom Schicksal gebeutelt ist. Er lässt uns in den Augen der Welt genau in dem Moment geistreich und sympathisch wirken, in dem wir den Ansehenskick am dringendsten brauchen. Und auch wenn sie es nicht zugeben würden: Nicht nur Nahestehende atmen befreit auf, wenn der Betroffene mit einer gelegentlichen trockenen Bemerkung signalisiert: Lachen erlaubt – auch wenn die Situation zum Heulen ist.

Lachen Sie also über sich – bevor es die anderen tun. Damit bleiben Sie im Hochstatus. Eine Einschränkung gibt es allerdings: So attraktiv es wirkt, wenn jemand einer Niederlage mit Chuzpe die Spitze nimmt – nicht jede verfahrene Situation lässt sich mit einem One-Liner retten. Bei Kritikern, Unfallgegnern oder Gläubigern wird vorschneller Humor die Situation eher verschärfen als entspannen. Hat man durch das eigene Versagen andere gekränkt, gefährdet oder beschädigt, sind statt flotter Sprüche Zerknirschung und Wiedergutmachung gefragt.

Humor ist, wenn man trotzdem lacht

Beim Humor geht es darum, die übliche Interpretation einer Situation auf den Kopf zu stellen und dem negativen Ereignis eine positive Note zu geben. Diese Fähigkeit, eine verfahrene Situation sacht umzudeuten, ist auch Übungssache. Hier ist eine kleine Auswahl von Techniken dafür:

Ver-rückte Perspektive: *Betrachten Sie die Situation aus einer völlig anderen Perspektive. Sex-and-the-City-Heldin Miranda schwächt mit dieser*

Humortaktik den Stress mit dem schreienden Baby ab: »Nein, er ist nicht krank. Er ist nicht hungrig, er bekommt keine Zähne, er will einfach schreien. Ich tue, was ich kann, aber ich kann es ihm nicht recht machen. Wäre er 35, würden wir uns jetzt trennen.« *Tipp: Ver-rückte Perspektiven fangen oft mit einem Wenn-Satz an:* »Wenn mein Chef ein Außerirdischer wäre, ...«

Paradoxe Logik: *Beschreiben Sie die Situation und ziehen Sie daraus eine Schlussfolgerung, die herkömmlicher Logik widerspricht. Genau das tut Alvy Singer:* »Sie lief mit einem Pianisten davon, und da habe ich mit ihr Schluss gemacht.«

Abstruser Vergleich: *Das Prinzip ist einfach: Man nehme einen winzigen Vorteil und stelle ihn als fast vollwertigen Ausgleich für das Verlorene oder Erlittene dar. Der an amyotrophischer Lateralsklerose erkrankte Astrophysiker Stephen Hawking gewinnt mit dieser Humorstrategie selbst seiner Schwerstbehinderung noch einen positiven Dreh ab:* »Wenigstens komme ich nicht in Versuchung, meine Zeit mit Joggen und Golfspielen zu vertrödeln.« *Ein Freund, der schwer daran trägt, dass seine Firma aus der Innenstadt an den Stadtrand verlegt wurde, witzelt nach dem gleichen Prinzip:* »Wenigstens ist der Wertstoffhof so nah, dass ich bequem den Problemmüll entsorgen kann.« *Tipp: Abwegige Vergleiche fangen oft mit* wenigstens *oder* immerhin *an.*

Abgeklärtes Understatement: *Viele Menschen neigen dazu, Niederlagen eher aufzubauschen als abzuschwächen: Es ist zum Heulen, wir sind am Ende, es war ein Albtraum – selbst letztlich belanglose Enttäuschungen spielen wir gern zum großen Drama hoch. Umso imponierender wirkt es, wenn ein Betroffener das, was alle Welt zum Unglück erklärt, bewusst unpathetisch kommentiert. Ein Beispiel dafür stammt von dem Schweizer Fußballtrainer Jakob Kuhn. Statt das Ausscheiden seiner Mannschaft im Gruppenfinale der Europameisterschaft 2008 schönzureden, kommunizierte er mit trockenem Understatement die relative Bedeutungslosigkeit der Niederlage:* »Die Schweiz wird wahrscheinlich bestehen bleiben, trotz unseres Ausscheidens.«

Comeback-Idee 21
Denken Sie an die Mit-Leidtragenden

Jörg ist arbeitslos. Seit fünf Monaten schon. Im Familien- und Freundeskreis gibt es seither wenig andere Gesprächthemen: Was machst du? Wie war das Interview? Lass den Kopf nicht hängen, das wird schon, bei deinen Referenzen. Ich hab mich mal bei uns in der Personalabteilung umgehört, die suchen einen Interimsmanager für einen Großauftrag. Der Zuspruch gibt Jörg Auftrieb. Für Momente ist er dann wieder der Mann, den Lea geheiratet hat: eloquent, konzentriert, zuversichtlich, ein Typ, der gern im Mittelpunkt steht. Meistens erlebt sie ihn jetzt anders. Zu Hause ist er kaum ansprechbar, verbreitet schlechte Laune, raucht wie seit Jahren nicht mehr, hat weder Lust auf eine Radtour noch Zeit für überfällige Reparaturarbeiten am Haus. Seine ganze Energie steckt er in die Jobsuche, stundenlang hängt er am Telefon. Auf einen grünen Zweig kam er in all den Monaten nicht. »Ich fände es ja vernünftig, wenn er sich selbstständig machen würde«, sagt Lea. »Jedenfalls für den Übergang. Aber wenn ich etwas sage, geht er an die Decke.«

Niederlagen sind wie Schrotkugeln

Viele Misserfolge streuen wie Schrotkugeln: Sie treffen nicht nur den Betroffenen, sie ziehen auch dessen Umgebung in Mitleidenschaft. Wenn wir den Job verlieren, den erhofften Karrieresprung nicht schaffen, krank werden oder auch nur einen zerstörerischen Virus auf der Festplatte haben, bekommt unser Umfeld – die Familie, die Kollegen, der Freundeskreis – einen Teil des Unglücks ab: Hilfe und Verständnis sind gefordert, Enttäuschung macht sich breit, Ängste werden wach, und wenn es richtig hart zur Sache geht, verändert unser Kummer ihr ganzes Leben mit. Mitgefühl und Anerkennung ernten Mit-Leidtragende dafür viel zu selten. Teilnahme und Rücksicht bleiben in der Hauptsache dem oder der Hauptbetroffenen vorbehalten. Jammern dürfen Angehörige oder Freunde darüber kaum: Viele Gesprächspartner empfänden es als schlechten Stil, würden sie sich über eine Lebensveränderung beklagen, die den Betroffenen noch viel schwerer belastet als sie selbst.

Schon deshalb denken gute Verlierer nicht nur an sich, sondern auch an das mitbetroffene Umfeld. Zwar kann es einem niemand verübeln, wenn man nach einer Niederlage die Wunden leckt, Trübsal bläst, die Ungerechtigkeit der Welt beklagt oder seinem Frust in allen Variationen Ausdruck verleiht. Andererseits helfen Tristesse und miese Laune weder weiter, noch hat unser Umfeld es verdient, stunden-, tage- oder monatelang mit unserem Elend konfrontiert zu sein.

Gut zu wissen: Helfen beglückt – mit Einschränkungen

Allan Luks, Direktor der amerikanischen Hilfsorganisation Big Brother Big Sister, hat in zahlreichen Forschungsarbeiten herausgefunden: Regelmäßiges Helfen schüttet glücklichmachende Endorphine aus, ist gut fürs Ego und stärkt das Selbstwertgefühl. Allerdings, das ist der Haken, stellt sich das Hochgefühl des Helfens bevorzugt dann ein, wenn man Fremden unter die Arme greift. Unterstützt man Familienmitglieder oder enge Freunde, kann die Sorge schnell als Verpflichtung empfunden werden, die einengt und bedrückt: »Freiwilligkeit ist Grundvoraussetzung«, so Luks. »Nur wer die Kontrolle behält, profitiert von seinem Engagement.«

Vorbild sein ist eine gute Alternative

»Wenn unser Schmerz dazu führt, dass wir stilloser, kleingeistiger oder selbstsüchtiger werden, sind wir schlechte Verlierer, so verständlich dieses Verhalten auch ist«, schreibt der Resilienzexperte Paul G. Stoltz in seinem Buch *The Adversity Advantage*. Dass es sogar für die liebsten Menschen auf der Welt eine Zumutung bedeutet, wenn wir unseren ganzen Kummer und Zorn an ihnen auslassen, leuchtet ein. Aber haben wir überhaupt eine andere Wahl? Es kommt darauf an, wie man es sieht. Jedes Scheitern ist wie eine Prüfung. Das heißt: Es ist ergebnisoffen.

- Wir können angesichts der Schwere der Prüfung zusammenbrechen und zu einem Häufchen Elend werden, das geschont, gestützt und aufgerichtet werden muss und die anderen mit seiner Gedrücktheit und Verbitterung belastet.
- Wir können uns mit Ach und Krach durchlavieren, weil wir die Zähne zusammenbeißen, auf bessere Zeiten hoffen und uns Angst und Frust möglichst nicht anmerken lassen.
- Oder wir können mit Bravour bestehen, weil wir in der Krise über uns hinauswachsen und für die Menschen um uns herum ein Vorbild seelischer Stärke sind, das die anderen hoffen lässt, sich genauso tapfer zu schlagen, wenn sie selbst einmal in ähnlicher Weise betroffen sind.

Keine Frage, schöner zu scheitern klingt wie ein flotter Spruch. Er sagt sich leicht dahin und ist schwer umzusetzen. Aber schöner zu scheitern ist auch eine Idealvorstellung. Sie beinhaltet zum Beispiel den Vorsatz, Familie, Freunde und Kollegen möglichst wenig unter dem leiden zu lassen, was man selbst gerade durchmacht. Hier sind Möglichkeiten, wie Sie den wichtigsten Menschen in Ihrem Umfeld das Leben nicht schwerer machen, als es ohnehin schon ist.

Bestandsaufnahme machen

Stellen Sie eine Liste der Menschen auf, die außer Ihnen am meisten durch die schwierige Situation belastet sind. Neben dem Partner und den Kindern können das die Eltern sein, Kollegen, Geschwister oder auch Geschäftspartner und Kunden, die fest mit Ihrem Arbeitsbeitrag oder Ihren Aufträgen gerechnet haben. Machen Sie einen Plan, was Sie konkret tun können, um dem engsten Kreis nicht nur eine Belastung zu sein, sondern auch eine Stütze oder sogar ein Vorbild. Überlegen Sie auch, ob und wie der Misserfolg Sie verändert hat.

Gibt es Dinge, die Sie vernachlässigen? Lassen Sie sich gehen? Trinken Sie mehr als sonst? Reagieren Sie reizbar, mürrisch und aggressiv?

Zusammennehmen

Wer krank ist, um den Job fürchtet oder gerade erfahren hat, dass der Große der Schule verwiesen wird, muss nicht funktionieren wie ein Uhrwerk. Verhindern Sie aber, dass ein Misserfolg auf andere Lebensbereiche übergreift: Weder hindert der Bandscheibenvorfall daran, sich mit der üblichen frischen Stimme am Telefon zu melden, noch erfordert die Sorge um den Arbeitsplatz, dass das alljährliche Gartenfest in diesem Jahr unterbleibt. Je normaler Sie sich verhalten, je mehr das Leben seinen gewohnten Gang behält, desto weniger leidet Ihre Familie mit.

Offen kommunizieren

Sagen Sie, was Sie fürchten, wie es Ihnen geht, was der Stand der Dinge ist und womit als Nächstes zu rechnen ist. Klare, sachliche Worte sind für Ihre Familie weniger quälend als Schweigen, Tränen, Rückzug, gedrückte Stimmung oder unkontrollierte Gefühlsausbrüche. Lassen Sie wichtige Menschen in Ihrem Leben wissen, wenn es Ihnen nicht gutgeht: »Das ist heute kein so guter Tag.« Oder: »Ich werde im Moment einfach den Gedanken an … nicht los.« Zu einer offenen Kommunikation gehört aber auch das Positive: »Ich hätte mir zwar einen anderen Anlass dafür gewünscht … aber manchmal bin ich richtig froh, dass wir wieder mehr Zeit füreinander haben.«

Abstand gewinnen

Ihre Familie sollte über alles informiert sein – muss aber nicht alles mitbekommen. Einen Teil der Tränen weint man am besten, wenn niemand im Haus ist, Wut reagiert man beim Laufen oder Kickboxen ab, Stille findet man im Wald, in den Bergen, bei einem Konzert, beim Basteln in der Garage, beim Marmelade-Einkochen oder bei einem Urlaub mit sich allein. Kommunizieren Sie das Bedürfnis nach einer Auszeit ganz offen: »Ich muss mal allein sein.« – »Ich brauche eine Weile Abstand.« – »Ich muss mit mir ins Reine kommen.« Sagen Sie aber auch, wann wieder mit Ihnen zu rechnen ist: »Ich bin beim Angeln und gegen fünf wieder da.«

Spaß zulassen

Die Natur hat es so eingerichtet, dass wir negative Gefühle stärker erleben als positive. Niederlagen und Misserfolge überschatten deshalb oft auch das Gute und Gelungene. Das beginnt mit Kleinigkeiten: Der selbst verschuldete Auffahrunfall raubt einem die Lust auf den Sonntagsausflug, das laute Hotelzimmer verhindert, dass man das Begrüßungsdinner genießt, nach dem Kritikgespräch mit der Chefin ist einem egal, ob die eigene Mannschaft im Volleyball gewinnt oder verliert. Leider verderben Enttäuschungen nicht nur uns die Laune. Unser Missmut vermiest auch allen anderen den Spaß. Menschen mit Nehmerqualitäten drehen den Spieß um: Zwar können auch sie den Reinfall nicht ungeschehen machen, zwar nimmt er auch in ihrem Leben einen großen Platz ein. Trotzdem begrenzen sie die Kommunikation darüber und machen den Misserfolg nicht zum Dauerthema.

Reden ja, dramatisieren nein

Reden ist eine der wichtigsten Strategien, Pleiten, Pannen und Misserfolge zu verarbeiten. Indem wir das Erlebte in Worte kleiden, ergründen wir Ursachen, loten Optionen aus, erinnern uns an unsere Stärken und vergewissern uns, dass wir mit unserem Leid nicht allein sind. Wenn Sie also am Küchentisch mit der Partnerin oder nachts am Telefon mit der besten Freundin das Geschehene wieder und wieder umkreisen, rekonstruieren, nacherleben und analysieren, dämpfen Sie nicht nur den akuten Schmerz, Sie nähern sich, sofern Sie nicht im Problem verhaftet bleiben, auch in kleinen Schritten einer Lösung an. Dazu kommt das gute Gefühl: Man ist nicht allein. Jemand hört zu, macht Mut und weiß auch dann, was man kann, wenn man sich schwach und hilflos fühlt. Die Übersicht auf Seite 140 zeigt Ihnen die Chancen und Gefahren des »Darüber-Redens«.

In dem Drang, unsere Erinnerungen zu sortieren und aufwühlende Gefühle loszuwerden, vergessen wir leicht, dass auch die Menschen, die uns lieben, nur Menschen sind. Natürlich wollen sie uns auffangen. Aber unser Unglück ruft auch in ihnen Ängste und vielleicht sogar unterschwellige Aggressionen wach. Deshalb ist Krisenkommunikation sogar den nächsten Angehörigen gegenüber ein Balanceakt aus Offenheit und Schonung.

Zur Offenheit gehört es, dass Sie mit Nahestehenden ehrlich über das Scheitern reden. Nicht nur über die Tatsache an sich, sondern auch über die Gefühle, die der Rückschlag in Ihnen auslöst. Das Geständnis ist wichtig: Erstens leben Vertrauen und Nähe davon, dass wir auch dann einen Blick unter die Oberfläche erlauben, wenn wir einmal nicht so stark und glänzend dastehen wie gewohnt. Und zweitens bekommen Sie Trost und praktische Unterstützung nur dann, wenn die Krise für die anderen wirklich sichtbar ist. Verschweigen und Bagatellisieren bewirken dagegen, dass die anderen die missliche Lage übersehen oder ihren Ernst unterschätzen. Informieren Sie die wichtigsten Menschen in Ihrem Leben also umfassend. Tun Sie nicht so, als sei alles in schönster Ordnung oder eine Lösung nur eine Frage der Zeit.

Scheitern erzählend verarbeiten	
Phase 1: Erzähldrang	Viele Menschen drängt es in der ersten Zeit nach dem Scheitern, das Ereignis in Worte zu fassen. Immer wieder wird das Geschehene durchlebt, alle Gedanken und Gefühle kreisen um den Misserfolg. Dadurch tritt das übliche Geben und Nehmen im Gespräch außer Kraft. Selbst Familie und Freunde finden diese Phase nach kurzer Zeit anstrengend und schwer erträglich. Wohlmeinende Zuhörer flüchten sich überfordert in Zweckoptimismus (»Das kriegst du hin«) oder Pragmatismus (»Du solltest dir auf jeden Fall einen Anwalt nehmen«), weniger skrupelbehaftete ziehen sich zurück.
Phase 2: Kontrolle	Nach und nach gelingt es, den Erzähldrang besser zu steuern. Man entwickelt feine Antennen dafür, wen die Geschichte des Misserfolgs wirklich interessiert, wen sie emotional überfordert und wer nach kürzester Zeit mit einem »Das wird schon wieder. Als ich damals abgemahnt wurde ...« ins Fahrwasser des eigenen Erlebens zurücklenkt. Von nun an entscheidet man sehr bewusst, wem man was und wie viel erzählt.
Phase 3: Stimme der Erfahrung	Hat man das Scheitern verarbeitet, kann man andere an seinen Erfahrungen teilhaben lassen. Man kann zu seinen Fehlern, Schwächen und Fehlurteilen stehen und über sich selbst lachen. Man erzählt seine Geschichte nicht mehr, um sich abzulenken, sondern um andere zu ermutigen.

Unnötige Lasten sollten Sie allerdings auch Ihren Angehörigen ersparen. Das erreichen Sie hauptsächlich, indem Sie auf den Ton achten, in dem Sie über Ihre Situation sprechen. Es ist etwas völlig anderes, ob Sie eher informativ äußern: »Die Abmahnung ärgert mich. Ich habe eigentlich erwartet, dass ich mit meinen Umsatzzahlen bei Müller etwas guthabe«, oder ob Sie die Welt anklagen und den Teufel an die Wand malen: »Du wirst sehen, in der Firma sind meine Tage gezählt.«

Was Sie auch zu den liebsten Menschen nicht sagen sollten:

»Du hast leicht reden.«

»Das verstehst du nicht, das versteht niemand.«

»Du hast doch keine Ahnung, sei du erst mal in meiner Lage ...«

»Das hat sowieso keinen Zweck.«

»Lass mich.«

»Es ist besser, du weißt nichts davon.«

»Es ist alles so furchtbar, am besten trennst du dich von mir.«

Comeback-Idee 22
Stehen Sie zu Ihrer Verantwortung

Es war seine bitterste außenpolitische Niederlage: Im April 1961, nur zwei Monate nach seinem Amtsantritt als Präsident der Vereinigten Staaten, genehmigte John F. Kennedy die Invasion von Exilkubanern in der Schweinebucht. Die von Anfang an umstrittene Aktion zum Sturz des Castro-Regimes endete mit einem Fiasko, und Kennedy geriet gerade mal zwei Monate nach seinem Amtsantritt ins Straucheln. Doch obwohl er sich intern schlecht beraten und vom CIA hintergangen fühlte – in der Öffentlichkeit übernahm er die uneingeschränkte Verantwortung für das Scheitern der Invasion: »Diese Regierung hat den Vorsatz, sich zu Irrtümern ehrlich zu bekennen. [...] Wir werden keine Sündenböcke dafür suchen. Letztlich liegt die Verantwortung für jegliche Fehlleistungen bei mir, und mir allein.«

Kennedys Fehlergeständnis war ein Geniestreich der Krisenkommunikation: Nichts nimmt Kritikern zuverlässiger den Wind aus den Segeln als die Bereitschaft, einen Irrtum unumwunden und hundertprozentig einzugestehen.

Keine Ausflüchte!

Ausflüchte sind der Super-GAU der Krisenkommunikation: Sie schüren Ärger bei den Geschädigten und Misstrauen bei den Zuhörern und lassen Sie ausgerechnet dann schwach und uneinsichtig wirken, wenn Sie aufgrund einer Fehlleistung ohnehin angreifbarer als üblich sind. Zwar ist es nur allzu menschlich, Niederlagen abzuschwächen. In den Ohren der Zuhörer klingen Ausreden allerdings ein bisschen wie das Protestgeschrei im Kindergarten, wo es auch keiner gewesen sein will, wenn die Spielecke mit Wachsmalkreide bekritzelt ist.

- »Das war ich nicht.«
- »Ich weiß auch nicht, warum das passiert ist.«
- »Was hätte ich denn tun sollen?«
- »Du wolltest ja unbedingt …«
- »Ich habe mir nichts vorzuwerfen.«
- »Das kann jedem passieren.«
- »Das habe ich nicht gewusst.«
- »Das ist so ungerecht.«
- »Das hätte man mir sagen müssen.«
- »Das kann jedem passieren.«
- »Ich wurde falsch beraten.«
- »Ich weiß gar nicht, was ich verbrochen habe.«
- »Das ist doch nicht so schlimm.«
- »Ich habe doch Bescheid gesagt. Ich sehe nicht, was ich noch hätte machen können.«
- »Das war doch keine böse Absicht.«

Ist etwas schiefgelaufen, erweisen sich Ich-kann-nichts-dafür-Beteuerungen und Ich-habe-nichts-gewusst-Behauptungen in aller Regel als kontraproduktiv. Sie klingen charakterschwach und rücken die Aussicht auf eine Lösung in weite Ferne. Wirkung zeigen sie allenfalls als Zutat zum Schuldeingeständnis: »Ich gebe zu, ich hätte mich mehr ins Zeug legen müssen. Der Bau unseres Hauses hat mich zu sehr in Anspruch genommen. Das wird ab jetzt anders werden, darauf gebe ich Ihnen mein Wort.«

Der Psychologe Marc Solga hat in seiner Dissertation die Regeln der Rechenschaftskommunikation erforscht. »Wer taktisch klug agieren will«, so sein Ergebnis, »sollte Entschuldigungsargumente und Eingeständnisse miteinander kombinieren. Wer zur eigenen Verantwortlichkeit steht, muss keine Sorge haben, für seine Ehrlichkeit bestraft zu werden.« Im Gegenteil: »Rechenschaftserklärungen, die die Verantwortlichkeit anerkennen (Verantwortlichkeitseingeständnisse), haben positive Persönlichkeits- und Eignungsurteile zur Folge.«

Den Fehler einräumen

Kürzlich erzählte der Musikkritiker Joachim Kaiser in der *Süddeutschen Zeitung* von einer Operninszenierung in Wien, die dem damals 58-jährigen Leonard Bernstein ungewohnt schwach und belanglos geraten war. Während Kaiser überlegte, wie er dem Dirigenten schonungsvoll reinen Wein einschenken sollte, kam Bernstein ihm bereits zuvor: »I know, I didn't achieve« – Ich weiß, ich hab's nicht geschafft. Die Selbstkritik bewirkte, was sie unter gesitteten Menschen immer bewirkt: »Jetzt durfte ich sogar ein wenig trösten«, erinnert sich Joachim Kaiser. »Soo schlimm sei es doch auch wieder nicht gewesen.«

Liegt ein Versäumnis vor, hilft am besten eines: Eingestehen. Das Bekenntnis schmerzt zwar das Ego, trägt aber Respekt, Verständnis, Verzeihung und vielleicht sogar Trost ein. Zumindest kommen Ihnen die Spielregeln des guten Tons zugute: Nachtreten wirkt unfair, auf einen einzuschlagen, der am Boden liegt, auch. Nach einem Fehlereingeständnis, so die unausgesprochene Regel, lässt man es gut sein. Kritiker, die auch dann noch nicht lockerlassen, wirken nicht ehrenhaft, sondern erbarmungslos.

Setzen Sie also auf Transparenz und beziehen Sie klar Position:

- »Diesen Markt habe ich falsch eingeschätzt.«
- »Dieses Update hätten wir nicht machen sollen.«
- »Es war ein Fehler, dass ich das Problem nicht früher angesprochen habe.«
- »Es war mein Versehen, dass ...«
- »Diese Frage kann ich im Moment nicht beantworten.«
- »Ich habe es nicht so gesagt, wie ich es hätte sagen sollen.«
- »Ich weiß, es war ein Fehler.«

Ein Tipp: Beschreiben Sie glasklar, in kurzen Sätzen, was passiert ist. Die Wahrhaftigkeit entwaffnet. Weil sie aufklärt statt zu verschleiern, macht sie den Weg zu Wandlung und Lösung frei. Imageförderlich ist die Selbstkritik obendrein: Sie zeugt von einem erwachsenen Umgang mit Fehlern, zu dem nicht jeder den Mut aufbringt. Mit etwas Glück gehen Sie stärker aus der Katastrophe hervor, als Sie hineingegangen sind.

Sich entschuldigen

Einen Flop einzugestehen ist viel. Es gibt jedoch Situationen, in denen reicht das Fehlerbekenntnis nicht aus. Wenn andere zuschaden kamen, ein Fehler viel Empörung hervorruft oder man sich mit einer Aussage böse vergaloppiert hat, kommt man um eine ausdrückliche Entschuldigung nicht herum. Nun wissen wir ja nicht erst durch Elton John: »Sorry seems to be the hardest word.« Viele Menschen empfinden den Satz »Es tut mir leid« jenseits des engsten Familienkreises als demütigenden Bußgang – und tun alles, um ihn zu vermeiden.

Dabei übersehen sie, dass eine ehrliche Entschuldigung oft mehr Sympathien einbringt, als der Ausrutscher gekostet hat: Menschen verzeihen schnell, wenn jemand ohne Wenn und Aber zugibt, einen Fehler zu bedauern. Wer im Spiel bleiben will, sollte deshalb neben der Rolle des erfolgreichen Machers auch die des zerknirschten Sünders beherrschen. Der Ritus des Bedauerns beruhigt erhitzte Gemüter, zeugt von Einsicht (oder suggeriert sie zumindest) und stellt die gestörte Weltordnung offiziell wieder her.

Um den richtigen Ton zu treffen, kommt es auf dreierlei an:

- Warten Sie nicht, bis die Entschuldigung eingefordert wird. Gehen Sie selbst in die Offensive. Studien des amerikanischen Psychologen Thomas D. Gilovich von der Cornell University zeigen: Eine Abbitte, die zögerlich und erst nach moralischem Druck erfolgt, versöhnt nur halb so sehr wie eine rasche freiwillige.
- Menschen reagieren auf die Wortwahl einer Entschuldigung sehr sensibel. Eine allzu sachliche oder flapsige Formulierung wirkt nicht versöhnlich, sondern deplatziert. Es ist also keine Frage des persönlichen Geschmacks, ob man sagt: »Es tut mir leid, ich wollte dich nicht kränken« oder »Sorry, wenn ich dir auf den Schlips getreten bin«. Wer sich ernsthaft entschuldigen will, kommt um Wörter wie *bedauern, leidtun, entschuldigen* oder *wiedergutmachen* nicht herum.
- Meldet das Gehirn »Peinlichkeit!«, reagieren wir ähnlich wie bei Angst und Panik: Die Muskeln spannen sich, das Herz schlägt schneller, der Puls steigt an, der Blick flackert, die Stimme zittert, die Röte steigt ins Gesicht. Es hilft, wenn man auf die Körperreaktion vorbereitet ist. Wenn Ihnen eine Entschuldigung besonders unangenehm ist, sprechen Sie sie vor dem Spiegel durch, so oft, bis sie Ihnen selbstverständlich über die Lippen geht.

Entschuldigen Sie sich – aber nicht permanent

Große Fehler verdienen eine Entschuldigung, kleine Ausrutscher eher nicht. Wenn der Weihnachtsstollen Ihnen etwas trockener vorkommt als sonst oder das Konzept ein wenig dünn, lösen Sie entweder das Problem – oder gehen Sie kommentarlos darüber hinweg. Sehr wahrscheinlich sind die anderen zu sehr mit sich beschäftigt, um den kleinen Qualitätsmangel zu bemerken. Wer ständig aus nichtigen Gründen »Tut mir leid« sagt, macht sich angreifbar und löst Zweifel aus, wo es vorher keine gab.

Nach vorn schauen

Eine förmliche Entschuldigung oder ein Fehlereingeständnis bedeutet einen Ausnahmezustand der Kommunikation. Die Beziehung auf Augenhöhe wird außer Kraft gesetzt, man steigt vom hohen Ross, und einen unangenehmen Moment hängt die weitere Entwicklung vom Wohlwollen des Gegenübers und dessen Glauben an die Ehrlichkeit des Schuldeingeständnisses ab. Zwar kann man die Erniedrigung durch eine klare Sprache, einen festen Blick und eine sparsame Körpersprache in Grenzen halten. Doch die unangenehme Erfahrung bleibt: Wer einen Fehler eingestehen muss, begibt sich vorübergehend in einen tieferen sozialen Status.

Zum Glück gibt es einen guten Weg, nach der Entschuldigung wieder mit dem Gegenüber gleichzuziehen. Bieten Sie eine Lösung, eine Wiedergutmachung oder ein Zukunftsversprechen an:

Lösungsvorschlag: »Um den Schaden zu begrenzen, schlage ich vor, dass ich ...« Oder: »Ich sehe zwei Möglichkeiten, die Situation zurechtzurücken: ...«

Versprechen: »Ab sofort stehen Sie auf meiner Verteilerliste ganz oben.« Oder: »Das wird für mich ein Ansporn sein, einige Dinge zu verbessern und voranzutreiben. Ich halte Sie auf dem Laufenden.«

Wiedergutmachen: »Wollen wir heute Abend ein Bier zusammen trinken? Ich lade dich ein.« Oder: »Ich werde den Entwurf am Wochenende überarbeiten und am Montag morgen mit Ihnen abstimmen. Passt das für Sie?«

Entschuldigungskommunikation – eine Wissenschaft für sich

Eine Entschuldigung ist immer dann gegeben, wenn ein Eingeständnis oder die Übernahme der Verantwortung um eine oder mehrere der folgenden Verhaltensweisen erweitert wird:

Entschuldigungsverhalten	Wirkung
Sich explizit entschuldigen Privat: »Ich weiß, ich bin mal wieder zu spät. Entschuldige bitte.« Beruflich: »Bitte entschuldigen Sie mein Versäumnis, ich habe zu kurz dabei gedacht.«	Kurz, offen und selten völlig schmerzfrei – in den meisten Fällen reicht die Bitte um Entschuldigung aus – sofern sie nicht floskelhaft klingt. Wichtigste Regel: Schauen Sie Ihr Gegenüber dabei an, wenden Sie den Blick nicht ab.
Bedauern äußern Privat: »Es tut mir leid, dass ich dich habe warten lassen.« Beruflich: »Ich bedauere, wenn ich Ihre Gefühle verletzt habe.«	Die kleine Schwester der Entschuldigung. Fällt den meisten Menschen leichter, wird aber manchmal als nicht ausreichend zurückgewiesen.
Wiedergutmachung anbieten Privat: »Was kann ich tun, um das wiedergutzumachen?« Beruflich: »Ich werde natürlich für den Schaden aufkommen.«	Wichtig: Vermeiden Sie die Floskel: »Ich weiß gar nicht, wie ich das wiedergutmachen soll.« Fragen Sie konkret, was Sie tun können, oder machen Sie von sich aus einen Vorschlag.
Versprechen für die Zukunft Privat: »Das kommt nicht wieder vor – versprochen.« Beruflich: »Wir werden die Fehlerursache beseitigen, indem wir künftig …«<	Ein glaubwürdiges Versprechen für die Zukunft signalisiert: Sie lernen aus Fehlern, Ihre Entschuldigung ist keine hohle Phrase.
Um Verzeihung bitten Privat: »Bitte sei mir nicht böse.« Beruflich: »Ich hoffe, Sie sehen mir das Versäumnis nach.«	Die Bitte um Verzeihung ist die stärkste Form des Sich-Entschuldigens. Sie ist bei groben Versäumnissen angebracht oder wenn Ihr Gegenüber durch Ihr Verhalten zu Schaden gekommen ist.
Selbstkasteiende Äußerung Privat: »Ich bin so ein Idiot.« Beruflich: »Das ist mir so peinlich, ich weiß überhaupt nicht, wie mir das passieren konnte.«	Privat und bei kleinen Ausrutschern okay, im Job wirken selbsttherabsetzende Äußerungen unkontrolliert und unangemessen emotional.

Je mehr Entschuldigungselemente eine Abbitte enthält, umso mehr tut man, um den Gesprächspartner zu besänftigen, umso beschämender erlebt man aber auch den Bußgang. Demütigt man sich also, um Verzeihung zu erlangen? Oder überspielt man das Versäumnis, um das Gesicht zu wah-

ren? Wenn Ihnen die Wahl zwischen Pest und Cholera schwerfällt, erleichtert Ihnen vielleicht eine Untersuchung der Psychologen David O. Braaten, Michael J. Cody und Kristen B. DeTienne die Entscheidung. Die Wissenschaftler haben festgestellt: Wer sich umfassend entschuldigt, wird nach erfolgter Abbitte nicht etwa als geschwächt, sondern im Gegenteil als besonders integer und charakterstark wahrgenommen – trotz der eingestandenen Fehlleistung. Beruft sich jemand dagegen auf widrige Umstände oder schiebt anderen die Schuld für einen Misserfolg in die Schuhe, vermeidet er zwar kurzfristig den Gesichtsverlust des Sich-Entschuldigens. Dafür büßt er aber Sympathie ein und gerät in den Verruf des rücksichtslosen Schwächlings.

Comeback-Idee 23
Begrenzen Sie den Imageschaden

Man hat eine Familie, die einen auffängt, Freunde, die zu einem halten, und einen Bekanntenkreis, in dem man sich hilft. Doch was in den guten Zeiten so wunderbar harmoniert, erweist sich in den schlechten oft als enttäuschend. Wenn es hart auf hart geht, machen viele Menschen die Erfahrung: Das soziale Netz ist keine beliebig belastbare Hängematte, sondern ein erschreckend brüchiges Geflecht. Natürlich nimmt das Umfeld Anteil, bietet Hilfe an und zeigt sich freigebig mit guten Tipps. Doch es gibt auch andere Momente: Gute Freunde machen sich rar, eine Nachbarin stellt taktlose Fragen, die Geschwister lehnen die Bitte um ein zinsloses Darlehen ab, ein Bekannter aus dem Sportverein bezeichnet Arbeitslose als faule Säcke (als wüsste er nicht, dass man selbst seit fast sechs Monaten Bewerbung um Bewerbung schreibt), und selbst der liebste Mensch von allen kann »es« über kurz oder lang einfach nicht mehr hören.

»Wenn Sie ein Trauma oder einen großen Verlust erlitten haben, gehen Sie davon aus, dass die Menschen keine guten Zuhörer sein werden«, warnt Al Siebert, Leiter des Resilienzzentrums in Portland, Oregon. Die meisten Leute hören sich die Misere eines anderen maximal ein bis zwei Minuten an, dann wollen sie ihre eigene Meinung beisteuern, wechseln das Thema oder beenden das Gespräch. Eine These für die geringe Anteilnahme benennt der Berliner Psychologe Nikolas Westerhoff: Netze leben von der Ähnlichkeit ihrer Mitglieder: Familien fahren bevorzugt mit Familien in den Urlaub, Akademiker sind am häufigsten mit Akademikern befreundet, Geschwister verbindet oft ein noch tieferes Band als gleichaltrige Freunde. Diese Ähnlichkeit stärkt den Zusammenhalt, wenn alles gutgeht. Dann bestätigt man einander in der eigenen Lebensform. Läuft es dagegen bei einem Gruppenmitglied schief, haben die vom Schicksal Verschonten regelrecht Angst, sich an der Misere »anzustecken« – gerade weil man so viel gemeinsam hat. Wenn Julius und Greta sich trennen, so die diffuse Angst der anderen Paare im Freundeskreis, könnte uns das demnächst auch passieren.

Menschen in der Krise haben deshalb neben vielen anderen Schwierigkeiten oft ein nicht zu unterschätzendes Kommunikationsproblem: Wem sage ich wann was auf welche Weise?

Mitteilen oder geheim halten?

Es ist nicht einfach und auch nicht immer notwendig, über eine Niederlage mit Außenstehenden zu sprechen: Schließlich wird die Unvollkommenheit, die wir nach einem Ausrutscher empfinden, erst wirklich offiziell, wenn wir sie einem erweiterten sozialen Umfeld mitteilen. Nur: Wie entscheidet man, ob man ein Scheitern thematisiert oder nicht? Müssen die Kollegen vom Anpfiff der Projektleiterin erfahren? Ist es sinnvoll, die Enttäuschung über die nicht erteilte Baugenehmigung im Freundeskreis zu kommunizieren? Unterstützt man Sohn oder Tochter dabei, die verpatzte Führerscheinprüfung vor den Cousins geheim zu halten? Darf man noch 20 Jahre später erwähnen, dass man lieber Ärztin als Lehrerin geworden wäre und bis heute bedauert, am Numerus clausus gescheitert zu sein? Spricht man an, wie peinlich man es findet, den Übernachtungsgästen, die so viel großzügiger wohnen als man selbst, nur eine alte Schlafcouch im Arbeitszimmer anbieten zu können, oder geht man stillschweigend über das fehlende Gästezimmer hinweg?

Es kommt darauf an. Mit der folgenden Checkliste können Sie prüfen, was für Offenheit spricht und was dagegen.

Für Offenheit spricht:	Gegen Offenheit spricht:
☐ Sie brauchen Hilfe und haben das Bedürfnis, sich mitzuteilen.	☐ Sie machen Probleme lieber mit sich selbst aus.
☐ Offenheit und Vertrauen sind Ihnen wichtig (bezogen auf diesen Menschen).	☐ Ihr Gesicht zu wahren ist Ihnen wichtig (bezogen auf diesen Menschen).
☐ Sie möchten dem anderen gegenüber keine Geheimnisse haben.	☐ Sie möchten den anderen nicht belasten.
☐ Der andere kann einfühlsam auf Sie eingehen. Weder bagatellisiert er noch tabuisiert er Ihr Problem.	☐ Der andere scheut vor Problemen zurück oder fühlt sich nicht zuständig, wenn es hart auf hart geht.
☐ Sie erwarten sich durch die Offenlegung Vorteile, zum Beispiel Trost, Kontakte oder praktische Unterstützung.	☐ Sie erwarten sich durch die Offenlegung Nachteile, zum Beispiel Schadenfreude oder einen Imageverlust.
☐ Der engste Kreis wird entlastet, wenn weitere Personen unterstützend hinzukommen	☐ Der Austausch mit anderen Betroffenen oder ein Coaching bringt Ihnen mehr als Gespräche mit Ihrem sozialen Umfeld.
☐ Der Fehler, das Versagen, die Enttäuschung ist für Ihr Gegenüber offensichtlich.	☐ Was Sie als Scheitern empfinden, fällt Ihrem Gesprächspartner vermutlich kaum auf.
☐ Ihr Gegenüber könnte von dritter Seite von dem Problem erfahren oder ist zumindest am Rande mit davon betroffen.	☐ Der andere weiß nur über Ihr Problem Bescheid, wenn Sie darüber reden. Das Problem beeinflusst sein Leben in keiner Weise.

Wenn Sie sich dafür entscheiden, eine Niederlage offenzulegen, sollten die Gründe dafür deutlich überwiegen. Mit einer Ausnahme: Besteht die Gefahr, dass sich die Rüge unter den Kollegen herumspricht oder die Cousins über Freunde von der verpatzten Fahrprüfung Wind bekommen, legt man die Wahrheit besser ohne Umschweife auf den Tisch. Anderenfalls entsteht ein sogenannter *Extremisierungseffekt*: Eine Enthüllung aus zweiter Hand weckt die Sensationsgier, die freimütige Aufklärung durch den Betroffenen wirkt im Vergleich dazu nur halb so schwer. Ein Tipp: Indiskrete Nachfragen (Wieso? Warum? Was nun?) dürfen Sie unmissverständlich stoppen: »Ich komme schon klar. Ich wollte einfach nur, dass ihr Bescheid wisst.«

Imagestrategien, die mehr schaden als nützen

Jeder macht Fehler. Niemand kommt an Niederlagen vorbei. Und doch bleiben die einen auch in Krisenzeiten bemerkenswert souverän, während sich andere nach dem Misserfolg um Kopf und Kragen reden und dem Fehlschlag noch eins draufsetzen. Erinnern Sie sich noch an den lchtest? Ein DaimlerChrysler-Topmanager ließ damals das Umkippen der A-Klasse bei einem Fahrtest mit dem

> *Die schlimmsten Fehler macht man in der Absicht, einen Fehler gutzumachen.*
> Jean Paul

Satz kommentieren: »Ein Vorstand kann nicht ein Statement abgeben, nur weil irgendwo auf der Welt ein Auto umgefallen ist.« Nach dieser unglücklichen Äußerung kämpfte Deutschlands renommiertester Autohersteller nicht nur mit einem wackeligen Auto, sondern obendrein mit dem Vorwurf der Arroganz. Zwar gilt der nachfolgende Umgang des Konzerns mit dem Elchtest-Debakel bis heute als Musterbeispiel der Krisenreaktion. Doch die öffentliche Empörung nach dem Anfangspatzer zeigt: Wenn es ohnehin schon hakt, wird jeder Versuch der verbalen Schadensbegrenzung doppelt kritisch beäugt. Deshalb schaden abwiegelnde Erklärungen dem Ansehen meist mehr, als sie nützen: Wer sich allzu sehr in den Himmel kommuniziert, den lässt das Publikum verstimmt zur Hölle fahren.

Ich hatte nie Sex mit Monica: Der Leugnungsversuch

Leugnen – Psychologen sprechen neutral von *Zurückweisen* – ist die dreisteste Form, sich von einer Niederlage zu distanzieren. Das selbstwertschädigende Ereignis wird dabei nicht nur weichgezeichnet, sondern gleich ganz in Abrede gestellt. Bill Clinton bediente sich der Taktik, als ihm in der Monica-Lewinsky-Affäre das Wasser bis zum Hals stand: »I did not have sexual relations with that woman.« Die Peinlichkeit war komplett.

Dass Clinton der Leugnungsversuch nicht dauerhaft schadete, liegt an seinen Starqualitäten: Je besser der Ruf, je höher der Bekanntheitsgrad, desto wahrscheinlicher perlen Niederlagen und ein schlechtes Krisenmanagement nahezu folgenlos ab. Was nichts anderes heißt als: Abstreiten muss man sich leisten können!

Wir reden hier eigentlich von Peanuts: Die Bagatellisierungstaktik

Die wenigsten Menschen leugnen eine Niederlage einfach ab. Viel häufiger versuchen wir, einen negativen Eindruck durch Rechtfertigungen zu mildern und zu relativieren:

- Der Misserfolg ist nicht wirklich schlimm: »Es ist doch gar nichts passiert.«
- Die Niederlage war ein Lernerfolg: »Das wird für mich ein Ansporn sein.«
- Man hat in bester Absicht gehandelt: »Man muss auch mal etwas wagen.«

• Verglichen mit allen denkbaren Fehlentwicklungen hat man eigentlich gar nicht so schlecht abgeschnitten: »Wenn man die allgemeine Konjunkturentwicklung berücksichtigt, sind die Ergebnisse durchaus respektabel.«

Entlastungen zielen darauf ab, das Versäumnis oder die eigene Schuld daran möglichst kleinzureden. Damit das gelingt, müssen sie allerdings vorsichtig dosiert werden. Anderenfalls ergeht es Ihnen wie »Mr. Peanuts« Hilmar Kopper. Als der gescheiterte Baulöwe Jürgen Schneider 1994 seine Handwerker mit offenen Rechnungen über 50 Millionen D-Mark sitzen ließ, wiegelte Kopper, damals Vorstandssprecher der Deutschen Bank, den Schaden ab: »Wir reden hier eigentlich von Peanuts.« Der unsensible Vergleich goss Öl ins Feuer der öffentlichen Empörung: 1994 wird »Peanuts« zum Unwort des Jahres gekürt. Wirtschaft und Politik haben seither ihre Krisenkommunikation übrigens so professionalisiert, dass vergleichbare Patzer heute kaum mehr zu beobachten sind.

Schuld sind immer die anderen: Die Opferhaltung

Mal ist das Schicksal schuld, mal die Gesellschaft, mal der schlechte Informationsfluss und mal der unfaire Prüfer. Wer die Schuld für Misserfolge bevorzugt anderen und anderem in die Schuhe schiebt, versäumt es nicht nur, aus der Krise zu lernen. Das Verhalten führt auch dazu, dass man als schwach, unsportlich und wenig reflektiert erlebt wird – als verwöhntes Kind, nicht als mündiger Erwachsener. Eindruck macht dagegen, wer so wie John McCain für die Niederlage geradesteht: »Es war mein Fehler, nicht eurer«, tröstete er seine enttäuschten Anhänger, nachdem er im Rennen um die US-Präsidentschaft an Barack Obama gescheitert war. Formulierungen wie die Folgenden zeigen Flagge und erkennen den Eigenanteil an der Misere an:

- »Ich habe den Aufwand unterschätzt.«
- »Ich hätte das klarer kommunizieren müssen.«
- »Ich habe mich täuschen lassen, ich hätte genauer hinschauen müssen.«

Das Gegenteil bewirken Sätze wie »Das kann doch jedem passieren«, »Das habe ich doch nicht so gemeint« oder »Das war doch keine Absicht.«

Ist doch alles kein Problem: Die Blenderstrategie

Manche Menschen können noch so gebeutelt sein – sie kennen keine Niederlagen. Auf jeden Fall nicht nach außen hin. Jürgen ist so ein Fall. Selbst wenn sich kurz vor Eintreffen der Gäste herausstellt, dass die Lammkeule für sechs verkohlt ist – sein Gleichmut bleibt unerschüttert: Passiert ist passiert, das merkt doch keiner, das kriegen wir schon hin. Leider flößt die zur Schau getragene Ruhe Annette nicht unbedingt Vertrauen ein. Im Gegenteil: Jürgens Optimismus erscheint ihr unangebracht und realitätsfremd. Als Reaktion darauf reagiert sie doppelt hektisch und verärgert.

Zwar wirkt es angenehm, wenn jemand auch in der Niederlage einen klaren Kopf bewahrt. Die gezeigte Zuversicht setzt aber voraus, dass das Problem anerkannt und zumindest eine Teillösung angeboten wird: »Meine Schuld, ich weiß. Ich bin im Internet hängen geblieben. Jetzt müssen wir improvisieren. Wir haben doch noch Gambas in der Tiefkühltruhe? Und Reis für ein Risotto ist auch da ...«

Jetzt ist alles aus: Die Dramatisierungsspirale

Die Dramatisierungsspirale ist ein Sonderfall unter den Strategien zur Wiederherstellung des eigenen Images. Während es bisher darum ging, die Niederlage oder die eigene Schuld daran möglichst unbedeutend erscheinen zu lassen, wählen Dramatisierer den entgegengesetzten Weg: Entweder geißeln sie sich selbst (»Wie konnte ich nur so blöd sein«) oder sie spielen die Folgen eines Fehlers hoch (»Ich bin doch völlig blamiert«).

Exzessive Selbstbeschuldigungen beugen Kritik und Verurteilung vor. Kaum jemand wagt es, einem Menschen Vorhaltungen zu machen oder Tatkraft abzuverlangen, der sich mit Ängsten und Selbstvorwürfen quält. Dennoch hat die Taktik Tücken: Sie wirkt mutlos und narzisstisch. Möglicherweise fühlt sich die Umwelt unangenehm davon berührt oder sogar emotional erpresst. Wer dazu neigt, Rückschläge zu dramatisieren, macht sich am besten klar: Selbstmitleid kommt nicht gut an, und in den Augen der anderen muss ein Verlierer zumindest tapfer sein.

Imagestrategien, die Eindruck machen

Kleinreden erbost, abtun kostet Sympathie, Selbstbezichtigung klingt wehleidig. Egal, wie man es anstellt, in den Augen der Welt ist ein Versagen ein Versagen. Trotzdem gibt es eine wirksame Möglichkeit, einen Rückschlag einzugestehen und trotzdem gesichtswahrend zu kommunizieren: Reden Sie weniger über die Fehler der Vergangenheit und mehr über Ihre zukünftigen Absichten und Aussichten, über Ihre Hoffnungen, Fortschritte und ersten Erfolge. Die Taktik stillt, sofern sie mit dem gebotenen Realismus verbunden wird, das Bedürfnis nach Erfolgs- und Comeback-Geschichten. Zudem fördern positive Erklärungsmuster nach außen das Vertrauen in die eigene Kraft nach innen. Dazu ein paar Anregungen:

- Äußern Sie Ihre Gefühle, machen Sie aus dem Rückschlag keinen Hehl. Beschränken Sie sich dabei aber auf einen kurzen Satz, weiten Sie das Thema nicht aus: »Natürlich bin ich enttäuscht, dass Marie an mir vorbeigezogen ist.« Das Eingeständnis spiegelt Ihre Stimmung wider und wirkt deshalb glaubwürdiger als ein trotziges: »Ich muss mich nicht so profilieren.«

- Sprechen Sie positiv oder jedenfalls neutral über Rivalen, Konkurrenten oder Menschen, die Sie verletzt haben: »Sie wird das Projekt voranbringen, da bin ich sicher.« Wirkt großzügig und fair – und hält Hassgefühle in Grenzen.
- Haben Sie keine Fortschritte in der Sache zu vermelden, bringen Sie positive Erfahrungen in anderen Lebensbereichen zur Sprache: »Die Arbeit als Lesepatin ist eine interessante Erfahrung für mich. Gut, dass ich jetzt Zeit dafür habe.«
- Geben Sie Ihrer Hoffnung auf ein Comeback Ausdruck. Ein Kommentar wie »Es ist eine Chance, ich versuche sie zu nutzen« klingt zuversichtlich, ohne großspurig zu sein. Vergleichen Sie dagegen den Satz: »Ich rechne mir keine großen Chancen aus, der Zug ist für mich abgefahren.« Äußerungen dieser Art lassen selbst mitfühlende Außenstehende auf Abstand gehen. Obendrein hemmt man sich selbst damit: Die trostlosen Worte wachsen sich leicht zur selbsterfüllenden Prophezeiung aus.
- Äußern Sie Vertrauen in die eigene Kraft: »Ich schaffe das.« – »Ich fasse wieder Fuß.« Wie vorgezeigter Optimismus Erfolg und Image fördert, bewies eindrucksvoll Barack Obamas Wahlkampfmantra: Yes we can. Auch Studien der Psychologen Richard H. Gramzow und Greg Willard deuten darauf hin, dass sich eine zuversichtliche Haltung konkret auszahlt: Studenten, die in Interviews ihre Noten beschönigen, schnitten in nachfolgenden Prüfungen besser ab – oft sogar um genau die Differenz zwischen der fälschlich genannten und später tatsächlich erzielten Note. Offenbar, so das Erklärungsmodell, nahmen die Probanden im Interview die Ergebnisse vorweg, die sie sich realistisch zutrauten.
- Gewinnen Sie unfreiwilligen Wendepunkten eine positive Seite ab: »Ein Gutes hat die Sache: Ich werde jetzt doch das Master-Studium machen. Im Führungsteam wäre der Zeitaufwand dafür zu hoch gewesen.«
- Sprechen Sie über das Gute am Schlechten: »Meine Eltern haben so unterstützend reagiert, wie ich es nie erwartet hätte. Sie haben mir sogar angeboten, die Studiengebühren zu übernehmen.«

In guter Gesellschaft: Prominente Entschuldigungen auf dem Prüfstand

Ob Handelskette, Präsidentschaftskandidat, Wirtschaftsführer oder Fernsehjournalistin – wer nach einem Patzer der Abstrafung entgehen will, muss Reue zeigen. Allerdings entschuldigen sich Großunternehmen und Personen des öffentlichen Lebens seit Elchtest-Debakel und Peanuts-Patzer nicht mal eben so. Wenn sie ein Versagen eingestehen, dann in genau überlegten Worten, beraten von Anwälten und Medienprofis.

*Die **Lidl**-Firmenleitung entschuldigte sich nach unerlaubter Videoüberwachung der Mitarbeiter in einem Rundbrief:* »Wenn Sie sich in Misskredit gebracht und persönlich verletzt fühlen, so bedauern wir dies außerordentlich und entschuldigen uns dafür bei Ihnen.« *Gelungen: Die ebenso schlicht wie eindeutig formulierte Entschuldigung.*

*Bob Eckert, Chief Executive Officer des Spielzeugherstellers **Mattel,** warb nach der größten Rückrufaktion in der Geschichte des Unternehmens in einem offenen Brief um das Vertrauen der Verbraucher:* »Wie Sie vielleicht wissen, rufen wir einige Produkte aus zwei verschiedenen Gründen freiwillig zurück. Der eine Grund ist der unerlaubte Gebrauch von bleihaltiger Farbe, der andere Risiken, die mit kleinen, leistungsstarken Magneten verbunden sind. [...] Sie haben mein persönliches Versprechen, dass wir alles in unserer Macht Stehende tun, um dieses Problem mit Integrität und Verantwortungsbewusstsein zu beseitigen.« *Gut: Der Fehler wird klar benannt, das Versprechen des CEO versöhnt. Die allzu durchsichtige Betonung der Freiwilligkeit hätte Mattel sich allerdings besser gespart.*

*Nachdem **Anne Will** 2008 in ihrer Talkshow falsche Zahlen zum Schuldenstand in Berlin genannt hatte, stellte sie nach massiven Protesten am Beginn der nächsten Sendung den Fehler richtig:* »Womöglich haben Sie ja mitbekommen, dass unsere Sendung vom vergangenen Sonntag für einigen Gesprächsstoff gesorgt hat. Und ein Grund war: Wir haben die Verschuldung des Stadtstaates Berlin fehlerhaft dargestellt. Der Schuldenstand Berlins betrug am Tag des Regierungswechsels im Jahre 2001 rund 40 Milliarden Euro. Dieser Schuldenstand ist erst unter der rot-roten Regierung auf rund 60 Milliarden Euro angewachsen. Wir bedauern diesen Fehler und wollten dies natürlich gerne noch einmal klarstellen.« Kritiker empfanden die souveräne Formulierung offenbar als allzu geschmeidig. »Eine echte Entschuldigung blieb aus«, kommentierte Welt Online dazu.

Hillary Clinton hatte im Wahlkampf um die Präsidentschaftskandidatur behauptet, als First Lady von bosnischen Heckenschützen angegriffen worden zu sein. Nachdem das US-Fernsehen ihre Darstellung mit Bildern widerlegte, trat Clinton die Flucht nach vorn an: »Ich habe einen Fehler gemacht. Das passiert. Es zeigt, dass ich auch nur ein Mensch bin – was für manche Menschen eine Enthüllung ist.« Gut: Der überraschende Schlusssatz gibt dem Schuldeingeständnis einen sympathischen Dreh. Vorsicht: Ironie ist nur bei relativ harmlosen Ausrutschern empfehlenswert.

Bundestagspräsident **Wolfgang Thierse** entschuldigte sich in einem persönlichen Brief an Helmut Kohl für eine Bemerkung über dessen Privatleben. Thierses Äußerung »Seine Frau im Dunkeln in Ludwigshafen sitzen zu lassen, wie es Helmut Kohl gemacht hat, ist kein Ideal«, hatte eine Welle der Empörung hervorgerufen, die auch ein erster Brief des Bedauerns nicht besänftigen konnte. Thierse sah sich deshalb zu einem zweiten Bußgang gezwungen: »Ich will Ihnen noch einmal ausdrücklich versichern, dass ich in meinem verkürzt wiedergegebenen Interview keine Kritik an Ihnen üben, keine Vorwürfe gegen Sie erheben wollte. Da aber dieser falsche Eindruck entstanden ist, möchte ich Sie in aller Form um Entschuldigung bitten, denn es lag nicht in meiner Absicht, Sie zu verletzen. Ich bitte Sie sehr herzlich, diese meine Entschuldigung anzunehmen!«

Der Riss in der Seele, wo vorher das Selbstbewusstsein war

Wie man Enttäuschung aushält und Scham überwindet

Krisen stürzen uns in Selbstzweifel und erlegen uns Einbußen und Einschränkungen auf. Sie bringen aber auch zum Vorschein, was in uns steckt. Auf die Tapferkeit, Kreativität oder Geduld, mit der wir einer Niederlage begegnen, haben wir allen Grund, stolz zu sein.

Ob Schulleistungen, Sportwettbewerb oder Lebenserfolg, für John F. Kennedy und seine Geschwister war die Messlatte hoch: »Come in first, second place is failure«, lautete der Leitspruch der Eltern. Die meisten von uns sind mit weniger hohen Erwartungen aufgewachsen, oder zumindest wurden sie weniger fordernd formuliert. Trotzdem ist es für viele fast ein Grundbedürfnis, Erster zu sein. Oder jedenfalls ganz weit vorn.

Menschen orientieren sich am Erfolg. Haben sie ihn nicht, nicht mehr oder nur bedingt, gerät ihr Selbstvertrauen ins Wanken. Wer die selbst gesetzten Ziele verfehlt, Kritik einstecken muss oder zurückfällt im sozialen Vergleich, dessen Glaube an sich stürzt oft im steilen Fall. So, wie Erfolg glücklich und stark macht, macht Misserfolg anscheinend trostlos und schwach. Anscheinend. Aber nicht zwangsläufig. Denn offensichtlich entwickeln keineswegs alle Menschen mit dem Nicht-Gelingen auch ein Gefühl des Versagens. Wie sonst wäre es zu erklären, dass bei den einen schon ein Bad-Hair-Day oder ein schiefer Blick Minderwertigkeitsgefühle wachruft, während andere relativ unberührt über kleine und größere Unzulänglichkeiten hinwegtänzeln? In diesem Kapitel geht es um Selbstachtung und wie man sich auch in Krisenzeiten möglichst viel davon bewahrt.

> *Wir sind immer auch gleichsam Ruinen unserer Vergangenheit, Fragmente zerbrochener Hoffnungen, verronnener Lebensentwürfe, vertaner und verspielter Chancen.*
>
> *Martin Luther*

Comeback-Idee 24
Erkunden Sie die Quellen Ihres Selbstbewusstseins

Abstürzen ist schlimm. Es macht Angst, kostet Sicherheit, Lebensqualität und Geld, bringt den gut geölten Alltag aus dem Takt und führt uns vor Augen, dass das Leben fragil und selbst in der wohlhabenden Mitte der Gesellschaft nur bedingt planbar ist.

Allerdings bedeutet keineswegs jedes gefühlte Scheitern gleich eine reale Gefahr, und nicht jeder empfundene Misserfolg bedroht unsere Existenz. Im Gegenteil: Sehr häufig beunruhigen uns Wendungen, die all denen, die wirklich ums Überleben kämpfen, eher lächerlich erscheinen. Wenn der jüngere Bruder ein Villengrundstück bebaut, während das eigene Haus in einem nichtssagenden Neubaugebiet steht, oder die Kollegin, mit der man am gleichen Tag ins Traineeprogramm startet, von einer international renommierten Business School kommt, ist das eigene Lebensmodell deshalb kein bisschen schlechter als vorher. Objektiv gesehen hat sich das Glück nicht von uns abgewandt, es lacht nur die anderen ein bisschen strahlender an. Subjektiv fühlt sich die Sache anders an: Subjektiv beherrscht Erfolgsmenschen schnell das Gefühl, zurückzufallen im Rennen um das gelungenste Leben, um Zustimmung, Bedeutung und Aufmerksamkeit. Selbstzweifel kommen auf, Neid schleicht sich ein, und das Hirn quält sich damit, ob man nicht doch besser das elterliche Autohaus übernommen hätte, statt Sinologie und Geschichte zu studieren.

Frustrierte Gedankengänge wie diese sind verständlich und weitverbreitet, sie sind aber kein Naturgesetz. Sie bleiben uns erspart, wenn wir Status und Anerkennung zwar schätzen, uns aber so wenig davon abhängig machen wie von Rotwein oder Tranquilizern. Die Möglichkeit dazu haben wir, denn unser Selbstwertgefühl speist sich aus drei ganz unterschiedlichen Quellen: erstens aus der Anerkennung, die man uns zollt; zweitens aus dem Vergleich mit anderen; und drittens aus der Zufriedenheit, die wir aus uns selbst beziehen.

Mit dem Selbstbewusstsein ist es deshalb wie mit der Ernährung: So wie wir körperlich fitter bleiben, indem wir vorwiegend gesunde Lebensmittel zu uns nehmen, können wir unser Selbstwertgefühl stabilisieren, indem wir es bevorzugt mit »gesunden«, das heißt beeinflussbaren, Erfolgserlebnissen füttern. Ungesunde, weil weniger kalkulierbare Erfolgserlebnisse kommen als schönes Extra dazu – wie beim Essen Schokomuffins und Martinsgans. Man schwelgt darin – ist aber auch nicht ausgehungert, wenn sie mal ausbleiben.

Anerkennung von außen

Ein wichtiger Kunde kommt extra an den Restauranttisch, um einen zu begrüßen. Gäste geraten ob des karamellisierten Ziegenkäses in Verzückung und möchten unbedingt das Rezept. Bei dem Vortrag, den man bei einer renommierten Tagung hält, bordet der Raum vor Zuhörern über. Weniges hebt die Laune so sehr wie Beachtung, Bewunderung oder sogar Verehrung. Dahinter steht ein simpler Zusammenhang von Ursache und Wirkung: Das Urteil der anderen wirkt sich darauf aus, wie wir uns selbst einschätzen:

Man hält mich für wichtig.	bedeutet:	*Ich bin wichtig.*
Man findet mich sympathisch.	bedeutet:	*Ich bin sympathisch.*
Man nimmt mich als erfolgreich wahr.	bedeutet:	*Ich bin erfolgreich.*

Umgekehrt gilt natürlich das Gleiche: Bleibt der Redebeitrag in der Eigentümerversammlung unbeachtet, gehen Kollegen grußlos an einem vorbei, kann man sich das Au-pair-Mädchen nicht mehr leisten, steht man nicht nur in den Augen der Welt schlechter da, auch die eigene Selbstachtung leidet unter der Geringschätzung:

Man hält mich für unwichtig.	bedeutet:	*Ich bin unwichtig.*
Man findet mich unsympathisch.	bedeutet:	*Ich bin unsympathisch.*
Man nimmt mich als erfolglos wahr.	bedeutet:	*Ich bin erfolglos.*

Lob, Bewunderung und Beliebtheit haben also ein Janusgesicht: Wir sonnen uns darin und blühen unter der Wertschätzung der anderen auf. Problematisch wird es allerdings, wenn Komplimente, Ehre und Beachtung die Hauptquelle des Selbstvertrauens bilden. Dann kämpft man nach einem Misserfolg nämlich nicht nur mit den praktischen Folgen des Scheiterns. Obendrein leidet man daran, dass Anerkennung ausbleibt und man vielleicht sogar Mitleid oder Missachtung einstecken muss. Lässiger scheitert deshalb, wer Aufmerksamkeit als begehrenswertes Nice-to-Have betrachtet – aber nicht als Must-Have für das Ego braucht.

Sozialer Vergleich

Mein Haus, mein Auto, mein Boot – der Sparkassen-Spot der Werbeagentur Jung von Matt ist zwar schon gut zehn Jahre alt. Wenn er sich bis heute als geflügeltes Wort hält, so liegt das daran, dass er zuspitzt, was tief in unserem Gehirn verankert ist: die Lust am Übertrumpfen, zumindest aber der unbedingte Wille, mitzuhalten mit den Menschen, denen wir uns ebenbürtig fühlen. Schneiden wir bei dem Seitenblick positiv ab, fühlen wir uns gestärkt und bestätigt: »Mein Unterrichtskonzept ist viel griffiger als das von Sybille.« Fällt der Vergleich neutral aus, lehnen wir uns beruhigt zurück: »Petra hat diesmal auch eine schlechtere Evaluation als sonst.« In guten Zeiten ergibt der soziale Vergleich also sehr wohl Sinn: Er dient als Ansporn und Bestätigung und hilft uns, unsere Leistungen realistisch einzuschätzen. Anders sieht die Sache in schlechten Zeiten aus: Dann wirkt sich das Schielen nach denen, die es besser haben als man selbst, als zusätzliche Belastung aus. Man empfindet das Abgleiten oder Entgleisen noch schmerzhafter und traut sich womöglich noch weniger zu. Astrid Schütz, Professorin für differenzielle Psychologie an der TU Chemnitz, hält deshalb den Vergleich nach oben genau wie die Suche nach Anerkennung für eine schlechte Selbstwertquelle: Beide unterliegen Veränderungen, lassen sich nicht herbeizaubern und fallen ausgerechnet dann aus, wenn das Selbstbewusstsein am dringendsten eine Aufbauspritze braucht.

Als weiterer Nachteil kommt hinzu: Wer sein Selbstwertgefühl vor allem daraus bezieht, klüger, schlanker, beliebter, optimaler zu sein als andere, zieht die eigenen Fähigkeiten schon bei kleinsten Abweichungen vom gewohnten Standard infrage. Als Scheitern wird dann womöglich schon der falsch verwendete Superlativ empfunden, ausgerechnet im Beisein der Kollegin, die sich so viel einbildet auf ihren korrekten Sprachgebrauch.

Das Vergleichen ist das Ende des Glücks und der Anfang der Unzufriedenheit.
Søren Kierkegaard

Selbstakzeptanz

Die mit Abstand beste, weil verlässlichste Selbstwertquelle sind – Sie selbst. Jedenfalls dann, wenn es Ihnen gelingt, Ihre Stärken und Schwächen zu akzeptieren, mit allen Möglichkeiten und Begrenzungen, die sich daraus ergeben. Für eine gesunde Selbstakzeptanz sprechen die folgenden Verhaltensweisen:

- Sie kennen und verstehen sich und Ihre Beweggründe.
- Sie setzen sich Ziele, die anspruchsvoll sind, aber innerhalb Ihrer Möglichkeiten liegen.
- Sie wissen immer genauer, was für Sie persönlich Glück bedeutet.
- Sie gehen auf in dem, was Sie tun.
- Sie sind im Großen und Ganzen mit sich einverstanden.
- Sie können sich vergeben, wenn Sie einen Fehler machen.
- Sie haben akzeptiert, dass nicht alles im Leben erreichbar ist.

Eine unmittelbar wirksame Strategie, die eigene Selbstakzeptanz zu stärken, nennt die Wiener Psychotherapeutin und Coachin Monika Weninger: Wichtig ist nicht, was die anderen für das Beste halten, wichtig ist, was Sie ganz persönlich als das für sich Beste empfinden. »Ich bin, wie ich bin, und das hat Konsequenzen – für mich und für die anderen«, heißt einer der Leitsätze, die sie ihren Kunden in Sachen Selbstakzeptanz mit auf den Weg gibt. Mit diesem Satz im Kopf rückt sich manches gerade, was im Leben irgendwie schiefzulaufen droht: Mein Privatleben ist mir am wichtigsten – und deshalb muss ich nicht in die Chefetage. Ich bin gut auf der Langstrecke, aber keine Sprinterin – und deshalb halte ich mir auch in hektischen Phasen die Wochenenden frei. Ich bin kein Gruppenmensch – und bleibe eine gute Mutter, auch wenn ich Annika in einem Kindergarten ohne Koch-, Putz- und Renovierungsdienst anmelde.

Außenstehende mögen sich an so viel Eigensinn stören. Uns selbst aber tut es gut, den Sinn für das Eigene zu pflegen. Denn das Leben nach individuellen Maßstäben und die Freude am Machen verstärken das Selbstwertgefühl wie nichts sonst. Sogar dann, wenn das Angestrebte mal nicht gelingt. »Wer um der Erfüllung willen arbeitet, ist nicht erfolgsabhängig und kann lässig und geschmeidig scheitern«, argumentiert die Philosophin Ute Lauterbach in ihrem Buch *Lässig scheitern.*

Bestimmt haben Sie das erhebende Gefühl des sich Vertiefens schon erlebt, wenn Sie einer Lieblingsbeschäftigung nachgehen: Die Lust, wenn beim Stricken die Nadeln klappern, kann einem nichts und niemand nehmen. Sie trägt auch dann, wenn sich am Ende herausstellt, dass der Pulli, der auf dem Foto so stylish aussah, objektiv betrachtet höchstens für einsame Sofaabende taugt.

Die gleiche Wirkung gibt uns Halt, wenn ein Lebenstraum zerplatzt. Wer sich in der Kommunalpolitik mit Leidenschaft für die Einrichtung eines Bolzplatzes oder gegen die Erweiterung des Industrieparks einsetzt, steckt die Wahlniederlage sportlich weg: Die Begeisterung, für das eigene Anliegen einzutreten, ist unabhängig von Status, Geld und Titel und stärkt die Selbstwertschätzung, auch wenn die Anerkennung des Wählers ausbleibt. Deutlich mehr kratzt die Schlappe am Selbstbewusstsein, wenn jemand vornehmlich aus Interesse an Posten und Privilegien an Infoständen gestanden und durch Vereinslokale getingelt ist. Dann geht mit dem Amt auch die Würde dahin: »Plötzlich ist da nichts mehr«, sagt ein Interviewpartner, der seit der Wahlnacht weiß, dass er den Sprung in den

Stadtrat und die davon erhoffte gesellschaftliche Aufwertung nicht geschafft hat.

> **Selbstcoaching: Richten Sie Ihr Selbstbewusstsein auf**
>
> Bei großen, lebensverändernden Misserfolgen: Machen Sie eine Liste mit allem, was Sie können, sind und an sich schätzen. Schreiben Sie alles auf, was Sie im letzten Jahr geleistet haben und worauf Sie stolz waren.
>
> Nach kleinen Misserfolgen: Schreiben Sie mindestens sieben Eigenschaften auf, die Sie an sich schätzen (zum Beispiel: kreativ, geduldig, abgehärtet, unterhaltsam, diplomatisch, hartnäckig, gut vernetzt).

Comeback-Idee 25
Gestehen Sie sich Fehler zu

Egal, ob man im Kleinen scheitert oder im Großen: Wenn man mit was auch immer nicht erfolgreich ist, sieht man sich meistens gleich doppelt bestraft. Man hat erstens nicht erreicht, was man erreichen wollte, und findet das zweitens scheußlich peinlich. Als würde es nicht reichen, dass man sich überschätzt, einen Fehler gemacht oder unverdientes Pech gehabt hat, fühlt man sich obendrein klein und schämt sich, weil man ausnahmsweise mal nicht dem persönlichen oder gesellschaftlichen Idealbild entspricht.

Natürlich ist es kein Ruhmesblatt, wenn man bei der Weihnachtsfeier die verflossenen Liebschaften des letzten Jahrzehnts Revue passieren lässt oder mit dem eigenen Modelabel finanziell nicht über die Runden kommt. So gesehen ist das unangenehme Gefühl der Scham erhellend und lehrreich. Es lässt uns akut spüren: In dem Punkt habe ich versagt. Niederdrückend wird Scham dagegen, wenn sie uns chronische Minderwertigkeitsgefühle einjagt: Ich bin ein Versager. Leider können wir uns die Melange aus Unzulänglichkeit, Verbitterung und Enttäuschung nach einem Misserfolg nicht einfach ausreden. Wir können aber zumindest so wohlwollend mit uns umgehen, wie wir es mit einem Menschen, den wir mögen, tun würden. Hier sind drei Möglichkeiten, die Schmach des Scheiterns zu relativieren.

Scheitern als Normalfall werten

200 000 Paare lassen sich pro Jahr scheiden, bei Bewerbungen übersteigt die Zahl der Absagen die der Zusagen bei weitem, rund 80 000 Studenten brechen jedes Jahr ihr Studium ab, Firmen ver(sch)wenden circa 85 Prozent der Entwicklungszeit für Produkte, die nie auf den Markt gelangen, und im Privatfernsehen hämmert Heidi Klum ihren Kandidatinnen gebetsmühlenartig ein, dass Erfolg die Ausnahme und keinesfalls die Regel ist: »Nur eine von euch kann *Germany's Next Topmodel* werden.« Eine – von Zehntausenden, die gern das Gleiche erreicht hätten.

Auch wenn wir es in der Erfolgsgesellschaft gern verdrängen: Erfolg ist nicht selbstverständlich, und Scheitern normal. Der britische Wirtschaftswissenschaftler Paul Ormerod erklärt, warum: Wir handeln immer unter Informationsmangel. »Selbst wenn man fast alles richtig macht, sind es die kleinen Auf und Abs, die alles so kompliziert machen und die nicht vorhersehbar sind.« Wenn Julia den Heiratsantrag von Franz-Ludwig annimmt, wie kann sie dann wissen, dass er sich fünf Jahre später in Caroline verlieben wird? Und wenn Sebastian sich dafür entscheidet, seine Abschlussarbeit über Bourdieus Habitustheorie zu schreiben, kann er nicht ahnen, dass eine Studienkollegin fast zur gleichen Zeit ein ähnliches Thema aufgreift, den Frauenförderpreis der Universität dafür erhält und seine Arbeit in den Schatten stellt.

Ebenso wie das Schicksal schaffen die unwägbaren Entscheidungen und unvorhergesehenen Verhaltensweisen anderer Menschen

Konstellationen, über die wir keine oder nur wenig Kontrolle haben. Deshalb können wir zwar einiges tun, um einen Erfolg wahrscheinlicher zu machen. Beispielsweise kann man schon vor der Weihnachtsfeier über geeignete und weniger geeignete Gesprächsthemen nachdenken und bei dem Fest auf Alkohol so gut es geht verzichten. Weniger absehbar ist dagegen, dass sich die Gespräche zu später Stunde vergangenen Jugendsünden zuwenden und sogar die Betriebsleiter einander mit ihren biografischen Brüchen überbieten.

Halten Sie sich bei einem Misserfolg zugute: Was immer Sie tun – Sie handeln unter unklaren Bedingungen. Oder wie es Paul Ormerod ausdrückt: Der Vorhang, hinter dem die Zukunft liegt, lässt sich nie ganz öffnen. Das Risiko des Scheiterns ist immer gegeben. Menschen mit Nehmerqualitäten akzeptieren diese Tatsache – und setzen sich auch dann nicht herab, wenn sie falsch entschieden haben oder aus der Stimmung des Moments heraus ins Fettnäpfchen getreten sind.

Selbstcoaching: Hart, aber fair

Welche äußeren Einflüsse, Veränderungen oder unglücklichen Konstellationen konnten Sie beim besten Willen nicht voraussehen? Falten Sie dazu ein DIN-A4-Blatt senkrecht, sodass zwei Spalten entstehen. Schreiben Sie in die linke Spalte alle eigenen Versäumnisse, in die rechte alle unvorhersehbaren oder verhängnisvollen Umstände. Wenn in beiden Spalten ungefähr gleich viele Punkte stehen, können Sie sicher sein: Sie gehen weder zu hart noch zu schonend mit sich ins Gericht.

Den Blick auf das große Ganze richten

Viele Misserfolge erleben wir als eine Art Schlusspunkt: der Partner will sich trennen, der Umweltpreis ging an ein anderes Projekt, der alte Birnbaum, an dem man so hängt, wurde vom Herbststurm umgeworfen, bei der Studienreise nach Israel gehört man auch nach Tagen als einziges Paar keiner festen Clique an. Die Ohnmacht, die man angesichts solcher Rückschläge empfindet, kränkt das Selbstvertrauen: Man kann nicht, wie man möchte, eine Hoffnung hat sich zerschlagen, man fühlt sich machtlos und klein – mit jedem selbstquälerischen Gedanken ein bisschen mehr.

Gegen das Gefühl des Angeschlagenseins hilft es, in größeren Zusammenhängen zu denken: Was sich wie das Ende anfühlt, hat ja immer eine Vorgeschichte – und meistens ein Nachspiel. Aus beidem lassen sich Selbstbewusstsein und Zuversicht schöpfen. Dass man im Rennen um den begehrten Preis zu den drei Finalisten des Wettbewerbs gehörte, viele gute Jahre und zwei tolle Kinder zusammen hatte oder bei der Türkeireise im letzten Jahr zusammen mit Fe-

Das Glück von heute lässt das Unglück vergessen, das Unglück von heute lässt das Glück vergessen.
Buch Jesus Sirach 11, 25

lix, Jan und Tina eine verschworene Gemeinschaft bildete, lässt die aktuelle Misere zwar als besonders hart erscheinen, und man kann sich von den früheren Erfolgen auch nichts kaufen. Aber die guten Erinnerungen bleiben und laden das Selbstwertgefühl auf. Sofern Sie es zulassen.

Ähnlich wie positive Erinnerungen beflügeln erfreuliche Zukunftsgedanken das Selbstvertrauen: Die Tatsache, dass man zu den Finalisten des Wettbewerbs gehört, lässt sich wunderbar über die Website kommunizieren; als Aufhänger für einen Artikel in der Lokalpresse eignet sich die Platzierung obendrein… Am besten malen Sie sich künftige Möglichkeiten in den schönsten Farben aus. Eine begehrenswerte Vision ist nicht nur ein gutes Mittel gegen Hoffnungslosigkeit, sondern auch ein starker Antrieb, aktiv zu werden und das Beste aus einer verfahrenen Situation zu machen.

Wir vergessen es leicht: Der Schlüssel zu einem gesteigerten Selbstwertgefühl liegt nicht darin, dass im Leben immer alles glattläuft. Viel wichtiger ist, was Sie über die Tatsachen Ihres Lebens denken: auf welche Aspekte Sie Ihre Aufmerksamkeit richten, welche Entwicklungen Sie für möglich halten, ob Sie sich als Opfer sehen oder als Macher. Anders ausgedrückt: Ein starkes Selbstwertgefühl baut man durch starke Gedanken auf. Dafür ist es nötig, den Blick sanft, aber entschieden auf positive Aspekte und Hoffnungen zu lenken, wenn das Hirn nachts um drei grübelt oder einem wieder einmal eine bittere Bemerkung über ein Unglück auf der Zunge liegt, das man längst in all seinen Facetten ausgelotet hat, im Moment aber nicht lösen kann.

Selbstcoaching: Führen Sie gute (Selbst-)Gespräche

Die Zeit heilt alle Wunden, heißt es. Ganz ohne Ihr Zutun geht das aber nicht. Narzisstische Kränkungen verlieren hauptsächlich dann an Bedeutung, wenn Sie ihnen nach angemessener Analyse weniger Bedeutung schenken. Damit das gelingt, braucht es Self-monitoring: Achtsamkeit für die eigenen Worte und Gedanken. Hänge ich gerade wieder vergangenen Enttäuschungen nach, statt nach vorn zu denken? Ereifere ich mich zum zigsten Mal über die Ungerechtigkeit, dass ich nicht zur Gruppenleiterin aufgestiegen bin, weil ich der Kinder wegen »nur« Teilzeit arbeite? Spiele ich nachts im Bett die peinliche Kundenbeschwerde durch, obwohl bereits ein Weg gefunden ist, das Problem zur allseitigen Zufriedenheit zu lösen? Jedes Mal, wenn Sie solche selbstwertschädigenden Gedanken registrieren, lenken Sie Ihre Aufmerksamkeit sanft zurück zu ermutigenden, versöhnlichen oder tröstenden Gedanken.

Sich verzeihen

»Ich geb mir die Kugel« – es gab Zeiten, in denen dieser Spruch weder eine geistlose Metapher für gestresste Momente noch ein naheliegender Werbespruch für eine in Goldpapier verpackte Schokoladenkugel war, sondern der ehrenvolle und in den Augen der Betroffenen einzig mögliche Ausweg, nach einem Scheitern die Ehre wiederherzustellen. Ein gutes Jahrhundert später bestraft sich zum Glück fast niemand mehr mit dem Tod für ein Scheitern. Aber bewusst oder unbewusst sperren sich viele Menschen nach Fehlern und Misserfolgen in ein Gefängnis, in dem das Selbstbewusstsein immer weiter absackt und Freude und Hoffnung verboten sind.

Johannes zum Beispiel: Fünf Jahre ist es jetzt her, dass er seine Habilitation abgeschlossen hat. Die Bibliothekarsstelle, die sein Schwager ihm damals hätte vermitteln können, schlug er aus – sicher, dass die angepeilte Professur nicht lange auf sich warten lassen würde. Die Rechnung ging nicht auf: Nach dem durch den Bologna-Prozess angestoßenen Ausverkauf der Geisteswissenschaften wurden die Aussichten, doch noch eine Romanistikprofessur zu ergattern, eher schlechter als besser. Einstweilen hat Johannes sich zwar als Privatdozent und Literaturübersetzer einen Namen gemacht. Aber das Leben als Freiberufler ist unabgesichert, und das Familieneinkommen empfindlich niedriger als nach den langen Jahren der Qualifizierung erhofft und erwartet. Die Schuldgefühle darüber wird Johannes nicht los: »Dass ich Christophs Angebot damals als provinziell abgetan habe, war unverzeihlich arrogant. Die Folgen baden jetzt Astrid und die Kinder aus.«

Natürlich gehört es zu einem erwachsenen Umgang mit Fehlern und Misserfolgen, sich Fehlleistungen oder falsche Entscheidungen einzugestehen. Genauso wichtig ist es aber, nach einer Phase der Selbsteinsicht einen Schlussstrich zu ziehen und sich die Pleite zu verzeihen. Versagen wir uns diese Entlastung, werden wir nämlich aufgefressen von Groll, Verbitterung und Schuldgefühlen. Vor allem Gewissenhafte und Sensible sind davon betroffen: Weil sie das Versagen ernster nehmen als andere, sind sie besonders gefährdet, sich mit Selbstvorwürfen zu zerfleischen und sich und anderen das Leben schwerzumachen.

Vergebung dagegen löst nicht nur Zornesfalten, Migräne und gedrückte Stimmung – sie befähigt auch, die Vergangenheit loszulassen: dass man es nicht geschafft hat, den dementen Vater zu pflegen, das schwierige Forschungsprojekt zu stemmen oder die Kleine geistesgegenwärtig beim Sturz vom Klettergerüst aufzufangen. Menschen mit Nehmerqualitäten können sich in solchen Situationen trotz ihrer Fehler, Unzulänglichkeiten und vielleicht sogar moralischen Vergehen annehmen. Weniger Robuste verstärken die Misere wie Gudrun, die sich selbst keinen Urlaub und kaum eine Freude mehr gönnt, seit sie ihren Vater überfordert ins Pflegeheim gegeben hat. Oder Sarah, die für die zum Glück folgenlose Unaufmerksamkeit auf dem Spielplatz noch Stunden später büßt und sich nach dem zweiten Kakao und der dritten Gutenachtgeschichte auch noch das Versprechen abringen lässt, gleich morgen nach dem Kindergarten den ersehnten Lotti-Karotti-Plüschhasen zu kaufen.

Man muss keine Schwamm-drüber-Mentalität haben, um mit sich freundlich und tolerant umzugehen. Natürlich ist es nach einem Versagen nicht angebracht, sich das Geschehene schönzureden (»Im Pflegeheim hat es Vater viel besser«) oder eigenes Unvermögen zu bagatellisieren (»Das Projekt hätte keiner retten können«). Bleiben Sie aber auch sich selbst gegenüber fair und realistisch: Erkennen Sie an, dass Sie fehlbar sind und kein Übermensch. Nehmen Sie Ihr Bemühen wahr, und üben Sie Nachsicht mit Ihren Grenzen und Schattenseiten. Wenn dem Partner oder einer guten Freundin etwas misslungen ist, tragen Sie ihnen den Fehler ja auch nicht ewig nach. »Sich selbst in etwas weicherem Licht zu sehen ist gesund«, sagt die Persönlichkeitspsychologin Astrid Schütz von der Technischen Universität Chemnitz. »Die Realitätsverzerrung ist wichtig und menschlich. Sie sorgt unter anderem dafür, dass wir uns neuen Herausforderungen stellen.«

Selbstcoaching: Sehen Sie sich in einem weicheren Licht

Sensible neigen dazu, sich die Verantwortung für ein Scheitern in weit höherem Maß zuzuschreiben als Selbstbewusste. Teilweise sind diese Schuldgefühle eine illusionäre Selbstunterschätzung. Die folgenden Überlegungen rücken das angeschlagene Selbstbild zurecht:

- Wie belastend sind Ihre Schuldgefühle – gemessen auf einer Skala von 1 bis 10, wobei 1 sehr niedrig und 10 sehr hoch bedeutet?
- Denken Sie an einen Kollegen, den Sie schätzen, oder eine gute Freundin: Wäre ihm oder ihr der gleiche Fehler unterlaufen, wie schuldig müsste er oder sie sich nach Ihrer Meinung fühlen – gemessen auf einer Skala von 1 bis 10?
- Was müsste passieren, damit Ihre Schuldgefühle kleiner werden? Was können Sie selbst dazu tun?
- Wie kommt es, dass Ihr schlechtes Gewissen nicht noch größer ist?
- Bevor Sie sich von Ihren Schuldgefühlen verabschieden – wie könnten Sie sie produktiv nutzen?
- Woran würden Sie merken, dass Sie sich verziehen haben? Woran würden andere es merken?

Comeback-Idee 26
Finden Sie sich gut

Sich gut finden – das sagt sich leicht. Aber wie soll das konkret gehen, wenn man versagt hat, am Boden liegt, sich schwach, vorgeführt oder gedemütigt fühlt und das Selbstbewusstsein im Keller ist? Menschen mit Nehmerqualitäten suchen und finden trotz und alledem Gelegenheiten, ihr Selbstwertgefühl aufzubauen. Hier sind drei Möglichkeiten dafür.

Auf mehrere Pferde setzen

Geldanlegern ist das Prinzip vertraut: Ohne eine ausgewogene Vermögensaufteilung geht gar nichts. Ideal sind möglichst viele, voneinander unabhängige Assetklassen. Was das Vermögen sichert, stabili-

siert auch den viel wichtigeren Rest des Lebens: Der langfristige Weg
zum Erfolg führt über eine ausgewogene Mischung weit gefächerter
Interessen und vielfältiger Beziehungen. Zusammen geben sie auch
dann Halt und Sicherheit, wenn eine Selbstbewusstseinsquelle weg-
bricht oder einen weithin sichtbaren Kratzer abbekommt. So überrascht es nicht, dass ausgerechnet ein gefeuerter englischer Banker
auf den Punkt bringt, wie erfolgreiches Scheitern funktioniert: »Ich
bin das Produkt vieler Dinge, nicht nur des Bankgeschäfts«, sagt er
dem Londoner *Evening Standard* auf dem Höhepunkt der Finanzkrise 2008. Lesen, Gärtnern, gute Freunde – was ihn jetzt stützt, hat
er auch in den Jahren des beruflichen Höhenflugs oft und gern ge-
pflegt.

Starke Nehmer haben immer mehrere Projekte im Hintergrund.
Erweist sich eines davon als Schlag ins Wasser, gehen sie nicht unter,
sondern verlagern nur den Schwerpunkt. Aber auch nach dem
Knacks lässt sich das Gefühl der Wertlosigkeit durch gezieltes Engagement in anderen, vielleicht vernachlässigten Lebensbereichen mildern: Wer schon einmal nach einem giftigen Streit mit dem Partner
die anschließende Funkstille damit ausgefüllt hat, 200 Blumenzwie-
beln zu pflanzen oder sich spontan die neue Jugendstilausstellung
anzusehen, versteht das Prinzip, Selbstzweifeln einen Hauch von
Freude entgegenzustellen.

Bestätigung resultiert aus Betätigung. Deshalb lohnt es sich, mitten in der Krise mindestens ein neues Erfolgsprojekt in einem ganz
anderen Lebensbereich zu starten. Idealerweise raffen Sie sich zu
einer Aufgabe auf, die Ihre Aufmerksamkeit absorbiert und ehrgei-
zig genug ist, um die Selbstwertschätzung spürbar zu stärken. Ein
Beispiel: Angenommen, Sie machen durch, was fast jedem Freiberufler ohne festangestellte Vollzeitbeschäftigung ab und zu widerfährt:
Die Auftragslage tendiert gegen null. Dann kann das genau der richtige Zeitpunkt sein, um endlich richtig gut Französisch zu lernen.
Ein Tipp: Nur mal ab und zu den Vokabeltrainer zu starten, stärkt
das Selbstbewusstsein wenig. Seelische Ressourcen bauen Sie nur
dann auf, wenn Sie sich konkrete Ziele setzen (»Ich will *Die fabel-*

hafte Welt der Amélie im Original verstehen können«) und die selbst gewählte Aufgabe ernsthaft angehen – auch dann, wenn Sie, was in einer größeren Krise wahrscheinlich ist, weder echte Lust dazu haben noch den Sinn der Übung verstehen.

Selbstcoaching: Wenn das Lebensrad eiert

Wenn Ihr Lebensrad Luft verliert, muss es neu ausgewuchtet und aufgepumpt werden. Die folgenden Schritte helfen dabei:

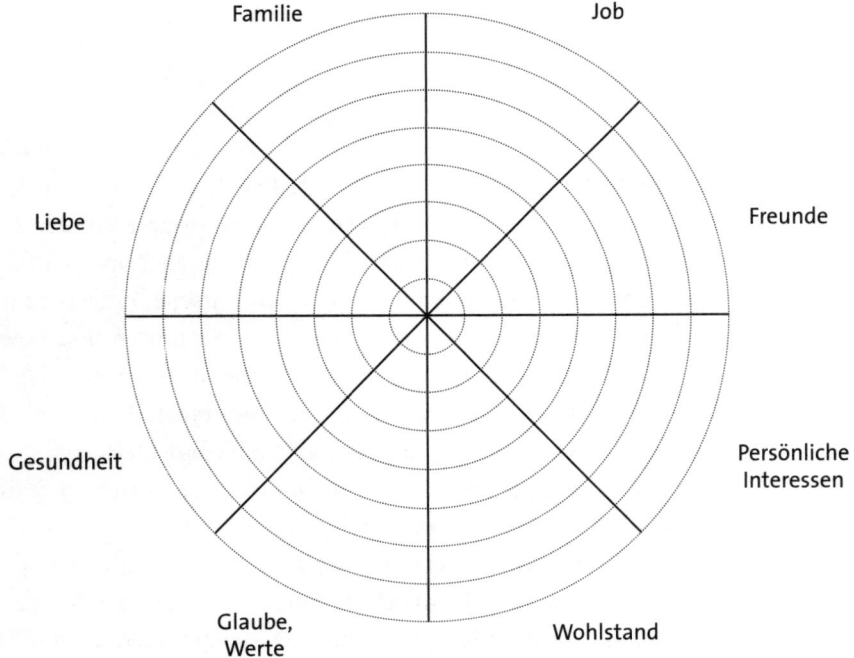

1. Schauen Sie sich als Erstes das von der Krise erfasste Segment in Ihrem Lebensrad an: Schraffieren Sie mit einem Stift, wie zufriedenstellend es bisher in Ihrem Leben ausgefüllt war. Malen Sie dann den Anteil davon, der im Moment noch verblieben ist, mit festem Strich aus.

2. Überlegen Sie für alle anderen Segmente des Lebensrads, zu wie viel Prozent sie in Ihrem Leben erfüllt sind. Malen Sie, beginnend in der Kreismitte, eine entsprechend große Segmentfläche aus. Werden andere Lebensbereiche, was häufig vorkommt, durch die Krise in Mitleidenschaft gezogen, schraffieren Sie den Vorher-Zustand und malen den Nachher-Zustand mit festem Strich aus.

3. Welche Segmente Ihres Lebens haben Sie bisher vernachlässigt? Welche würden Sie gern ausbauen? Was können Sie tun, um das Verlorene zum Teil auszugleichen? Was unternehmen Sie als ersten Schritt?

Aktiv werden

Im letzten Abschnitt ist es bereits angeklungen: Eines der besten Rezept gegen Selbstzweifel heißt Tatkraft. Bei den meisten Krisen ist Aktivität zudem nicht nur ein Rettungsanker, sondern schiere Notwendigkeit. Denn ob Liebestod, Jobverlust oder Menopause: Wenn uns das Leben beutelt, sind fast immer auch Entscheidungen zu treffen, Informationen zu beschaffen, Gespräche zu führen und Bewältigungsstrategien zu entwickeln. Wer sich dazu aufrafft und die Antriebslosigkeit überwindet, tut unmerklich die ersten kleinen Schritte hin zu einem neuen Leben unter veränderten Vorzeichen.

Krisenaktivitäten bewirken aber noch mehr. Auch wenn wir es in der Verstörtheit des Scheiterns oft nicht wahrnehmen, können sie das Lebensgefühl ganz unvermutet steigern. Klaus und Lea sind ein Beispiel dafür: Seit Leas Firma nach Rumänien verlagert wurde, ist ihr Einkommen empfindlich gesunken. Deshalb ziehen sie nun den Hausbau ohne Architekt und Finanzpolster für Überschreitungen durch, dafür aber mit viel Eigenleistung und kreativen Einsparungen: »Am Wochenende haben wir für ein paar Euro Ziegelsteine aus einem Abbruchhaus gerettet, und gestern haben wir bis zwei Uhr nachts Parkett verlegt«, erzählt Lea, und fast beschleicht einen ein Anflug von Neid darauf, was die beiden auf die Beine stellen... folgte nicht die kalte Dusche nach: »Aber ohne Aussicht auf einen vernünftigen Job macht das alles keinen Spaß.«

Die meisten von uns nehmen Niederlagen wie Lea wahr. Weil wir in der Krise nicht mehr auf die gleiche Art leben und glücklich sein können wie davor, entgeht uns, dass Krisen nach der Schockphase schlummernde Kräfte zutage fördern und ein neues Selbstbewusstsein in uns wachsen lassen. Zugegeben: Darauf sind wir nicht erpicht. Viel lieber hätten wir das gute, unkomplizierte Leben vor dem Knacks zurück.

Trotzdem: Achten Sie einmal darauf, auch wenn Sie den Gedanken zunächst vielleicht befremdlich finden – Scheitern, Niederlagen und Verluste besitzen einen, wenn auch herben, Reiz. Bei aller Verlegenheit und Verzweiflung bedeuten sie Aufregung und Herausforderung. Sie reißen uns aus der Routine, bieten Gesprächsstoff, machen erfinderisch und lassen uns zu voller Form auflaufen. Unvermutet erleben wir, dass wir, wenn es darauf ankommt, mutig, tapfer, trickreich und leidensfähig sein können. Verliefe das Leben jederzeit nach Wunsch, hätten Kopfmenschen wie Klaus und Lea weder das Prinzip Selbermachen für sich entdeckt noch das Selbstvertrauen gewonnen, dass Geschmack und Stil auch bei schwindendem Budget Ressourcen sind, auf die sich bauen lässt. Auch wenn es nach Zweckoptimismus klingt: Scheitern bietet reichlich Anlass für Erfolgserlebnisse. Hinter jeder geknackten Nuss, jeder genommenen Hürde, jedem durchgestandenen Tag steht eine Leistung, die andere erst einmal nachmachen müssen.

Selbstcoaching: Nehmen Sie den Erfolg im Scheitern wahr

Nach einer Enttäuschung oder Niederlage kreisen die Gedanken vornehmlich um Abstieg, Fall und Fehlurteile. Dabei übersehen wir leicht, welche heroische Leistung wir vollbringen, wenn wir eine Krise bestehen oder auch nur aushalten. »Man überlebt halt irgendwie«, sagen viele, wenn man sie fragt, wie sie schwierige Um- und Einbrüche überstanden haben. Hakt man genauer nach, stellt man fest: Hinter dem diffusen Irgendwie stecken eine Menge kreativer Ideen, realistischer Anpassungen und mutiger Neuanfänge – und ebenso viele Gründe, stolz auf die eigenen Nehmerqualitäten zu sein.

Arbeiten Sie wieder mit dem Skalierungswerkzeug. Zeichnen Sie auf einer Skala von 1 bis 10 ein, wie Sie sich angesichts eines Einbruchs oder Abstiegs gerade fühlen. Setzen Sie sich dann gedanklich mit einigen Fragen auseinander, die Sie vielleicht überraschen werden:

- Warum fühlen Sie sich nicht noch schlechter?
- Was haben Sie dafür getan?
- Was haben andere dafür getan?
- Und was trägt die Gesamtsituation dazu bei?
- Angenommen, Sie würden einen Menschen coachen, dem gerade eben das Gleiche widerfahren ist wie Ihnen: Was würden Sie ihm sagen?

Anderen helfen

Es gibt einen Weg, in und nach Krisen das Selbstwertgefühl aufzuladen, den wir beliebig oft gehen können und der obendrein nobel ist: Gutes tun. Der Rat mag seltsam klingen. Was soll es bringen, anderen unter die Arme zu greifen, wenn man sich momentan selbst keinen Rat weiß? Viel, sagt der Glücksforscher Martin Seligman. Erstens lässt ein Akt der Freundlichkeit uns einen Moment lang die eigene Misere vergessen, wir nehmen jemand anderen wichtiger als uns. Zweitens vertreibt es Opfergefühle, wir fühlen uns gebraucht und nützlich und werden, wenigstens für den Augenblick, wieder zu Agierenden. Drittens tut es einfach gut, anderen Gutes zu tun.

> *Niemand kann ehrlichen Herzens versuchen, einem anderen zu helfen, ohne sich selbst zu helfen.*
> *Ralph Waldo Emerson*

Sicher kennen Sie das warme Gefühl, das einen schon bei einer kleinen freundlichen Geste durchströmt: zum Beispiel, wenn man für eine fremde Familie ein Foto macht oder eine unbekannte Kundin an der Kasse vorlässt. Dass das gute Gefühl des Helfens keine Einbildung ist, haben Wissenschaftler der Universität Oregon jetzt mithilfe von Gehirnscans nachgewiesen: Sie zeigen, dass die für Glück zuständigen Aktivitätsfelder intensiver feuern, wenn jemand Geld für einen guten Zweck spendet, als wenn er sich selbst verwöhnt, zum Beispiel mit einem Kinobesuch oder Eisbecher.

Anderen zu helfen ist somit eine der besten Möglichkeiten, sich selbst zu helfen. Probieren Sie es aus: Während Sie darüber grübeln, warum Sie die Gehaltserhöhung nicht durchsetzen konnten – halten Sie dem Vater mit dem Zwillingswagen die Tür auf. Wenn Sie nach der Trennung von Ihrem Freund Weihnachten mit Schrecken entgegensehen – übernehmen Sie den Feiertagsdienst für einen Kollegen. Wenn Sie sich allein fühlen als Single unter lauter Paaren – gehen Sie der sichtlich gestressten Gastgeberin zur Hand. Und wenn die Golfrunde peinlich schlecht läuft – heben Sie das Einwickelpapier auf, das jemand achtlos auf das Fairway hat fallen lassen.

Seligman weist übrigens ausdrücklich darauf hin: Schon banalste Gesten der Selbstlosigkeit polstern das Selbstwertgefühl auf, zum Beispiel jemandem einen Kaffee eingießen, den wartenden Linksabbieger durchwinken, einer Unbekannten die vergessene Sonnenbrille nachbringen. Dass das altruistische Engagement auch einen egoistischen Hintergrund hat, spielt dabei keine Rolle. Was sollte dagegen einzuwenden sein, wenn beiden Seiten geholfen ist? Zumal Sie keinen Hehl daraus machen müssen, wie viel Ihr Engagement Ihnen selbst einbringt: »Es tut mir gut, wenn ich etwas für dich tun kann.« Oder: »Ich bin froh, wenn ich während der Feiertage nicht so viel zum Grübeln komme.«

Comeback-Idee 27
Erkennen Sie den Reiz des Durchschnittlichen

In unserer Erfolgsgesellschaft ist das Beste gerade gut genug: Das Wirtschaftswachstum muss jährlich steigen, statt eines einfachen Hochschulabschlusses sollte es besser der MBA oder die Promotion sein, ein guter Job ist familienkompatibel, sicher und keinesfalls langweilig, der Sex sollte sensationell sein, die Liebe ewig halten, das Buch ein Bestseller werden, die 5-Jährige möglichst schon vor dem ersten Schultag fließend lesen können, und wenn wir auch mit 40 oder 50 noch attraktiv und verführerisch sind, dann empfinden wir das als ziemlich normal und keineswegs als Errungenschaft der letzten Jahrzehnte. Mal ehrlich: Nicht nur Börsianer und Richistani haben den Realitätssinn komplett verloren, das Prinzip des »Immer höher, immer weiter« hat auch die Mitte der Gesellschaft erfasst: uns. Wir haben viel und erwarten noch mehr. Deshalb sind wir verletzlich. Denn hohe Ziele spornen zwar an, zugleich bilden sie aber den Nährboden für persönliches Versagen. Oder für das, was wir dafür halten.

Etwas ist dann wichtig, wenn jemand denkt, dass es wichtig ist.
William James

Die Messlatte niedriger legen

Hohe Ziele sind wie Hedgefonds: Sie bergen höhere Ertragschancen, aber auch höhere Risiken. Umgekehrt gilt das Gleiche: Niedrige Ziele bringen meistens nur eine mäßig aufregende Rendite ein. Dafür ist aber auch die Enttäuschung weniger heftig, wenn wir sie verfehlen. William James, einer der Begründer der modernen Psychologie, goss den Zusammenhang in eine einfache Formel:

Selbstachtung = Erfolg / Anspruch

Die Gleichung illustriert: Zumindest teilweise ist Scheitern hausgemacht. Denn je mehr wir (von uns) erwarten, desto größer ist die Gefahr eines Misserfolgs. Mit allem, was daraus resultiert: Selbstzweifel, Beschämung, Ärger, Ängste, Komplexe. Wer dagegen gar nicht erst für sich in Anspruch nimmt, über jeden Tadel erhaben zu sein, ein Leben lang in Jeansgröße 28/32 zu passen oder lässig ein festliches Weihnachtsmenü für zehn Gäste kochen zu können, das so perfekt arrangiert wie in *Essen & Trinken* aussieht – der leidet auch weniger, wenn etwas nicht so gut gelingt.

»Das Aufgeben von Erwartungen bringt genauso viel Erleichterung wie ihre Erfüllung«, schreibt William James. »Es wird einem seltsam leicht ums Herz, wenn man sich mit seinem Versagen auf einem bestimmten Gebiet abfindet.« Stellen Sie deshalb nach einer Niederlage die eigenen Anfangserwartungen noch einmal auf den Prüfstand: Sicher, perfekt wäre eine Gewichtsreduktion um fünf Kilo. Geschafft hat man nur drei, und sie zu halten, erfordert eine Menge Selbstdisziplin. Darüber kann man frustriert sein – wenn man darauf beharrt, die Messlatte weiter so hoch zu legen, dass man sie unmöglich überspringen kann. Oder man kann sich auf die Schulter klopfen – wenn man den Blick auf das Erreichte heftet und sich bewusst erlaubt, den eigenen Anspruch auch mal eine Stufe zurückzuschrauben. Denn überehrgeizige Ziele taugen zwar als Ansporn, machen aber unglücklich, wenn man sie zum Maß aller Dinge kürt.

Nichts Besonderes sein wollen

Die persönliche Messlatte niedriger zu legen, ist schwerer, als es vielleicht klingt. Wenn man die Eingangsprüfung für die Musicalschule nicht geschafft hat, sich das Traumgrundstück als unbezahlbar erweist oder man noch immer keine Aufnahme in einen der renommierten Clubs der Stadt gefunden hat, bedeutet keine dieser Niederlagen eine existenzielle Bedrohung. Trotzdem ist das Selbstwertgefühl empfindlich getroffen. Warum eigentlich? Warum denken wir nicht achselzuckend *nice try* und machen einfach eine Nummer kleiner weiter?

Ein wichtiger Grund dafür ist, dass wir mehr als Sicherheit und Wohlstand suchen. Für immer mehr Menschen gehört es auch zum guten Ton, jemand Besonderer zu sein: individuell, eigenwillig, nicht abgehoben, aber auch kein Mainstream. »Heute will jeder sein, wie kein anderer ist, etwas haben, was kein anderer hat«, analysiert der Berliner Medienwissenschaftler Norbert Bolz. Auch die Werbung greift das Thema auf: *Alles außer gewöhnlich* lautet ein für Joker Jeans erfundener und seither vielkopierter Slogan. Er fasst perfekt die Sehnsucht in Worte, prestigeträchtig aus der Masse herauszuragen. Bleibt die Bestätigung dafür aus, fühlen wir uns als Verlierer abgewertet.

In vielen Fällen haben wir aber keineswegs versagt, sondern schlicht einen Knick in der Optik: Weil wir *durchschnittlich* mit *belanglos* gleichsetzen, erscheinen uns auch Niederlagen und Zurückweisungen als Katastrophe, die eigentlich nur darin bestehen, dass das Leben uns eine Delikatesse verweigert. Der Münchner Autor und Psychoanalytiker Wolfgang Schmidbauer erläutert das Phänomen: »Die Siegerkultur hat zermürbt, was die stoischen Philosophen der Antike und die Autoren des bürgerlichen Zeitalters, Adalbert Stifter oder Daniel Defoe etwa, als höchstes Ziel priesen: das unauffällige Leben, das Extreme meidet, weil es zu der Weisheit gefunden hat, dass sie für den Seelenfrieden nicht taugen.«

Im Grunde können wir uns die Depression, auf hohem Niveau zu versagen, leicht ersparen. Wir müssen dazu nur vernünftigere Erwartungen an Karriere, Liebe und Glück stellen und wieder mehr die normalen Freuden schätzen: das schöne, gelungene Leben ohne überdurchschnittlich beeindruckende Erlebnisse, Erfolge und Ehrungen. Die »Ekstase, normal zu sein« nannte der englische Autor C. K. Chesterton, der Schöpfer von Pater Brown, den Sinn für das Alltägliche: für den Job, der beim Smalltalk keine interessierten Blicke einträgt; den Italiener um die Ecke, der weder im Gourmet-Führer steht noch als Geheimtipp durchgeht; oder das Silvesterfondue bei Freunden, das wenig spektakulär ist, aber genau die wunderbar entspannte Art von Jahresanfang, die man im Grunde am liebsten mag.

Die verlernte Kunst, nicht unbedingt etwas Besonderes sein zu müssen, erdet. Menschen, die sie beherrschen, erleben Niederlagen erheblich realistischer als Menschen mit aufgeblähtem Ego und ebensolchen Ansprüchen. Während verkannte Genies sich beim kleinsten Rückschlag als Loser und Opfer fühlen, haken »Normalmenschen« viele Niederlagen als das ab, was sie sind: alltägliche Rückschläge im normalen Auf und Ab des Lebens. Dieser Realismus befähigt sie, auch dann weiterzusingen, wenn sie das hohe C nicht getroffen haben.

Übrigens: Das Talent zum Alltagsglück zahlt sich nicht nur in Krisen aus. Es ist sogar für Menschen erstrebenswert, denen tatsächlich der große, außergewöhnliche Erfolg beschert ist, von dem die anderen nur träumen: In seinem Buch *Richistan* beschreibt der amerikanische Journalist Robert Frank den Milliardär Tim Blixseth. Obwohl der mit dem Bau von Luxusimmobilien reich gewordene Blixseth in seiner Privatküche ein zehnköpfiges Küchenpersonal beschäftigt, geht er jeden Morgen zu *Starbucks*, holt sich einen Caffé Mocha, liest Zeitung und wiegt sich in dem Gefühl, so unkompliziert zu leben wie der Rest der Welt.

> *Jedes Glück hat einen kleinen Stich.*
> *Wir möchten so viel: Haben. Sein.*
> *Und gelten.*
> *Dass einer alles hat: das ist selten.*
> *Kurt Tucholsky*

Selbstcoaching: Normalität trainieren

Perfektionisten müssen immer Spitze sein. Starke Nehmer sind komplexer: Sie gehen zwar gern nach vorn, beherrschen aber auch das Mittelfeld.

Welcher der beiden Gruppen gehören Sie eher an? Müssen Sie bei jeder Gelegenheit brillieren oder lassen Sie gern auch anderen den

Vortritt? Müssen Sie immer Spitze sein oder finden Sie auch einen Platz im Mittelfeld ganz gut? Neigen Sie dazu, Misserfolge als persönliche Kränkung zu empfinden, oder betrachten Sie eine gelegentliche Pleite als unangenehmen, aber ganz normalen Teil des Lebens?

Wenn Sie jeweils eher der ersten Aussage in jedem Satz zuneigen, ist die Wahrscheinlichkeit hoch, dass Sie normal mit banal verwechseln und Durchschnittsleistungen, aber auch Durchschnittsmenschen schnell enttäuschend finden. Um neben dem Besonderen, Herausragenden auch das Unauffällige, Unspektakuläre wieder mehr schätzen zu können, suchen Sie sich ein, zwei Lebensbereiche oder Fachgebiete aus, in denen Sie es ganz bewusst nicht darauf anlegen, das Feld anzuführen. Wie fühlt es sich an, in einer Gruppe mitzuschwimmen und nicht deren Kopf, Antreiber oder Vordenker zu sein. Befreiend? Frustrierend? Aufgehoben? Langweilig? Tröstlich? Entlastend? Der bewusste Wechsel zwischen Exzellenz und Durchschnittlichkeit erweitert die Komfortzone: Neben Siegen und Scheitern gibt es eine dritte Möglichkeit – einen grünen Bereich, in dem es sich angenehm unaufgeregt leben lässt.

Gemeinsamkeit macht stark

Menschen, die keine Ausnahmeerscheinung sein müssen, um sich gut zu fühlen, betrachten sich seltener als Verlierer. Zudem finden sie leichter Trost, wenn sie tatsächlich ein blaues Auge kassieren. Während verkannte Genies einen Knacks in ihrem Leben für etwas – wie sollte es anders sein – Außergewöhnliches halten (»Ja, aber bei mir ist das etwas anderes«), nehmen Menschen, die sich nicht durch ihr Anders/Einzigartig/Besser-Sein definieren, dankbar wahr, dass ihr Problem ärgerlich, aber eben kein Einzelfall ist.

»Irgendwie tut es mir gut zu wissen, dass 30 Eltern vor uns auf der Warteliste stehen«, sagt Anna, die schon seit sechs Monaten wieder Routen planen und Flüge buchen würde, wenn sie für Leon termingerecht einen Krippenplatz gefunden hätte. »Wenigstens brauche ich mich nicht als organisatorische Null zu fühlen.« Die Erkenntnis, dass es anderen genauso geht, nimmt Misserfolgen ihren Stachel. Warum das so ist, erklärt der Verhaltenspsychologe Philip Corr: »Depression und Ängste können durch den Glauben verstärkt werden, dass man irgendwie verantwortlich und einzigartig unfähig ist.« Erlebt man dagegen, dass das eigene Scheitern eine allgemein menschliche Erfahrung ist, fühlt man sich kompetenter, selbstbewusster und beruhigend normal.

Und plötzlich ist man außen vor

Wie man mit Neid, Hass und Rachegefühlen fertig wird

Eigentlich ist es menschlich: dass man sich ärgert, wenn es anderen besser geht. Und dass man es denen, die an der Misere schuld sind, am liebsten heimzahlen möchte. Trotzdem sind Rache, Neid und Eifersucht Tabugefühle. In diesem Kapitel geht es darum, wie man Kränkungswut in vernünftige Bahnen lenkt.

Es sind bittere, giftige Gefühle, von denen möglichst niemand wissen soll: Nina, zermürbt von den unruhigen Nächten mit dem neuen Baby, könnte schreien, wenn ihre Schwägerin in den höchsten Tönen davon schwärmt, wie Gustav, drei Monate, jede Nacht tief und fest durchschläft, »mindestens sieben Stunden lang, wie Balu der Bär«. Paul, Mitte 30, ringt um eine gleichgültige Miene, wenn der neue Teamleiter mit dem Stanford-Abschluss geschliffen den Fortschritt des Projekts präsentiert, dem einmal Pauls ganzes Interesse galt – früher, bevor der mit allen Wassern gewaschene Überflieger seine Karrierepläne ausbremste. Barbara, Mitte 40, gibt sich zwar alle Mühe, der Kinder wegen mit der neuen Frau im Leben ihres Mannes zu kooperieren. Doch heimlich malt sie sich aus, wie sie verhindern kann, dass das Paar demnächst zum lang geplanten Segeltörn in der Ägäis aufbricht.

Scheitern entflammt den Zorn. Als wäre es nicht schlimm genug, dass man sich in einer Lebensvorstellung enttäuscht sieht, fühlt man sich obendrein verraten, zurückgesetzt und unterlegen. Auch an sich großzügig Gesinnte quälen sich nach einer Niederlage mit Neidgefühlen auf die Glücklichen, bei denen alles (scheinbar) bestens läuft. Und selbst Soft-Skill-Geschulte stellen fassungslos fest, dass sie keineswegs vor niederen Racheplänen gegen die Rivalen, Schlampen und Verhinderer zurückschrecken, denen sie den Absturz verdanken.

Comeback-Idee 28
Machen Sie aus negativen Gefühlen Veränderungsenergie

Neid und Rache haben in unserer Gesellschaft einen so schlechten Ruf, dass Nietzsche sie die »Schamteile der menschlichen Seele« nennt. So kommt es, dass zwar fast jeder das Gefühl kennt, sich übertrumpft zu fühlen oder es einem anderen mal richtig heimzahlen zu wollen. Doch während wir über die meisten seelischen Regungen lässig reden können – für einen neidischen Kleingeist oder eine rachsüchtige Neandertalerin wollen wir nicht gehalten werden. Also schweigen wir und fühlen uns doppelt schlecht: erstens wegen der Niederlage, und zweitens wegen der primitiven Gefühle, die sie wachruft. Wir haben aber noch eine andere, bessere Möglichkeit: Wir können die giftige Feindseligkeit akzeptieren, bändigen und dann die Energie nutzen, die der Kränkungswut innewohnt – für einen nachdrücklichen Tritt in den eigenen Hintern, im Verhältnis zur Umgebung wieder mehr Gerechtigkeit und Gleichheit herzustellen.

Verbotene Gefühle anerkennen

Denken Sie zurück an Nina, Paul und Barbara. Die Rache- und Neidgefühle, die sie quälen, haben einen konkreten Grund: Nina fühlt sich als Mutter unzulänglich und beneidet Miriam um ihr zur Schau gestelltes Babyglück, Paul nimmt feindselig die Talente des smarten Konkurrenten wahr, dem er den Karriereknick verdankt, und Barbara fühlt sich betrogen: von ihrem Ex, der Neuen, dem Leben und überhaupt. Alle drei haben etwas verloren oder nicht gewonnen. Ihr Stolz ist verletzt, und der Zorn über die Misere richtet sich auf die Menschen, die an alledem schuld oder vom Schicksal bevorzugt sind. Dass solche Gefühle uncool oder sogar ungerecht sind, muss man ihnen nicht sagen. Und natürlich ist ihnen auch völlig klar, dass missgünstige Gedanken und Rachefantasien die Seele vergiften können. Trotzdem können sie die Kränkungswut nicht einfach ignorieren; dafür ist sie als Emotion zu intensiv. Zudem drücken Rache, Neid und Hass eine wichtige Wahrheit aus: Etwas muss geschehen, um die verletzte Weltordnung wieder ins Gleichgewicht zu bringen.

Psychologen empfehlen deshalb, Neidgefühle und Revanchegelüste nicht zu leugnen. Ihre Anerkennung ermöglicht nämlich das, was Psychologen *Integration* nennen: Die negativen Empfindungen können gebändigt, ausgewertet und – in gemäßigter Form – sogar ausgelebt werden.

Sich Genugtuung verschaffen

40 Prozent der Frauen und 22 Prozent der Männer, sagt der Psychologe Ragnar Beer, halten Fremdgehen für einen triftigen Grund für Rache. Ein Drittel von 7000 befragten Internet-Nutzern fände es laut einer Umfrage des IT-Sicherheitsdienstleisters *Avira* gerecht, treulosen Ex-Partnern, unliebsamen Vorgesetzen oder ungerechten Lehrern als Strafmaßnahme einen Virus auf den Laptop zu schicken. Und neun von zehn IT-Administratoren würden, das ergab eine Studie des Security-Anbieters *Cyber-Ark*, als Revanche Passwörter und Kundendaten mitnehmen, sollten sie morgen entlassen werden.

Die Zahlen bestätigen, was Züricher Wissenschaftler erforschten: Es befriedigt zutiefst, Widersacher, die tatsächlich oder vermeintlich gegen soziale Regeln verstoßen haben, zur Rechenschaft zu ziehen: Bei Testpersonen, die an einem Betrüger Vergeltung üben durften, wurden im Kernspintomographen die Lustzentren des Gehirns so aktiv wie sonst nur beim Sex angezeigt. Entsprechend groß ist der Drang, Rache- und Neidgefühle auszuleben. Wobei es, das ist wichtig, keineswegs nur niedere Beweggründe sind, die uns dazu treiben: Ein ebenso starker Impuls kann der Wunsch sein, den Schädiger zur Einsicht zu bewegen, eine subjektive Gerechtigkeit herzustellen und das klare Signal zu setzen: So nicht! »Moral und Gerechtigkeitsempfinden spielen bei Vergeltungsreaktionen eine wichtige Rolle«, sagt der Trierer Psychosoziologe Mario Gollwitzer. Erfüllt die Rache diesen erzieherischen Zweck, kann sie sogar den Weg für eine Versöhnung bereiten.

Die Verhältnisse zu den eigenen Gunsten verändern

Rache ist eine Form der Abrechnung. Im negativen Sinn zielt sie auf Heimzahlung und alttestamentarische Vergeltung ab: »Auge um Auge, Zahn um Zahn«. *Payback Time* sagen die Amerikaner dazu. Die Gefahr ist bei dieser Art von Zurückzahlung groß, dass man weit über das Ziel hinausschießt, eine Gewaltspirale in Gang setzt und seine Chancen auf Versöhnung und ein gelungenes Comeback schmälert. Abrechnung im neutralen Sinn gestaltet sich im Vergleich dazu als sehr nüchterne Angelegenheit: Es geht darum, eine Schlussrechnung aufzumachen oder eine Angelegenheit in Ordnung zu bringen. Gelingt es, diesen Anteil des Rachegefühls wahr- und ernst zu nehmen, bedeutet Abrechnung, dass wieder mehr Gleichstand hergestellt wird. Dafür gibt es produktivere Möglichkeiten, als dem anderen zu schaden – so groß die Versuchung zunächst auch sein mag.

»Wie oft habe ich wohl dem Drang widerstanden, seinen ganzen Schrank zu verwüsten? Systematisch über seine Anzüge herzufallen, oberhalb des Knies die Hosenbeine abzuschneiden und Bermudashorts daraus zu machen – Flanellbermudas, Glencheckbermudas, Fil-à-Fil-Bermudas, Winter- und Sommerbermudas, Bürobermudas und Ausgehbermudas«, beschreibt die französische Autorin Françoise Chandernagor in *Die erste Frau* die Rachefantasien der nach 25 Jahren Ehe verlassenen Pariserin Cathérine. Zwei ganze Seiten lang frohlockt Cathérine, wie dem Treulosen angesichts der Verwüstung der Atem stocken würde. Die detailliert ausgeschmückte Fantasie baut die Kränkungswut ab und macht den Racheakt schließlich überflüssig: »Träumerei! Um mich zu solch einem Wutausbruch hinreißen zu lassen, war ich schon immer zu vernünftig.«

Wilde Vergeltungsfantasien lösen die innere Spannung – auch wenn man keine Taten folgen lässt. Während wir uns nämlich den Racheakt genüsslich ausmalen (Die nächtlichen Anrufe! Den Tipp beim Finanzamt! Die bloßstellenden Fotos im Internet!), lassen wir nicht nur Dampf ab, wir überdenken automatisch auch die Folgen des Gegenschlags, und ganz allmählich kommen wir wieder zur Vernunft. Das Großhirn schaltet sich ein und steuert die Rachsucht in verträgliche Bahnen. An diesem Punkt sind wir in der Lage, den Rachedurst produktiv zu nutzen und die Verhältnisse zu den eigenen Gunsten und nicht zum Schaden der Gegenseite zu verändern.

Rache ist eine Handlung, die man begehen möchte, wenn und weil man machtlos ist: Sobald aber dieses Unvermögen beseitigt wird, schwindet auch der Wunsch nach Rache.

Paul Watzlawick

Selbstcoaching: Die Weltordnung geraderücken

Es gibt zwei Möglichkeiten, eine Niederlage wettzumachen und wieder mehr Gerechtigkeit herzustellen: Entweder Sie zahlen es dem Schädiger mit vielen kleinen Racheaktionen heim. Das wäre der primitive Weg. Oder Sie zeigen es der Gegenseite – und nutzen Ihre Kreativität und Energie dazu, sich möglichst schnell von dem Schlag zu erholen. Das ist die erwachsene Art, den Ausgleich herzustellen.

1. Schritt: Was brauchen Sie von der Person, der Ihre Rachegedanken gelten, um ihr gegenüber neutraler empfinden zu können? Das kann zum Beispiel eine Entschuldigung sein, ein klärendes Gespräch oder ein praktischer Akt der Wiedergutmachung. Erstellen Sie eine Liste mit mindestens drei Punkten. Stellen Sie sich genau vor, was sich durch eine solche Entschädigung für Sie ändern würde. Danach setzen Sie sich mit einem Gedanken auseinander, der Ihnen vermutlich zunächst gegen den Strich gehen wird: Wie wäre es, wenn Sie den Betreffenden genau zu der Kompensation auffordern würden, die Ihnen Genugtuung geben würde? Als Sprachmuster dafür kommt infrage: »Ist dir eigentlich klar, dass... ? Das lässt mir einfach keine Ruhe/hat mich hart getroffen/treibt mich in den Wahnsinn. Ich möchte, dass du dafür...« Selbst wenn der andere nicht reagiert – es ist ein gutes Gefühl, die eigene Verletzung souverän und bestimmt zur Sprache zu bringen.

2. Schritt: Was müsste in Ihrem Leben Gutes passieren, damit Ihr Racheverlangen abflaut? Sammeln Sie dafür mindestens sieben Punkte und schreiben Sie sie auf ein großes Blatt Papier (zum Beispiel: Kinder verkraften die Trennung gut, ich finde einen gut bezahlten Job, ich kann mich auch mal wieder freuen). Konkretisieren Sie die gefundenen Punkte und suchen Sie eine genaue Beschreibung dafür: Wie viel müssten Sie zum Beispiel verdienen, um einen Job als gut bezahlt zu empfinden? Woran würden Sie erkennen, dass die Kinder die Trennung unbeschadet überstehen?

3. Schritt: Was können Sie selbst tun, damit sich Ihre Erwartungen erfüllen? Sie merken es: Diese Herangehensweise erfordert ein Umdenken. Sie verändern damit Ihre Position vom Opfer, das der Situationen ausgeliefert ist, hin zum Gestalter Ihres Schicksals und übernehmen selbst Verantwortung für die Aspekte, die Ihnen wichtig sind. Um zu erreichen, dass Sie sich wieder freuen können, wäre es zum Beispiel eine Idee, eine Liste mit Wünschen anzulegen, die Sie sich systematisch erfüllen: zur Maniküre gehen, die *SZ* anstelle des Regionalblatts abonnieren, mal wieder Schlittschuh laufen, eine digitale Spiegelreflexkamera anschaffen.

Über den Neid hinauswachsen

Großes Ansehen genießen beide nicht, trotzdem besteht zwischen Rache und Neid ein grundlegender Unterschied: Richten sich Rachegelüste gegen die, die die Misere (mit)verursacht haben, gilt der Neid Menschen, die es in irgendeiner Weise besser haben als man selbst. Manchmal stehen sie als unliebsame Konkurrenten im Weg, zum Beispiel, weil sie den Job errungen haben, den man selbst gern gehabt hätte, oder strahlender Mittelpunkt eines Kreises sind, in dem man selbst eher Randfigur bleibt. Der daraus resultierende Brotneid ist zumindest irgendwie verständlich.

Sehr oft gilt der Neid aber Menschen, deren Leben einfach nur glatter oder runder verläuft oder zu verlaufen scheint als das eigene. Wir beneiden sie, weil sie einen besseren Abschluss haben, ein ruhigeres Baby oder einen flacheren Bauch, sich irgendwie immer die interessantesten Projekte schnappen, schon wieder frisch verliebt sind oder seit 20 Jahren mit der ersten großen Liebe glücklich, weil sie im Blumenladen in den Genuss einer so ausgesucht warmherzigen Beratung kommen, im Bachchor die Solopassagen singen oder so entspannt-souverän auftreten, wie man selbst es nie zuwege brächte. Wenn wir auf sie sauer sind, dann nicht, weil sie uns unfair behandelt oder die Goldmedaille vor der Nase weggeschnappt haben. Sondern weil sie genießen, was uns verwehrt bleibt. Die daraus resultierenden Unterlegenheitsgefühle sind schwer auszuhalten.

»Die Erkenntnis, dass man im sozialen Vergleich schlechter wegkommt, beschämt«, erklärt der Neidforscher Rolf Haubl. »Neid ist das Gefühl, das die Beschämung überwinden hilft. Im Neid mobilisieren wir Aggressivität, Ehrgeiz und Kampfbereitschaft.« Das frustrierende Gefühl, nicht mithalten zu können, hat also neben seiner aggressiven Seite auch eine anspornende. Es weckt den Ehrgeiz und ist ein Sensor, dass im eigenen Leben etwas Entscheidendes fehlt (»Ich wäre als Mutter auch gern so ruhig und sicher wie Miriam«). Menschen mit Nehmerqualitäten betrachten die Neidgefühle deshalb kurzerhand als Einladung herauszufinden, was sie entbehren und wie sie den Mangel kreativ ausgleichen können.

Selbstcoaching: Neid-Management

Auch wenn wir uns noch so viel Mühe geben: Vieles, worum wir andere beneiden, können wir in unserem eigenen Leben nicht verwirklichen. Wenn das Talent zum Klaviervirtuosen nicht reicht oder man nicht so gern Single ist, wie man immer tut, ist das eine Tatsache, die man nie oder jedenfalls nicht so schnell verändern kann. Die Neidgefühle, die daraus vielleicht erwachsen, wird man nur los, wenn man akzeptiert, dass jeder andere Fähigkeiten besitzt, und die Gründe für die eigene Unzufriedenheit erkundet, statt mit Rückzug oder betonter Gleichgültigkeit auf die Erfolge anderer zu reagieren. Vielleicht kann man sich sogar von den Beneideten abschauen, wie man näher ans Ziel seiner Wünsche kommt.

Worum genau beneiden Sie die Person, deren Erfolg Ihnen einen Stich in den Bauch versetzt? Konkretisieren Sie die gefundenen Punkte: Rührt der Neid auf die Kollegin, die so viel beliebter ist als man selbst, daher, dass sie besonders hilfsbereit ist, eigentlich immer gute Laune hat, oft Komplimente macht, so gut zuhören kann oder Versäumnisse der anderen ausgleicht und deckt?

Was tut die beneidete Person für ihren Erfolg? Können Sie sich etwas davon abschauen? Würden Sie das überhaupt wollen? Vielleicht stellen Sie bei einer genauen Analyse fest: Einiges, was im Leben anderer so begehrenswert scheint, können Sie sehr wohl verwirklichen. Vielleicht gelangen Sie aber auch zu der Erkenntnis: Der Preis, den die beneidete Person zahlt, wäre Ihnen zu hoch, und das krampfhafte Ringen um einen vergleichbaren Erfolg viel zu anstrengend. Egal, wohin Ihre Überlegungen Sie führen: An Zufriedenheit gewinnen Sie so oder so. Nebenbei lässt auch das Gefühl nach, unterlegen zu sein: Sie nehmen die Vorteile des eigenen Lebens wieder stärker wahr.

Comeback-Idee 29
Seien Sie kein Spielverderber

Niederlage hin, Misserfolg her – das Leben geht weiter. Nicht nur für Sie, auch für die anderen. Zwar werden die Menschen, die Sie lieben oder auch nur kennen, besonders bei XL-Fehlschlägen anfangs, gleich nach der Kündigung, der Trennung oder der Diagnose, durchaus Rücksicht nehmen: Die Gespräche kreisen um Ihr Problem, man hält sich zurück mit Berichten über die eigenen Triumphe und Pläne, und niemand nimmt Ihnen übel, wenn Sie eine Weile lang nicht Ihr gewohntes gut gelauntes Selbst sind. Auch bei Frustrationen im XS-Format dürfen Sie mit einer aufmunternden Bemerkung nach dem vierten im Netz gelandeten Aufschlag (»Das Gleiche ist mir kürzlich auch passiert«) oder mit Mitgefühl nach dem unfairen Anpfiff des Chefs rechnen (»Denk dir nichts dabei, er hat es zurzeit auch nicht leicht«).

Allerdings dauert die Schonfrist vergleichsweise kurz: Noch während man selbst mit der Niederlage kämpft, kehren die anderen zur Tagesordnung zurück. Das verkompliziert den Kontakt und weckt bei dem, der nicht mehr mithalten kann in Sachen Glück, Status oder Brieftasche, schwer verhüllbare Eifersuchts- und Neidgefühle. Die ungute Gefühlsmelange rührt daher, dass es schwerfällt, mit der Ungleichheit umzugehen, die die Niederlage einem eingebrockt hat: Wenn man als Einziger im Neubauviertel bei jedem schweren Gewitter mit Wasserproblemen im Keller kämpft oder in den Niederungen des Mittelmanagements feststeckt, während der beste Studienfreund längst in der Geschäftsleitung mitmischt, rutscht das Kräftegleichgewicht in die Schieflage: Man begegnet Freunden und Kollegen, mit denen man sich bisher auf einem ähnlichen Level bewegt hat, nicht mehr auf gleicher Augenhöhe. Daraus resultieren Verhaltensweisen, die einem selbst peinlich sind – und sich trotzdem nur schwer abstellen lassen: Man macht den anderen runter, lächelt säuerlich, schweigt vielsagend und weist auch gut gemeinte Hilfsangebote zurück. Mit den passiv-aggressiven Reaktionen zeigt man sich dann tatsächlich so, wie man auf gar keinen Fall wirken möchte: unterlegen und unzufrieden.

Gegen einen Anflug von Neid auf die Überlegenheit anderer ist kein Kraut gewachsen, und auch nette Menschen sind nicht vollkommen dagegen immun. Aber wie man mit dem Groll souverän umgehen kann, dafür gibt es eine einfache Regel: *Be a good sport*, würde man in England sagen. Verhalten Sie sich so fair und anerkennend wie noch nie, gerade wenn Sie im Statuskampf einmal die schlechtere Karte gezogen haben.

Auf die Gedanken achten

Neid gehört zu den verpönten Gedanken, die wir uns nur ungern eingestehen. Nur: Was man verdrängt, leugnet oder ignoriert, dem ist man machtlos ausgeliefert. Beobachten Sie also, wenn Sie sich unterlegen oder unfair behandelt fühlen, besonders genau die Empfindungen, die Sie den Menschen gegenüber hegen, mit denen Sie sich vergleichen. Ein geradezu klassisches Warnzeichen ist es zum Beispiel, wenn Sie nach einem Misserfolg die glücksverwöhnte Freundin oder den aufstrebenden Rivalen weniger sympathisch finden als früher. Mag sein, dass Sie mit Tanja mittags nicht mehr gern in die Cafeteria gehen, weil sie neuerdings so abgehoben tut – vielleicht gaukelt Ihr Gefühl Ihnen die Veränderung aber auch nur vor. Nicht Tanja bildet sich etwas ein, Sie empfinden anders, seit die Kollegin in das Mentoring-Programm aufgenommen wurde, für das Sie sich erfolglos beworben haben. Der kontrollierte Denkprozess verhindert, dass Groll und neidische Regungen sich verselbstständigen.

Sich auf die Zunge beißen

Wenn es einem selbst nicht gutgeht, ist man leichter als sonst versucht, die anderen abzuwerten (»Befriedigt dich das wirklich?«), ihre Zuversicht zu trüben (»Hast du dir das auch gut überlegt?«) oder gegen sie zu sticheln (»Du bist natürlich wie immer vorn dabei«). Wer damit rechnet, dass zickige und zynische Bemerkungen in Krisenzeichen leichter als sonst über die Lippen kommen, kann das Gegenteil kultivieren: Wohlwollen und Anerkennung. Die bewusst gepflegte Großzügigkeit gegenüber dem Glück der anderen wirkt nicht nur sympathisch und souverän, sie versetzt auch Sie selbst in eine positivere Stimmung.

Das Thema auf den Tisch bringen

»Hast du vielleicht schon mal eine Sekunde daran gedacht, dass es für mich schwer sein könnte?«, wirft Holly in Cecilia Aherns Erfolgsroman *P.S. Ich liebe dich* ihrer besten Freundin an den Kopf. Holly ist 29, und vor ein paar Monaten ist ihr Mann an einem Gehirntumor gestorben. »Die Tatsache, dass du über nichts anderes als deine elenden Hochzeitsvorbereitungen redest oder darüber, wie toll alles ist und wie sehr du dich darauf freust, den Rest deines Lebens glücklich und zufrieden mit Tom zu leben? Falls es dir noch nicht aufgefallen ist, Denise, ich habe diese Chance nämlich nicht, weil mein Mann leider tot ist.«

Die kulturellen Verhaltensregeln verlangen, dass man die Empörung über ein ungerechtes Schicksal ebenso wenig zur Schau stellt wie vor Jahrzehnten im Kinderzimmer die Entrüstung darüber, dass der beste Freund die tolleren Playmobil-Figuren besaß. Diese Prägung führt dazu, dass wir auch als Erwachsene das Unbehagen über das bessere Abschneiden anderer eher totschweigen als ansprechen. Die kluge Alternative dazu lautet: Flucht nach vorn. Drohen Neidgefühle wichtige Beziehungen im Leben grüngelb einzufärben, gehen Sie offen damit um. Sagen Sie wie Holly klar und ungeschönt, warum es kompliziert ist, mit jemandem befreundet zu sein oder zusammenzuarbeiten, dem es so viel besser geht als einem selbst: »Wir würden liebend gern wieder zusammen mit euch das Haus in der Auvergne mieten. Ich überlege allerdings, wie wir das finanziell hinbekommen – solange wir nicht wissen, wie es bei Klaus beruflich weitergeht, können wir uns einen Urlaub nur schwer leisten.« Solche Offenheit löst zwar nicht alle Probleme, bricht aber das Eis. Endlich ist es wieder möglich, ohne gekränkten Stolz auf der einen und diplomatische Selbstverleugnung auf der anderen Seite miteinander umzugehen.

Sich helfen lassen

Viele Beneidete tun einiges dafür, um den Neid, den sie erregen, abzuschwächen. Unter anderem gehören dazu Hilfsangebote an diejenigen, die es schwerer haben als sie: Die Freunde, die sich so viel mehr leisten können, sagen: »Ihr seid natürlich eingeladen«, von dem erfolgreichen Studienkollegen kommt das Angebot, einen Vortrag bei einem Führungskräfte-Workshop zu halten, eine gute Bekannte aus dem Tanzkreis bietet sich angesichts der Ehekrise an: »Soll ich mal mit Werner reden?« Die Großzügigkeit kommt manchmal reichlich plump daher, und auch sensible Solidaritätsbeweise können den Stolz verletzen. Denn Niederlage hin, Misserfolg her – wir wollen keine Blöße zeigen, und Geben ist egostärkender als Nehmen. Andererseits: Haben Sie schon einmal überlegt, dass es von Größe und Haltung zeugt, ein gut gemeintes Hilfsangebot dankbar anzunehmen? Nicht als Almosen. Sondern damit Gemeinsamkeit trotz spürbarer Erfolgsunterschiede möglich bleibt.

Ein schönes Beispiel dafür findet sich in dem Buch *Zeit der Geborgenheit* des amerikanischen Autors William Stegner, einem Roman über zwei Paare, begütert und aus alteingesessenen Familien die einen, knapp dran und ohne sichere Zukunft die anderen. Ungeachtet der Gegensätze entsteht eine lebenslange Freundschaft, die geprägt ist von taktvoller Freigebigkeit und neidlosem Annehmen: »Sie ließen nicht locker, in einem Moment, in dem wir normalerweise mit unseren Ängsten hätten allein sein wollen«, beschreibt Ich-Erzähler Larry Morgan das großzügige Angebot der Freunde, den Sommer in ihrem Ferienhaus zu verbringen – genau in dem Moment, als Larry und seine Familie in der Luft hängen, weil das College, an dem er lehrt, seinen Vertrag nicht verlängert hat. »Sie wollten uns ihre Zuneigung und Solidarität beweisen, wollten den Schlag mildern, den uns das Institut versetzt hatte, uns dafür entschädigen, dass sie reich waren und mehr Glück hatten.«

Comeback-Idee 30
Legen Sie andere Maßstäbe an

Die amerikanische Professorin für Management und Organisation Victoria H. Medvec fand in einer Studie an Sportlern heraus, dass sich die Gewinner einer Bronzemedaille im Allgemeinen glücklicher fühlen als die Gewinner einer Silbermedaille. Der Grund: Die Zweitplatzierten schielen auf den Sieger und haben das Gefühl, knapp an der Goldmedaille vorbeigeschrammt zu sein. Die Drittplatzierten vergleichen sich dagegen mit dem leer ausgegangenen Vierten – und freuen sich, es überhaupt auf das Siegerpodest geschafft zu haben.

Offensichtlich zählt für unsere Stimmung nicht nur der absolute Erfolg – mindestens genauso wichtig ist das Abschneiden relativ zu anderen. Dieses *Zufriedenheitsparadox* gibt uns einen Schlüssel in die Hand, nach einer Niederlage Neid-, Minderwertigkeits- und Rachegefühlen gezielt vorzubeugen.

Wer nach unten schaut, kommt schneller wieder hoch

Scheitern kann eine demütigende Erfahrung sein: Eine gewisse Zeit lang rutscht man in der Rangordnung nach unten oder redet es sich zumindest ein. Die Einbuße an Ansehen und Respekt weckt Abneigung gegen die Menschen, mit denen man sich bisher ganz gut oder vielleicht sogar sehr vorteilhaft messen konnte, und stachelt zu giftigen Bemerkungen, missgünstigen Blicken, Rivalitätskämpfen und mehr oder minder ausgelebten Rachegelüsten an. Das giftige Verhalten entspringt dem Bedürfnis, den Ausgleich wiederherzustellen, führt aber meistens dazu, dass wir uns selbst immer weniger leiden können.

Lebenskluge regulieren ihr Wohlbefinden geschickter: Sie verzichten, wenn das Selbstwertgefühl im Keller ist, eine Weile lang auf den schmerzhaften Vergleich mit denen, die beliebter, attraktiver, wohlhabender oder erfolgreicher sind, und richten ihre Aufmerksamkeit bevorzugt abwärts: zum Beispiel auf die, die beim Yoga-Kurs auch ein bisschen verloren wirken, eher Kleidergröße 42 als 38 tragen oder genauso wenig wie man selbst mal kurz mit dem TGV nach Paris fahren können.

Generationen von Psychologen haben die ebenso trostreiche wie aufbauende Wirkung solcher Abwärtsvergleiche bestätigt: Sie hellen die Stimmung auf, verleihen ein Gefühl der Stärke und steigern Tatkraft und Zufriedenheit. Statt frustriert nach dem Unerreichbaren zu schielen, nutzt man eine der einfachsten Regeln der Lebenskunst und holt sich Bestätigung dort, wo man sie bekommt.

Empathie und Verständnis finden

Katja und Fabian: Während alle anderen in der Neubausiedlung Wege pflastern, Grillfeste feiern und den ersten Sommer im eigenen Haus genießen, schlägt sich das Paar mit Wassereintritt im Keller, einem Fertighausanbieter, der seine Hände in Unschuld wäscht, und einer Kellerbaufirma herum, die jedes Versäumnis abstreitet. Nach außen hin versuchen Katja und Fabian, aus dem Problem kein Drama zu machen. Weder wollen sie bei den neuen Nachbarn als blauäugig dastehen noch den Wert des neuen Hauses zerreden. »Manchmal bin ich schon neidisch, wenn ich sehe, wie gut bei den anderen alles klappt«, erzählt Katja. »Und dazu diese pseudofachmännischen Ratschläge über Bitumenbeschichtung und Sanierputz, zu denen sich jeder berufen fühlt… Zum Glück haben wir jetzt über einen Chat zwei Familien kennen gelernt, die es noch schlechter erwischt haben als wir. Daraus ist eine richtige Freundschaft entstanden.«

Bauschaden, Brustkrebs, Börsencrash – Krisen schaffen emotionale Bedürfnisse, die das vertraute Beziehungsgeflecht nur begrenzt erfüllen kann. Familie, Freunde und Kollegen mögen sich nämlich noch so viel Mühe geben, das Zusammensein mit ihnen lenkt den

Blick notgedrungen darauf, dass man selbst einen vergleichsweise schweren Stand hat.

Ganz anders fühlt man, wenn man von Menschen umgeben ist, die mit ähnlichen Schwierigkeiten kämpfen wie man selbst. Das gemeinsame Leiden oder Bangen schweißt zusammen, ermöglicht ungeschminkte Offenheit und bringt praktische Vorteile ein. Vor allem aber dämpft die Solidarität Selbstzweifel und stärkt das Ego: Wenn sich in der Interessengemeinschaft der geschädigten Anleger zeigt, dass sogar der Oberregierungsrat aus dem Finanzministerium ein kleines Vermögen mit Lehman-Zertifikaten verloren hat, dann ist man auch selbst nicht der gierige Zocker, für den die Besserwisser im Verwandtenkreis einen zu halten scheinen.

Wie man sich in Krisenzeiten fühlt, hängt also sehr weitgehend davon ab, mit welchen Menschen man sich umgibt. Eine synchronisierte Interessenlage kann dabei mindestens so hilfreich sein wie eine gewachsene Freundschaft oder enge Bindung. Suchen Sie deshalb nach einem Ausrutscher, Absturz oder Schicksalsschlag aktiv den Kontakt zu Menschen, denen es im Moment auch eher elend als rosig geht. Ob sich die Sympathie, die aus dem gleichen Schicksal erwächst, als beständig erweist, muss sich zwar erst noch zeigen. Auf jeden Fall stillt sie aber ein Bedürfnis, das der gewohnte Kreis nur schwer erfüllen kann: dass man sich vergleichsweise gut fühlt – im wahrsten Sinn des Wortes.

Selbstcoaching: Trennen Sie die Spreu vom Weizen

In guten Zeiten sucht man Freundschaften, die das Leben bereichern und das Selbstbild aufs Schönste bestätigen. In schlechten Zeiten braucht man Bindungen, die einen auffangen, ablenken, aufbauen und aufrütteln. Menschen, die gleichgültig, verschreckt oder sogar herablassend reagieren, bedeuten dagegen eine Belastung, die Sie sich im Moment eigentlich nicht leisten können. Darum: Geben Sie jetzt Menschen den Vorzug, die Ihre Stimmung heben oder Ihnen das Leben leichter machen. Die Beziehung zu Menschen, die Sie runter-

ziehen oder immer aufs Neue Ihren Neid erwecken, legen Sie dagegen, solange die Krise dauert, auf Eis. Die folgende Portfolio-Analyse
bringt Klarheit. Tragen Sie in die vier Felder ein, welche Familienmitglieder, Freunde, Kollegen, Chatpartner, Bekannte, Interessen- und
Selbsthilfegruppen jetzt welche Rolle in Ihrem Leben spielen.

Selbstläufer:
Menschen, mit denen Sie
rechnen können, egal, ob es
Ihnen gutgeht oder schlecht:

_____

_____

_____

Stars:
Menschen, die sich in der
aktuellen Situation als
unentbehrlich erweisen:

_____

_____

_____

Verlierer:
Menschen, die sich in der aktuellen Situation als anstrengend,
deprimierend, aggressiv oder
enttäuschend erweisen:

_____

_____

_____

Aufsteiger:
Menschen, die Sie durch die
Krise kennen gelernt haben
oder erst seither richtig zu
schätzen wissen:

_____

_____

_____

Tipp: Nehmen Sie die Unterstützung der Menschen, die Sie als
Selbstläufer und Stars in Ihrem Beziehungsportfolio identifiziert haben, nicht selbstverständlich. Sagen Sie ihnen, wie ihre Unterstützung Früchte trägt. Diese Dankbarkeit ist ein Zeichen von Achtsamkeit und guten Manieren und erhöht die Bereitschaft Ihrer Umgebung,
dauerhaft für Sie da zu sein.

Erfolg umdefinieren

Florians Brüder sind gut im Geschäft und präsent in den Medien. Doch während sie sich für ihre eigenen Erfolge gern feiern lassen, legen sie völlig andere Maßstäbe an, wenn andere Vergleichbares leisten: »Geld ist nicht alles«, heißt es dann, wenn Florian und Anne, die ganz gut, aber nicht spektakulär verdienen, sich über einen vielversprechenden Auftrag freuen. Oder:

> *Man muss lernen, sich reich zu fühlen dank der Dinge, die man hat, weil man sonst verdammt ist, sich angesichts all der Dinge, die man nicht hat, immer arm zu fühlen.*
>
> *Alexander von Schönburg,*
> Die Kunst des stilvollen Verarmens

»Man muss nicht ständig in den Medien sein«, wenn der Lokalsender, was selten genug vorkommt, Florians Expertenwissen im Denkmalschutz nachfragt.

Das Beispiel zeigt: Auch Erfolg schützt nicht vor Neid. Abstandsneid nennen Neidforscher die Missgunst gegenüber Unterlegenen, die zwar schlechter als man selbst, aber doch schon ziemlich gut abschneiden. Die leise Abwertung der Erfolge anderer ist eine bewährte Prestigestrategie, die eigene relative Position im Statusrennen zu sichern: Irgendein Grund findet sich immer, warum nicht alles Gold ist, was neiderregend glänzt. Florian findet das Vexierspiel seiner Brüder kränkend, und es ist auch nicht sonderlich sympathisch. Trotzdem kann man sich von den beiden eine wichtige Nehmerqualität abschauen. Sie führen nämlich vor, wie man es anstellt, ein und dasselbe Ereignis mal so und mal ganz anders zu interpretieren: Man setzt einfach die alten Spielregeln außer Kraft und erfindet andere, die einem besser ins Konzept passen.

Diese Fähigkeit zum Perspektivenwechsel erweist sich vor allem in der Niederlage als hilfreich. Anders als es scheint, braucht man sich dabei nicht einmal unfair zu verhalten. Denn es gibt zwei Möglichkeiten, Niedergeschlagenheit und Neid zu vertreiben und entstandene Rangunterschiede zu verwischen: Entweder man redet klein, was die Beneideten haben, leisten, können, tun – das ist die fiese Variante. Oder man nimmt sich die Freiheit und verlagert das

Statusrennen auf selbst definierte Spielfelder jenseits der angesagten Strömungen und Wertesysteme. Diesen Ausweg schlägt der Philosoph und Autor Alain de Botton in seinem Buch *Statusangst* vor: Man ignoriert die üblichen Erfolgskriterien und gewinnt Prestige und Ehre, indem man Felder besetzt, die attraktiv, aber relativ unbeackert sind.

- Man verliert den gut dotierten Job und schreibt, wie es der Journalist Alexander von Schönburg tat, ein Buch über die Kunst, ohne Geld reich zu sein.
- Man wird bei der Studienreise mit niemandem richtig warm und zieht gut gelaunt mit Reiseführer und Skizzenblock alleine los.
- Man akzeptiert, in einer Spezialistenlaufbahn festzustecken, und entwickelt nach und nach eine Gelassenheit, von der man sich wünscht, man hätte sie schon früher entdeckt.
- Man wird älter und definiert: »50 ist das neue 40.«
- Man wird in der Firma gemobbt und macht bei der Weihnachtsfeier so überraschend tolle Fotos, dass sich alle darum reißen.

Erfolg ist eine Wahrnehmungsfrage, und es gibt unzählige Jagdgründe, wo man ihn erringen kann. Lebenskluge halten sich deshalb nach einer Niederlage nicht damit auf, neidisch auf weniger gebeutelte Rivalen zu schielen. Stattdessen befriedigen sie, wenn die gewohnten Jagdreviere momentan nichts für sie hergeben, das Bedürfnis nach Geltung auf Nebenschauplätzen, bevorzugt solchen mit Kultpotenzial. Die kleine Rebellion lindert das Gefühl der Benachteiligung, steigert die Zufriedenheit und dämpft energiezehrende Neid- und Rachegedanken. Das alles verlangt Ihnen nur eines ab: die Bereitschaft, die Situation einmal aus einer ungewohnten Perspektive zu betrachten. Was daraus resultiert, ist fast schon kurios: Indem Sie sich der Konkurrenz entziehen, werden Sie auf neue Weise konkurrenzfähig. Möglicherweise erregt die erzwungene Neuorientierung nämlich am Ende den Neid derer, die Sie vor kurzem noch beneidet haben. Erst recht, wenn Sie es sich verkneifen, stundenlang die Vorzüge der neuen Denk- oder Lebensweise zu lobpreisen.

Live: »Wenn man so behandelt wird, das ist eine Niederlage«

Früher war er ganz oben, heute kommt er weit herum. Weil Bernhard Schuster, 48, in seiner Branche erledigt wurde, etablierte sich der frühere Topmanager international: Als Contractor managt er Krisenprojekte von San Francisco bis Seoul. Für ihn ist ein guter Verlierer jemand, der verliert und trotzdem weitermacht. Über den Bruch in seiner Biografie sagt er:

»Meine Kollegen von früher haben alle Angst: Angst vor Mobbing, Angst vor Entlassung, Angst vor Prestigeverlust. Wenn ich sie heute bei Messen treffe, habe ich das Gefühl: Manche sind fast neidisch auf mich. Wenn sie wüssten, was mir passiert ist, wären sie das allerdings nicht.

Angefangen hat es vor drei Jahren. Ich habe damals in der Schweiz gearbeitet, als Produktionsleiter in einem führenden Industriegüterunternehmen. Knall auf Fall bin ich dort rausgeflogen, ohne Vorwarnung, innerhalb von einer halben Stunde. Warum genau, weiß ich bis heute nicht. Ich vermute mal, weil ich unbequem war. Ich war eine Art Troubleshooter und habe oft nicht diese klassischen Lösungsmuster eingehalten: Besprechungen, Agreement finden, dafür fehlt in kritischen Situationen die Zeit. Da sagt man, so wird's gemacht. Damit macht man sich nicht beliebt. Auch weil man natürlich Leute vorführt, wenn man beweist: Es funktioniert doch, trotz aller Widrigkeiten. Dann musste ein Produkt, an dem ich beteiligt war, weltweit nachgerüstet werden. Nach meiner Denkweise bedeutet das: Erkennen, abstellen. Nach der Denkweise der Konzernspitze bedeutete das: Sündenbock suchen. Der Sündenbock war ich – obwohl ich für den Schaden nicht verantwortlich war. Zu allem Überfluss wurde dafür gesorgt, dass ich innerhalb der Branche keinen Fuß mehr auf den Boden bekam. Europaweit. Das war wie ein abgekartetes Spiel.

Ich zog daraus die Erkenntnis: Als klassischer Angestellter in meiner Stammbranche brauche ich nicht mehr anzutreten. Deshalb habe ich beschlossen, mich selbstständig zu machen. Nach und nach bin ich dann auf dieses internationale Contracting gekommen, das ich heute als sehr interessant empfinde: Sehr gut bezahlte Jobs sind das, internationale Jobs. Man arbeitet drei, vier, fünf Monate lang in Asien, in Australien, in den USA, sieht, wie die denken, nach welchen Mechanismen die arbeiten. Das sind Erfahrungen, die sind unschätzbar für mich. Natürlich geht es als Selbstständiger mal rauf und mal runter. Damit muss man zurechtkommen. Auch damit, dass das Einkommen etwas reduziert ist und es ab und zu spannend wird. Trotzdem ist die Entwicklung aus heutiger Sicht ein Gewinn. Weil meine Lebensqualität besser geworden ist. Um das zu erkennen, braucht man allerdings lange: Bei mir herrschte über ein Jahr Krise pur, Wut, Selbstmitleid, Alkohol, Selbstverachtung. Ich rechne es meiner Frau hoch an, dass sie mich in dieser Zeit ausgehalten hat. So etwas kann eine Ehe zerstören.

Den Tiefpunkt habe ich durchgestanden, indem ich mich abgelenkt und alles intensiviert habe, was positiv ist. Dabei ist es wichtig, den Spieß umzudrehen: Also nicht zu jammern, dass man keine Aufgabe mehr hat. Und auch keine Sekretärin und keinen Dienstwagen mehr. Sondern sich zu sagen: Weil ich jetzt keinen vollen Terminkalender habe, kann ich unter der Woche ins Allgäu zum Wandern fahren.

Die größte Gesundung war für mich der Einstieg in das internationale Geschäft. Mein erster Auftrag war in Seoul. Ich bin einfach ins Flugzeug gestiegen, ohne Hotelbuchung, ohne zu wissen, was mich erwartet. Für mich war das eine gigantische Umstellung. Dann passierte etwas, was eigentlich völlig trivial ist: In Korea geht kein europäisches Handy, man kann keine Straßenschilder lesen, kann sich nicht durchfragen. Dieses Abgeschnittensein von allen gewohnten Kommunikationsmöglichkeiten hat mich von der Niederlage abgekoppelt, die Erinnerung an das alte Leben war wie gelöscht. Mir ist seither klar: Um Abstand zu gewinnen, braucht man wirklich Abstand: weg sein, physisch weg. Die neuen Erfahrungen haben auch die Kommunikation mit meiner Familie verändert: Das war wieder ein ganz anderes Erzählen mit komplett anderen Themen. Wichtig war für mich in dieser Zeit jede Form von Sicherheit. Ich habe sie dort bekommen, wo ich sie am wenigsten erwartet habe: beim Arbeitsamt in der Schweiz. Dort war ich nie ein Bittsteller, sondern immer ein Kunde. Dass man mich dort als Person, als Persönlichkeit gesehen hat, hat mir viel gegeben. Und obwohl ich mich bereits selbstständig gemacht hatte, habe ich viel Geld bekommen, viel mehr als in Deutschland. Meine Einkünfte konnte ich einfach gegenrechnen, ganz offen, ganz legal.

Den Hass auf die, denen ich den Karriereknick verdanke, habe ich im Griff – einigermaßen. Wenn sie mir bei Tagungen oder Messen über den Weg laufen, gehe ich auf sie zu, mache Small Talk, um die Spannungen abzubauen. Für mich ist es wichtig, dass ich auf Geschäftsebene normal mit ihnen kommunizieren kann, ohne auszurasten oder sie anzugreifen. Für alles andere nehme ich eine Dartscheibe. Gewünscht hätte ich mir allerdings einen Nachdialog mit meinen Widersachern. Dieses reinigende Gewitter fehlt bis heute.

Unter dem Strich ist meine Lebensqualität besser geworden. Ich habe wieder einen Job, den ich interessant finde, ich habe ein Leben, das ich leben möchte. Trotzdem ist etwas in mir zerbrochen: Ich habe immer darauf gesetzt, gute Leistung zu bringen und Menschen mit fairen Mitteln zur Zusammenarbeit zu bewegen. Ohne Druck. Die Niederlage, die Art, wie mit mir umgegangen wurde, hat mich ernüchtert: Gute Leistungen brauchst du nicht mehr in der deutschen Industrie. Ein faires Miteinander ist abgeschafft. Weit vorauszudenken brauchst du auch nicht mehr, was zählt, sind die Quartalszahlen. Zurück bleibt der Eindruck: Du bist ein Fossil, deine Werte gelten nichts mehr. Auch wenn ich selbst noch danach lebe.«

Auf zu neuen Ufern

Wie man das Leben neu erfindet und Scheitern zu einem guten Ende bringt

Irgendwann ist es so weit: Man ist zurück. Die Niederlage ist verarbeitet, man lebt wieder ein Leben, das man leben möchte. Vor allem spürt man eine neue Art von Glück: eine Mischung aus Stolz, Dankbarkeit und Versöhnlichkeit. Es wurzelt in der Erfahrung: Man ist dem Leben gewachsen – auch wenn es nicht immer nach Wunsch verläuft.

Ein halbes Jahr ist vergangen, und das unerschwingliche Grundstück am Wald ist nur noch Erinnerung. Denn inzwischen hat man eine bezahlbare Alternative gekauft, gestern begann der Erdaushub, mit den neuen Nachbarn versteht man sich blendend, und der 20 Jahre alte Apfelbaum lädt schon jetzt zum Picknicken ein. Vielleicht kam aber auch alles ganz anders: Vielleicht hat die Enttäuschung über das Grundstück am Wald die Frage aufgeworfen, ob das angestrebte Haus im Grünen wirklich das Richtige ist, wenn die Kleine demnächst in den französischen Kindergarten soll und Experten warnen, dass Grundstücke im Speckgürtel eher an Wert verlieren als gewinnen. Deshalb hat man beschlossen, erst einmal abzuwarten, bevor man sich endgültig festlegt...

Sie merken: Nur manchmal endet eine Niederlage mit Umarmungen, Champagner und Schulterklopfen. Mindestens genauso oft verläuft das Comeback nach dem Scheitern als unspektakulärer und kaum wahrnehmbarer Prozess. Irgendwann stellt man fest: Es geht einem wieder besser. Fast ist man ein bisschen überrascht davon. Denn jetzt, wo es so weit ist, fühlt man sich zwar erleichtert, wieder in ruhigeren Gewässern zu kreuzen, das Glücksgefühl darüber ist aber nicht annähernd so intensiv wie die Verzweiflung am Tiefpunkt der Krise.

Dass man sich wieder gefangen hat und zuversichtlich in die Zukunft blickt, ist natürlich das Wichtigste. Zur gelungenen Verarbeitung eines Scheiterns gehört es aber auch, noch einmal kurz innezuhalten und den Übergang von Alt zu Neu bewusst zu vollziehen und das Wissen um Verlieren, Scheitern und Versagen als Werkzeug der Reife zu nutzen. Oder wie es im Projektmanagement heißt, in *lessons learned* zu verwandeln.

Comeback-Idee 31
Registrieren Sie, dass Sie wieder im Kommen sind

Wer sich ein bisschen auskennt mit Coaching und Führung, der hat gelernt oder bemüht sich zumindest darum, in Lösungen zu denken und nicht in Problemen. Wie solche Lösungen aussehen könnten, liegt auf der Hand: Man findet ein Grundstück, das genauso schön ist wie das, das einem entgangen ist, bekommt nach einigem Suchen doch noch den Job, der zu einem passt, der Projektleiter, mit dem man sich so schwertut, wechselt in ein anderes Unternehmen, und wie durch ein Wunder wird man schwanger, obwohl niemand mehr, am wenigstens man selbst, noch damit gerechnet hat.

Leider ist das Leben keine Wundertüte, und ein Comeback nach dem Scheitern bringt nicht immer die Erfüllung aller Träume. Nur im besten Fall nehmen die Umstände eine so günstige Wendung, dass das Problem sich in Luft auflöst. In allen anderen Fällen liegen die Schlüssel zu einer Lösung in Ihnen selbst: Entweder Sie lösen sich von dem einstigen Ziel oder Sie gehen gelöster damit um, dass ein Lebenstraum sich nicht erfüllt. Diese beiden Varianten des Comeback nach dem Scheitern setzen nicht nur ein Umdenken voraus, sie erfordern auch erhebliche Anpassungsleistungen.

Happy End in drei Varianten

Fassen wir zusammen: Ein gelungenes Comeback kann drei sehr unterschiedliche Gesichter haben:

- Wir lösen das Problem – oder es löst sich von selbst.
- Wir lösen uns von unrealistischen Wünschen, undurchführbaren Lebensentwürfen oder Personen, die uns nicht guttun.
- Wir halten an unseren Plänen und Hoffnungen fest, gehen aber gelöster damit um, dass sie sich nicht erfüllen.

Der vordergründigste und sicherlich am meisten herbeigesehnte Ausgang einer Niederlage ist das fulminante Comeback, die Lösung aller Probleme nach der Phase des Schlingerns und Stürzens: Der untreue Partner kehrt zurück, die Insolvenz der Firma kann abgewendet werden, gerade noch rechtzeitig vor Seminarbeginn organisiert man den Ersatz für die kaputte Beamer-Lampe. Alternativ dazu legt man einen beeindruckenden Neustart hin: Man lernt noch vor dem Scheidungstermin einen neuen Mann kennen, baut nach dem Konkurs der ersten eine zweite, noch ehrgeizigere Firma auf oder schafft es tatsächlich, den Workshop ohne PowerPoint, dafür aber unterstützt von Wissen, Erfahrung und jeder Menge Adrenalin zu improvisieren. Beiden Varianten gemeinsam ist: Die Krise war schmerzhaft und vielleicht auch lang anhaltend, doch dann haben sich die Umstände zu unserem Vorteil verändert, oder wir haben sie dazu gebracht. Die Welt ist wieder in Ordnung und hat sich so gefügt, wie sie uns gefällt. Dennoch hat sich etwas verändert: Auch wenn alles wieder gut ist, das Leben hat einen Haarriss erhalten. Vermutlich fühlen Sie sich noch etwas angeschlagen und eine Spur verletzlicher als vor der Krise. Andererseits macht es Sie stolz und dankbar, dass Sie das Problem so mutig, zupackend oder clever gemeistert haben.

Mindestens genauso oft gestaltet sich die Wiederkehr aber grundlegend anders. Weder dreht sich die Uhr zurück noch löst sich die Niederlage auf, weil die Umstände sich wenden. Pendelt sich das Lebensgefühl dennoch ganz allmählich wieder auf Normalniveau ein, liegt das daran, dass *wir* uns in Millimeterschritten verändern. Nach und nach und vielleicht für uns selbst fast unmerklich haben wir uns von den Vorstellungen, Plänen, Träumen oder Personen gelöst, ohne die wir vorher glaubten, nicht leben zu können: Natürlich lag die Vorstellung nahe, mit dem neuen Projektleiter genauso wunderbar harmonieren zu wollen wie mit dem alten. Andererseits stellt man im Lauf der Zeit fest: Was sich zunächst wie eine Niederlage anfühlte, hat einen Wachstumsschub ausgelöst: Als Folge der Reibereien argumentiert man überzeugender, denkt professioneller und hat gelernt, eine Arbeitsbeziehung auch zu Menschen, die man nicht so mag, herzustellen.

Noch subtiler ist die dritte Variante des Happy End: Eigentlich hat sich nichts geändert an den Wertvorstellungen, denen man nicht gerecht geworden ist, oder den Wünschen, die man sich nicht erfüllen kann. Wenn man sich trotzdem wieder zunehmend gut und glücklich fühlt, liegt das daran, dass man mit dem persönlichen Versagen oder den zerplatzten Träumen gelöster umgeht. Das heißt zum Beispiel: Man hätte nach wie vor gern Kinder gehabt. Und es versetzt einem immer noch einen Stich, wenn man glückliche Familien sieht oder das, was man dafür hält. Aber es raubt einem nicht mehr den Atem. Denn inzwischen hat man gelernt, dass man mit der Nähe zum Partner, dem anspruchsvollen Beruf und dem ganzen individuellen Puzzle des eigenen Lebens auch ohne Nachwuchs sehr glücklich leben kann.

Die Kunst, aus einem Rückschlag das Beste zu machen

Im ersten Schock wollen wir es nicht glauben und schon gar nicht hören. Erst mit dem Versagen und Verlieren lernen wir: Zu einem großen Teil liegt das Glück in uns selbst, nicht in den äußeren Umständen, und mehr als alles andere wird unser Wohlbefinden davon beeinflusst, wie wir eine Situation wahrnehmen und bewerten. Gut im Nehmen sind daher die, die mit ihren Grenzen leben und Unzulänglichkeiten, seien es eigene oder situationsbedingte, fantasievoll ausgleichen. Fünf Strategien helfen dabei:

Selektieren: Man sieht ein, dass nicht alles geht, beschränkt sich in seinen Wünschen und setzt klare Prioritäten. Zum Beispiel die, dass es einem am wichtigsten ist, in dem Beruf zu arbeiten, den man gelernt hat. Auch wenn man dafür in eine andere Stadt oder sogar ein anderes Land ziehen muss.

Optimieren: Man sucht nach Möglichkeiten, das Beste aus dem zu machen, was man hat. So wie Katja, die nach einer Herzoperation das Bergwandern und Joggen aufgeben musste. Damit sie wenigstens das Golfhobby weiter ausüben kann, hat sie sich jetzt einen Elektro-Trolley zugelegt – eine Erleichterung, die sie früher belächelt hat.

Kompensieren: Kommt man nicht auf die gewünschte Weise ans Ziel, sucht man nach Alternativen. Ein klassisches Beispiel dafür ist eine Freundin, die sich nach der Scheidung in schöner Selbstverständlichkeit einen jungen Labrador zulegte, der sie neuerdings überallhin begleitet. Um neue Bekanntschaften, männliche und weibliche, muss sie sich seither keine Sorgen mehr machen.

Adaptieren: Unrealistische Erwartungen machen unzufrieden und nervös. Menschen mit Nehmerqualitäten passen ihre Erwartungen deshalb den Möglichkeiten an und korrigieren ihre Ansprüche an sich und die Welt nach einer Schlappe geschmeidig nach unten: Für den ins Auge gefassten neuen Offroader wird es nach der Finanzkrise nicht mehr reichen. Dafür gibt es auf dem Gebrauchtwagenmarkt zurzeit viel Luxus für wenig Geld. Ganz abgesehen davon fährt sich auch der Wagen, den man bisher hat, ganz und gar nicht schlecht.

Umdirigieren: Man gewinnt dem Scheitern einen Sinn ab und wandelt es schöpferisch um. Im Kleinen steht dafür der Satz »Wer weiß, wofür es gut ist« oder »Durch den Schuss vor den Bug bin ich aufgewacht«; im Großen erfindet man sich im Scheitern neu. Vielleicht verarbeitet man das Erlebte schreibend, malend oder musizierend. Oder man kommt wie Al Gore auf anderer Ebene zurück: Politisch gescheitert fand er im Klimaschutz seine große Aufgabe. »Vom Wahlverlierer zum Weltgewissen«, resümierte das *Hamburger Abendblatt* das triumphale Comeback.

In guten Zeiten erscheinen uns Lösungsstrategien wie Selektieren & Co. oft als Notnagel. Man kann sie aber auch ganz anders betrachten: Was zunächst dazu dient, der Krise zu entkommen, ist zugleich ein Impuls, dem Leben eine veränderte Richtung zu geben. Stellen Sie sich nur einmal vor, Sie hätten jedes Versagen in Ihrem Leben verhindern und jede falsche Entscheidung und jedes ungeplante Ereignis ungeschehen machen können. Vielleicht lebten Sie dann immer noch mit Ihrer ersten großen Liebe zusammen und nicht mit dem Menschen, mit dem Sie heute verheiratet sind. Sie hätten Ihre große Tochter nicht bekommen, hätten nie entdeckt, dass ein Coaching mehr als Wellness für die Seele ist oder wüssten bis heute nicht, dass Sie, wenn es sein muss, auch mit sehr viel weniger Geld im Monat über die Runden kommen. »Die meisten Erfolge entspringen einem Hindernis oder Versagen. Ich wurde hauptsächlich deshalb Comiczeichner, weil ich mein Ziel verfehlt habe, ein erfolgreicher Manager zu werden«, sagt Scott Adams, der Schöpfer der *Dilbert*-Cartoons.

Im neuen Leben ankommen

Wenn alles gutgeht, folgt auf das Scheitern eine Neuorientierung und irgendwann ein neuer Anfang. Man hat den Tiefpunkt der Krise durchlitten und durchschritten, ist wieder im Kommen und steht, hin- und hergerissen zwischen Verletzlichkeit und Verheißung, an der Tür zur Zukunft. Archaische Gesellschaften zelebrieren diesen Übergang in neue Umstände häufig mit einem sogenannten Wiedereingliederungsritual. Heute spielen solche Rituale auch in der Psychotherapie eine Rolle: »als letzter Schritt in den neuen Raum der neuen Entwicklung«, wie der Arzt und Psychologe Dr. Arnold Retzer erläutert.

Moderne Wiedereingliederungsrituale sind in der Regel dadurch charakterisiert, dass eine symbolische Handlung vollzogen wird: Angenommen, jemand macht sich nach der Kündigung des Fulltime-Jobs selbstständig. Als Zeichen der Verbindlichkeit des neuen Wegs könnte er ein professionelles Briefpapier entwickeln lassen statt der Einflüsterung nachzugeben, für den Anfang täte es auch eine selbst erstellte Wordvorlage. Alternativ dazu stellt man alte Gewohnheiten sinnbildlich ab: Das Foto der Exfreundin wandert von der Pinwand in die Schublade, das Abo für das Kapitalanlagemagazin wird nach dem abermaligen Finanzflop gekündigt, die Skiabfahrt, auf der man jetzt schon zweimal gestürzt ist, lässt man für den Rest des Tages links liegen.

»Wir sollen heiter Raum um Raum durchschreiten, an keinem wie an einer Heimat hängen«, schreibt Hermann Hesse in seinem berühmten Gedicht *Stufen*, in dem es ums Abschiednehmen und Neuanfangen geht. Wie ein stimmiges Wiedereingliederungsritual ermutigt die Gedichtzeile nicht nur dazu, den nächsten Raum optimistisch und mit ganzem Herzen zu betreten. Sie lässt auch anklingen, dass ein Neuanfang nicht bedeutet, dass wir die Tür zur Vergangenheit hinter uns zuschlagen müssen – zum Beispiel, indem wir das, was uns misslungen ist, nachträglich madig machen, möglichst schnell vergessen oder möglichst nie mehr erwähnen. Am besten betrachten Sie das Comeback als schlüssige Entwicklung, als Voranschreiten und Weitergehen hinein in die nächste Phase, nicht als Entrinnen aus dem Vorhof der Hölle. Ein fehlgeschlagener Plan muss nicht absurd, eine gescheiterte Beziehung nicht wertlos gewesen sein.

Selbstcoaching: Besiegeln Sie den Neustart

Wenn Sie spüren, dass Hoffnung und Neugier die Trauer und Schuldgefühle abzulösen beginnen und immer stärker werden, ist das ein klares Zeichen dafür, dass Sie wieder im Kommen sind. Zwar befallen Sie gelegentlich noch Zweifel und dunkle Momente, zwar ist das Neue und Andere Ihnen noch fremd und vielleicht etwas suspekt, doch die Silberstreifen am Horizont locken. Wenn Sie an diesem Punkt angelangt sind, können Sie das Comeback durch ein Ritual oder Symbol akzentuieren, das Ihnen etwas bedeutet: Ein Klassiker dafür ist die neue Frisur als äußerer Ausdruck dafür, dass man bereit ist, die alten Zöpfe abzuschneiden und sich seelisch auf etwas Neues einzulassen.

Überlegen Sie, wenn Sie mögen, welches Comeback-Ritual Sie für sich gestalten wollen oder welches Symbol Ihre »Wiedergeburt« begleiten könnte. Tipp: Die hilfreichsten Einfälle dafür kommen aus dem Unterbewusstsein, nicht weil Sie intellektuell denken: Das passt gut.

Ein Hinweis für Kopfmenschen: Vielleicht halten Sie das Bemühen eines Rituals für abergläubische Spinnerei. Sagen wir es so: Es ist eine indirektere, intuitivere Art, sich auf etwas anderes einzulassen, als die rationalen, linearen Formen der Problemlösung, die Sie bevorzugen. Überlegen Sie, ob es für Sie hilfreich sein könnte, beides zu kombinieren.

Comeback-Idee 32
Machen Sie den Misserfolg zum Lernerfolg

»Wenn man vom Geld absieht, waren meine ersten Jahre im Job ein grandioser Fehlstart, komplett vertane Zeit«, sagt Lena, eine gute Freundin, und wer sie kennt, hat den Satz schon öfter gehört. Lena ist Ende 30, und die drei Jahre, in denen sie nach dem Kunsthistorikstudium mangels besserer Alternativen als Assistentin der Assistentin der Geschäftsleitung bei einem Software-Riesen gearbeitet hat, liegen gut und gern zehn Jahre zurück. Heute wirkt Lena als Kuratorin im Stadtmuseum einer sächsischen Kleinstadt, und das Leben, das sie führt, ist vielleicht nicht so urban und glamourös, wie sie es sich mal vorgestellt hatte, doch eigentlich, denkt man, müsste der frustrierend fachfremde Anfang doch längst Schnee von gestern sein. Tatsächlich hat Lena sich und der Welt den verzögerten Karrierestart bis heute nicht verziehen. Fast hat es den Anschein, als sei sie ein bisschen neidisch auf die Praktikantinnen, die mit Anfang 20 die Weichen um einiges cleverer stellen, als sie es im gleichen Alter getan hat.

Die amerikanische Psychologin Laura A. King hat sich damit beschäftigt, wie man Scheitern langfristig in ein Erfolgserlebnis verwandelt, das die Persönlichkeit stärkt. Zu den wichtigsten Voraussetzungen dafür gehört es, nach einer gewissen Zeit Abschied zu nehmen von den unerreichten Zielen, die man hatte, und sich mehr und mehr einzulassen auf die Möglichkeiten, die einem offenstehen – nicht verbittert, sondern, wie Hermann Hesse es sagt, »in Tapferkeit und ohne Trauern«. Destilliert man aus Versagen, Pech und Peinlichkeiten die *lessons learned* heraus, fällt die Versöhnung mit den enttäuschten Träumen leichter.

Das Gelernte ans Licht holen

Im Projektmanagement heißt sie Nachkalkulation, Projektretrospektive oder *lessons learned*: die routinemäßige Auswertung der aus einem Projekt gewonnenen Erkenntnisse. Wie gut wurden die Kosten veranschlagt? Hat man realistisch geplant? Wo kam es zu Abweichungen? Warum? Welche Erfahrung nimmt man mit aus dem Projekt? Was kann man daraus lernen? Was ist, bei allen Vorbehalten, gut gelungen? Wie kann man in Zukunft die Wahrscheinlichkeit von Erfolgen erhöhen?

Sie merken es: Die Fragen rücken nicht so sehr die gemachten Fehler ins Licht als vielmehr die gewonnenen und weiter verwertbaren Erfahrungen. Denn wenn man schon verloren hat, sollte man wenigstens versuchen, den maximalen Gewinn daraus zu ziehen: mehr Klarheit, mehr Tiefe, mehr Resilienz, vielleicht sogar mehr Selbstvertrauen. Wer diesen abschließenden Schritt geht, den macht ein Scheitern nicht nur in der Sache klüger, er nimmt auch deutlicher wahr, dass das Misslingen nicht umsonst war und das Leben keineswegs nur negativ beeinflusst hat.

Natürlich wirft uns jedes Scheitern empfindlich zurück: so wie Lena, deren erster Job eine harte Schule war und sie drei lange Jahre herauskatapultierte aus der Kulturszene, der sie sich zugehörig fühlt. Andererseits bringt uns aber auch jedes Scheitern voran: Für Lena steht zum Beispiel auf der Habenseite des unglücklichen Berufsstarts, dass sie hinter die Kulissen eines großen Unternehmens

I was burned but I call it a lesson learned,
mistake overturned but I call it a lesson learned.
My soul has returned so I call it a lesson learned.
Another lesson learned ...
Alicia Keys, Lesson Learned

blickte, sich souverän auf der Vorstandsetage zu bewegen lernte und gut verdiente, während viele andere in ihrem Semester sich mit unbezahlten Praktika bescheiden mussten. Wenn sie heute den regionalen Mittelständlern so außerordentlich erfolgreich Sponsorengelder entlockt, so liegt das auch daran, dass sie skeptische Bosse und eitle Lokalgrößen dank jahrelangem Training on the Job zu nehmen weiß.

Selbstcoaching: Ziehen Sie Bilanz

Nehmen Sie sich kurz vor oder nach Ihrem Comeback die Zeit, noch einmal zurückzuschauen – nicht im Zorn, sondern neutral und (fehler-)tolerant. Schreiben Sie auf, welche Erfahrungen, Kenntnisse oder Stärken das Scheitern in Ihnen weiterentwickelt hat:

● Was wissen Sie heute, was Sie vor dem Scheitern nicht gewusst haben? Der Erfahrungsschatz reicht von der bestürzenden Erkenntnis, dass sich Jobverlust anfühlt wie Liebesentzug, bis hin zu sozialen oder praktischen Fähigkeiten, die man notgedrungen erwerben musste: zum Beispiel die Selbstbeherrschung, sich im Kundengespräch die privaten Sorgen nicht anmerken zu lassen, oder das Geschick, selbst den günstigsten Flug zu buchen, seit man keine Sekretärin mehr bezahlen kann, die sich darum kümmert.

● Welche Einblicke haben Sie, wenn auch unfreiwillig, gewonnen? Welche neuen Welten haben Sie kennen gelernt? So unschön es zum Beispiel ist, wenn ein Nachbarschaftsstreit so weit eskaliert, dass man die Polizei holt – aufschlussreiche Einblicke in juristisches Denken und anwaltliche Schachzüge eröffnet der Zwist allemal.

● Welche Wissenslücken oder Verhaltensfehler haben Sie durch den Misserfolg bei sich entdeckt?

- Umgekehrt: Welche ungeahnten Stärken haben Sie beim Durchstehen und Bewältigen des Misserfolgs an sich entdeckt?
- Wer hat Ihnen in der Phase des Misserfolgs am meisten geholfen? Von welchen Menschen über den engsten Kreis hinaus kam ehrliche Solidarität? Welche Netzwerke waren tragfähig? Welche Kontakte werden Sie künftig mehr, welche weniger pflegen?
- Welche Verhaltensweisen und Taktiken werden Sie aufgrund des Misserfolgs ändern oder haben Sie bereits geändert? Welche Vorsichtsmaßnahmen werden Sie ergreifen, damit Ähnliches nicht noch einmal passiert?
- Von welchen Illusionen haben Sie sich verabschiedet, welche Selbstüberschätzung haben Sie korrigiert? Dass man ein Ziel hartnäckig verfolgt, muss weder bedeuten, dass es realistisch ist, noch dass es den eigenen Bedürfnissen, Talenten und Vorlieben entspricht.

Stolz auf sich sein

Sie wären heute nicht, wo Sie sind – deutlich jenseits des Tiefpunkts, kurz vor dem Comeback, vielleicht sogar zurück im Spiel –, wenn Sie nicht ein kleines Wunder vollbracht hätten. Denn Versagen hin, Niederlage her, auf dem Weg zwischen Scheitern und Wiederkehr haben Sie jede Menge geleistet:

- Sie haben die schwierige Situation als Herausforderung angenommen.
- Sie haben sich ohne Selbstmitleid durch Ängste, Minderwertigkeitsgefühle oder Einsamkeit gekämpft, ohne hart, feindselig oder verbittert zu werden.
- Sie haben Verantwortung übernommen, ohne sich in Schuldgefühlen zu verlieren.
- Sie haben die Ungewissheit ertragen, ob das Leben je wieder besser und leichter wird.

- Sie sind trotz aller Rück- und Nackenschläge optimistisch geblieben oder haben gelernt, es zu sein.
- Sie haben sich von überhöhten oder verfehlten Zielen verabschiedet und neue Zukunftsvisionen entwickelt.
- Sie haben einen Blick für die offenen Türen behalten und das Leben weiterverfolgt.
- Sie haben verloren – und sich neu gefunden.

Gute Geschichte erzählen

Am Tiefpunkt des Scheiterns war das Darüberreden eine Bewältigungsstrategie. Es hat Ihnen geholfen, das Versagen einzuordnen und Alternativen in Erwägung zu ziehen. Kurz vor dem Comeback ist es nun an der Zeit hinzuhören, wie man heute mit anderen über den Misserfolg oder die Erfahrung des Scheiterns spricht. Verweilen Sie in Ihren Selbsterzählungen wie ganz am Anfang bei den hässlichen, frustrierenden Aspekten der Niederlage? Klingen immer noch Frust-, Neid- oder Angstgefühle durch? Oder erzählen Sie den Flop eher als Heldenepos, das neben den Tiefen auch die Höhen schildert und verdeutlicht, mit wie viel Glück, Geschick und lieben Menschen Sie die missliche Situation gemeistert haben?

Eine gute Comeback-Geschichte erfordert zweierlei: Sie muss Ihnen guttun. Und sie muss gut klingen: interessant, realistisch und reflektiert. Selbstmitleid und Schönreden erfüllen diese Anforderungen ebenso wenig wie Horrorgeschichten oder breit Ausgewalztes. Anspornend und attraktiv sind dagegen Misserfolgsgeschichten, die von Tatkraft, Lösungskompetenz, Selbsterkenntnis und Humor zeugen. Am besten hört man aus Ihrer Geschichte heraus: Sie sind baden gegangen, und toll war das nicht. Dafür haben Sie aber auch ein paar mehr Antworten als andere zu bieten, wie man in Untiefen überlebt.

Comeback-Idee 33
Finden Sie ein neues Glück

»Glück ist alles, was die Seele durcheinanderrüttelt«, sagt Arthur Schnitzler. Meint der österreichische Dramatiker damit rasende Verliebtheit, grandiosen Sex, die Trekking-Tour in Nepal, den Umzug in das neue Haus, das mitreißende Live-Konzert, einen Hauptgewinn im Lotto oder ein unglaublich gutes Jobangebot, stimmen wir der Definition gern zu.

Reichlich lebensfremd erscheint in guten Zeiten dagegen der Gedanke, Glück könne auch aus seelischen Erschütterungen erwachsen, die alles andere als eine reine Freude sind. Die Erfahrung, dass auch Scheitern und Versagen am Ende ungeahnt positive Emotionen hervorrufen können, machen wir erst, wenn wir uns durch schwere Zeiten hindurchgekämpft haben. Wer sensibel ist, merkt, dass sich nach der Krise eine neue Form von Glück einstellt: nicht das sorglose Status-Shopping-Schokolade-Glück, sondern ein leiseres, erwachseneres Glück, das angereichert ist durch Sensibilität und inneren Frieden, aber auch durch Verletzlichkeit und Schwermut.

Aristoteles nannte diesen Gegenpol des hedonistischen Wohlfühlglücks *Eudaimonia*, der Berliner Philosoph Wilhelm Schmid bezeichnet ihn als »das Glück der Fülle, das erfüllte Leben«, die amerikanische Psychologin Laura A. King spricht von Ich-Entwicklung und erhöhter Komplexität. Während das problemlose Genussglück vom Hochgefühl der schönen, erfolgreichen Momente lebt, speist sich das kompliziertere Glück, das wir in Wachstum, Sinn und Erfüllung finden, nicht nur aus den Höhen, sondern auch aus den Tiefen des Lebens. Für das gute Leben sind beide bedeutsam: das Wohlfühlglück und das Glücksempfinden, das aus einem reifen, komplexen Seelenleben entsteht.

Alles hat zwei Seiten, Scheitern auch

Erfolg ist gut und Scheitern schlecht – nach dieser schlichten Formel denkt und lebt, wer noch nie einen dramatischen Bruch durchlebt und kleine Widrigkeiten nie als Trainingsprogramm für mehr Resilienz begriffen hat. Erst während und nach einer durchgestandenen Krise erfahren wir, was uns zu glauben schwerfällt: So wie der Erfolg auch eine negative Seite hat, kann aus dem Scheitern erstaunlich viel Gutes erwachsen. Allerdings nur, wenn wir es richtig zu nehmen wissen.

+	Erfolg ist nicht nur gut ...	–
Bestätigung	Selbstüberschätzung	
Selbstbewusstsein	Selbstgefälligkeit	
Sicherheit	Hybris	
Kompetenz	Arroganz	
Status	Versteinerung	

–	... und Scheitern nicht nur schlecht.	+
Verlust	Herausforderung	
Zusammenbruch	Neubeginn	
Hoffnungslosigkeit	Gefasstheit, Dankbarkeit	
Selbstzweifel	Erfahrung	
Angst, Neid, Rache	Unabhängigkeit von Geld und Status	

Scheitern tut weh, höllisch weh. Aber mit jedem »optimalen Versagen«, wie der Psychoanalytiker Wolfgang Schmidbauer es nennt, gewinnen Sie an Stehvermögen, Seelentiefe und Komplexität. Psychologen bezeichnen diesen positiven Prozess als posttraumatisches Wachstum. Dabei spielt es keine Rolle, ob Sie mit dem Comeback das Problem tatsächlich lösen oder »nur« anders und reifer damit umgehen: Entscheidend für den Zuwachs an Persönlichkeit ist, dass Sie einen Weg gefunden haben, unterzugehen, ohne sich in die Tiefe ziehen zu lassen. Wer nach dem Unglück verändert, aber nicht entmutigt zurück an die Oberfläche kehrt, ist nicht ärmer, sondern reicher – schlauer in der Sache und, noch wichtiger, differenzierter in seinem Denken und Fühlen. Typischerweise legen wir in Krisen in Sachen Wertorientiertheit zu. Vielleicht nicht für immer und ewig, aber so spürbar, dass es uns prägt. Die folgenden Persönlichkeitsveränderungen sind typisch:

Achtsamkeit: Materielle Dinge verlieren, die kleinen Dinge des Lebens gewinnen an Bedeutung: das Flötenspiel der Kinder, tanzende Schneeflocken, das Lächeln eines Passanten.

Akzeptanz: Man wird nachsichtiger und geht, auch im Job, toleranter mit eigenen und fremden Schwächen um.

Aushalten von Unsicherheit: Man gesteht sich ein, dass man verletzbar ist und weniger kontrollieren kann, als man sich vormachen möchte. Zugleich steigt das Selbstvertrauen, auch schwierige und unstrukturierte Situationen meistern zu können.

Dankbarkeit: Man erkennt in dem Scheitern einen Sinn, zum Beispiel den Anstoß für einen Neubeginn, und zählt die eigenen Segnungen. Bei ich-gereiften Menschen ist dieses Verhalten kein Ausdruck von Blauäugigkeit oder Selbsttäuschung, sondern im Gegenteil ein realistisches Anerkennen der wirklich positiven Aspekte des Lebens, das man führt.

Empathie: Man begreift (noch) mehr, was man an Familie, Freunden und guten Bekannten hat. Fast jeder, der einmal auf die Nase gefallen ist, sagt: »Jetzt weiß ich, was im Leben wirklich zählt« und findet Möglichkeiten, damit die wichtigsten Menschen mehr als vor der Krise zu ihrem Recht kommen.

Tiefgang: Die Auseinandersetzung mit dem Versagen, auch mit Gedanken, die man bisher vielleicht weit von sich geschoben hat, vertieft das Denken – selbst wenn man vielleicht keine abschließenden Antworten auf alle Fragen findet.

Jenseits des Wohlfühlglücks

Das lustmaximierende Status-Shopping-Schokolade-Glück und das bittersüße Glück, das aus Sinn, Sensibilität und Selbstentwicklung erwächst, existieren häufig in Paral-

Glück ist gut für den Körper – aber Kummer stärkt den Geist.

Marcel Proust

leluniversen: Man kann sehr gut super drauf sein, ohne sonderlich viel Tiefgang zu besitzen, erst recht wenn alles mühelos läuft. Und man kann an innerer Reife und Fülle gewinnen, ohne mit sich und seinem Leben im Einklang zu sein – zum Beispiel, wenn man sich am Tiefpunkt des Scheiterns kaum mehr vorstellen kann, dass man jemals wieder essen, lieben oder lachen kann, geschweige denn sich für die neueste Theaterkritik oder den jüngsten Büroklatsch interessiert.

Menschen mit Nehmerqualitäten gelingt es, beide Formen von Glück und Erfüllung zusammenzuspannen: Sie wachsen an der Herausforderung der Niederlage und lassen sich den Sinn für gute, schöne Momente bei allem Schweren allenfalls vorübergehend nehmen. Ihre besondere Stärke liegt nicht notwendigerweise darin, dass sie nach dem Scheitern triumphierend und für jedermann sichtbar wie Phönix aus der Asche steigen. Vor allem sind sie vielschichtig genug, um das Leben lieben zu können, auch wenn es ihnen erst kürzlich ein Bein gestellt hat – und aller Voraussicht nach immer mal wieder stellen wird.

Wie das Zusammenspiel zwischen dem Glück des Hochgefühls und dem Glück des Tiefgangs das seelische Comeback befördert, hemmt oder verhindert, zeigt die Grafik auf der nebenstehenden Seite.

Fehlschläge passieren, und Umstände können sich zu unserem Nachteil verändern. Verlierer tendieren dazu, sich an dieser Verschlechterung aufzureiben: Änderten sich die Dinge, dann, ja dann könnten sie glücklich, beruhigt und zufrieden sein.

	Wenig Hochge-fühle, wenig Tief-gang	Viele Hochge-fühle, aber wenig Tiefgang	Viel Tiefgang, aber wenig Hochge-fühle	Viele Hochge-fühle, viel Tief-gang
Typische Krisenreaktion	Selbstmitleid	Selbstgefälligkeit	Selbstvorwürfe	Selbstakzeptanz
Grund-stimmung	Mutlos und frustriert: Gefühl, ungerecht vom Leben behandelt zu sein	Genussfähig und robust: Schwierig-keiten werden schöngeredet oder ausgeblendet	Einsichtsfähig und desillusioniert: Hohe Sensibilität für die Ungewiss-heiten und Unge-rechtigkeiten des Lebens	Versöhnlich und mitfühlend, auch sich selbst gegen-über
Bewältigungs-strategie	Verleugnen der eigenen Hoffnun-gen und Träume	Ersatzbefriedi-gungen und Glaube an eine bessere Zukunft	Das Beste aus der Situation machen	Aktiver Neuanfang im vollen Bewusstsein von Scheitern und Ungewissheit Offen für neue Erfahrungen
Wachstums-schub durch die Krise	Wenig seelische Erholung und Entwicklung	Schnelle Erholung bei wenig seeli-scher Entwicklung	Hohe Lernkurve, aber geringe seeli-sche Erholung	Umfassende seeli-sche Erholung und Entwicklung

Gewinner handeln anders: Sie bewältigen die Verluste, die sie aus dem Konzept bringen, mit Anstrengung, Hingabe und Engagement und schaffen so nicht nur ein Comeback, sondern entwickeln uner-wartete Stärken und ein reiferes Ich. Natürlich leiden auch sie darunter, wenn ein Misserfolg sie aus dem beque-men Wohlfühlglück herauskatapultiert. Aber sie nehmen nach dem ersten Schock die Herausforderung des Schei-terns als Chance, die Farbpalette ihres Lebens anzureichern – auch um Farb-nuancen, die ihnen nicht gefallen und die sie freiwillig nie gewählt hätten. Langsam und unmerklich finden

Vielleicht sind es unsere Fehler, die unser Schicksal bestimmen. Was würde ohne sie unser Leben formen? Wenn wir nie vom Kurs abkämen, würden wir uns vielleicht nicht verlieben oder Kinder bekommen oder sein, wer wir sind.

Carrie, Sex and the City

sie in diesem größeren Spektrum eine neue, tiefere Art von Glück. Denn es liegt auf der Hand: Je mehr Farbabstufungen man kennen lernt, desto mehr erschließt sich des Lebens ganze Fülle, desto vielschichtiger, feinfühliger und welterfahrener wird die Persönlichkeit. »Die Farbpalette eines glücklichen und zugleich komplexen Menschen«, schreibt Laura A. King, »enthält eine reiche Auswahl von Farben, und der reife Künstler bewahrt sich, auch wenn er vom Leben gezeichnet sein mag, die Begeisterung, die Leinwand des Lebens auf bemerkenswerte Weise zu bemalen.«

Mehr als das Gelingen, so scheint es, bringt uns das Misslingen dazu, dass wir uns Selbstvertrauen erarbeiten, innere Freiheit und das Glücksempfinden, das aus der Erfahrung entsteht: Ich bin dem Leben gewachsen. Egal, ob es sich gerade rosarot oder grau in grau präsentiert.

Literatur

Bamberger, Günther G. *Lösungsorientierte Beratung. Praxishandbuch.* Weinheim 2001

De Botton, Alain. *Statusangst.* Frankfurt/Main 2006

Deysson, Christian. »Leben nach dem Scheitern.« In: *Wirtschaftswoche* 26/2005

Ernst, Heiko. »Coping: Das Gute an schlechten Zeiten. Wie wir an Herausforderungen wachsen.« In: *Psychologie heute*, Januar 2002

Godin, Seth. *The Dip: The Extraordinary Benefits of Knowing when to Quit (and when to Stick).* New York 2007

Höher, Peter; Höher, Friederike. »Resilienz – Gekonntes Scheitern weckt ungeahnte Ressourcen.« In: Höher-Team-Letter 1. Juni 2007. http:// www.hoeher-team.de/wp-content/uploads/2007/06/newsletter-06_07-hoeher-team.pdf. (31.10.2009)

Kienle, Dela. »Nehmerqualitäten.« In: *Neon*, September 2006

King, Laura A.; Hicks, Joshua A. »Whatever Happened to ›What Might Have Been‹? Regrets, Happiness, and Maturity.« In: *American Psychologist*, Vol 62, No 7, October 2007

McGowan, Kathleeen. »Wenn das Leben auseinanderfällt.« In: *Psychologie heute*, Oktober 2007

Nuber, Ursula. »Ein starkes Selbst: Die Quelle unserer Kraft.« In: *Psychologie heute*, April 2005

Pritchett, Price. *Hard Optimism. How to Succeed in a World Where Positive Wins.* New York 2007

Rampe, Micheline. *Der R-Faktor. Das Geheimnis unserer inneren Stärke.* München 2005

Rowling, J. K. »The Fringe Benefits of Failure, and the Importance of Imagination.« Harvard University Commencement Address. June 2008. http://harvardmagazine.com/commencement/the-fringe-benefits-failure-the-importance-imagination (31.10.2009)

Salmansohn, Karen. *The Bounce Back Book. How to Thrive in the Face of Adversity, Setbacks and Losses.* New York 2007

Schmidbauer, Wolfgang. *Dranbleiben – die gelassene Art, Ziele zu erreichen.* Freiburg 2005

Solga, Marc. »Defensives Impression Management in Einstellungsinterviews: Effekte verantwortlichkeitsbasierter Rechenschaftskommunikation auf Urteilsprozesse des Interviewers.« Bonn 2007: Online-Publikation der Universität Bonn. Verfügbar unter: http://hss.ulb.uni-bonn.de/diss_online/phil_fak/2007/solga_marc/ (31.10.2009))

Stoltz, Paul; Weihenmayer, Erik; Covey, Stephen R. *The Adversity Advantage: Turning Everyday Struggles Into Everyday Greatness.* New York 2007

Tedeschi, Richard G.; Calhoun, Lawrence. »Posttraumatic Growth: A New Perspective on Psychotraumatology.« In: *Psychiatric Times*, April 2004, Vol XXI, Issue 4

Ustorf, Anne-Ev. »Baden gegangen.« In: *Emotion,* Dezember 2007

Westerhoff, Nikolas. »Mit Vollgas in den Untergang. Die Angst vor dem Verlieren.« In: *Süddeutsche Zeitung,* 7. Mai 2008

Zschirnt, Christiane. *Keine Sorge – wird schon schiefgehen.* München 2005

Quellenangaben

Kapitel 1: Wer scheitern kann, hat mehr vom Leben

Seite 20: Christian Stöcker. »Underdog-Forschung: Warum David mehr Fans hat als Goliath.« Spiegel online, 21.12.2007. http://www.spiegel.de/wissenschaft/mensch/0,1518,524690,00.html

Kapitel 3: Schock, lass nach

Seite 57f.: Retzlaff, Rüdiger. »Families of children with Rett syndrome: Stories of coherence and resilience.« In: *Families, Systems, & Health*, September 2007, Vol 25(3), pp. 246–262

Kapitel 5: Heulen und Zähneknirschen

Seite 89: *FÜR SIE* Experten. »Weg zum Glück führt nicht über den Lottogewinn. Jedes leidvolle Ereignis ist eine Aufforderung, das Glück freizulegen.« *FÜR SIE*, 15.02.2001. http://www.presseportal.de/meldung/221088/

Seite 93: Anthony D. Ong; C. S. Bergeman; Toni L. Bisconti. »The Role of Daily Positive Emotions During Conjugal Bereavement.« In: *The Journals of Gerontology Series B: Psychological Sciences and Social Sciences*, 2004, Vol 59, pp. 168–176

Seite 93: Barbara L. Fredrickson; Michele M. Tugade; Christian E. Waugh, Gregory R. Larkin. »What good are positive emotions in crisis? A prospective study of resilience and emotions following the terrorist attacks on the United States on September 11th, 2001.« In: *Journal of Personality and Social Psychology*, 2003, Vol 84, Issue 2, pp. 365–376

Kapitel 6: Aussteigen oder dranbleiben, das ist die Frage

Seite 116: http://www.konzeptpr.at/pi_geduldstudie.htm

Seite 118: Matthias Junge, Götz Lechner. *Scheitern. Aspekte eines sozialen Phänomens*. Wiesbaden 2004

Kapitel 7: Never complain, never explain

Seite 129: Kernis, M. H. el al.: »Secure Versus Fragile High Self-Esteem as a Predictor of Verbal Defensiveness: Converging Findings Across Three Different Markers.« In: *Journal of Psychology*, 2008, Vol 10

Seite 135: Dagmar Metzger: »Schnellkurs in der Nächstenliebe.« In: *Focus*, Nr. 36, 1999

Seite 145: Risen, Jane L.; Gilovich, Thomas. »Target and Observer Differences in the Acceptance of Questionable Apologies.« In: *Journal of Personality and Social Psychology*, 2007, *92(3)*, pp. 418–433

Seite 148: Braaten, D. O.; Cody, M. J.; DeTienne, K. B. »Account episodes in organizations: Remedial work and impression management.« In: *Management Communication Quarterly*, 1993, Vol 6, pp. 219–250

Seite 149: Westerhoff, Nikolas. »Geborgenheit oder Einengung: Wie wichtig sind soziale Netze?« In: *Psychologie heute*, Juni 2008

Seite 156: Benedict Carey. »I'm Not Lying, I'm Telling a Future Truth. Really.« In: *New York Times*, May 6, 2008

Kapitel 8: Der Riss in der Seele, wo vorher das Selbstbewusstsein war

Seite 163: Astrid Schütz. *Je selbstsicherer, desto besser? Licht und Schatten positiver Selbstbewertung.* Weinheim 2005

Seite 167: Ingo Malcher. »Interview mit dem Okönom Paul Ormerod«. In: *brand eins*, Mai 2006

Seite 172: Katharina Kluin. »Immer Ich!« In: *ZEIT Wissen*, April 2007

Seite 178: Seligman, M.E.P. *Der Glücks-Faktor.* Bergisch Gladbach 2005

Seite 180: *The Works of William James.* 17. Bände, Cambridge (Mass.): Harvard University Press 1975–1988.

Seite 182: http://www.fluter.de/de/gleichheit/heft/5664/

Seite 185: Tanis Taylor. »A life more ordinary.« In: *Psychologies*, October 2008, pp. 76–80

Kapitel 9: Und plötzlich ist man außen vor

Seite 189: DeQuervain, Dominique; Fischbacher, Urs; Treyer, Valerie; Schellhammer, Melanie; Schnyder, Ulrich; Buck, Alfred und Fehr, Ernst. »The Neural Basis of Altruistic Punishment.« In: *Science*, 2004, Vol 305, pp. 1254–1258

Seite 189: http://www.spiegel.de/wissenschaft/mensch/0,1518,304375,00.html

Seite 193: Rolf Haubl. *Neidisch sind immer nur die anderen: Über die Unfähigkeit, zufrieden zu sein.* München 2009

Seite 199: Medevec, V.; Madey, S.; Gilovich, T. »When less is more: Counterfactual thinking among Olympic medalists.« In: *Journal of Personality and Social Psychology*, 1995, Vol 69(4), pp. 603–610

Kapitel 10: Auf zu neuen Ufern

Seite 214: Arnold Retzer. »Innehalten – um weiterzukommen.« In: *Psychologie heute*, Dezember 2008

Register